《中國局勢》系列(四十二)

中國貪官在海外

——楊秀珠秘史

洪雷 著

明鏡出版社

www.mirrorbooks.com

The Corrupt Chinese Officials Abroad
The Stories of Yang Xiuzhu

Published in 2006 by Mirror Books
© Copyright by Mirror Books

International Standard Book No 1-932138-36-6

By Hong Lei

Chief Coordinator   Ho Pin
Cover by Yi Hua

P. O. Box 366, Carle Place, NY11514-0366, U .S. A.
TEL:(516)338-6976   FAX: (516)338-6982

Web: **http://www.mirrorbooks.com/**
E-mail: mirrorpublishing@yahoo.com

目　錄

● 當荷蘭警察出現在楊秀珠面前，向她宣佈對其實行逮捕時，楊秀珠反而變得異常平靜。從她下定決心出逃那一刻起，就隱隱約約預感到會有這一結局。

引子

像薩達姆一樣被從地下室裏揪出來

如同她兩年前的"不辭而別"一樣，楊秀珠被捕的消息作為一個半公開的秘密，在民間傳了很長時間，也被傳統媒體守了很長時間，每個人都在等待秘密破繭而出的那一刻。

2005 年 5 月中旬的那段時間，關於楊秀珠被捕的小道消息在溫州民間再次流傳開來。從一個人的嘴邊悄悄傳到另一個人的耳朵裏，說的人略顯神秘，聽的人稍帶興奮，但沒人能夠證實。這其中也包括筆者，筆者是在 5 月 22 日左右從一個朋友那裏聽到這個消息的，當時的第一感覺是：可能又是謠言吧。因為在楊秀珠出逃後，有關她的各種傳聞反復出現，坊間多次流傳她被捕的消息，讓人莫衷一是，這一次是不是又是謠傳？

但"謠言"很快被證實了。5月23日18點37分，一個可以載入中國新聞史的時間。在這一刻，一名註冊名為"公子"的網民在溫州當地一個叫"溫州論壇"的網站上發帖，用十分肯定的語氣說："可靠消息，楊秀珠已經在荷蘭被基本控制住了"。20個字，搶在了傳統媒體之前，完成了一次最簡練的重大新聞傳播過程。

事後，很多傳統媒體都引用這個帖子，認為這是全球第一個發佈楊秀珠落網的消息，然而，同樣是在這個網站，5月22日10點27分，一名註冊名為"豬你心腹"的網友已經發佈了一個帖子，稱"非官方消息，未經證實，奶奶在荷蘭被逮捕。"（奶奶者，楊秀珠的隱語也，出處是楊秀珠著名的"奶碰碰"笑話，見本書第七章）只不過，這則帖子沒有引起廣大網民的注意而已。

小道消息傳得比紅頭文件快百倍。從5月23日開始，溫州論壇的這則帖子，如同引發多米諾骨牌效應，幾乎是在一夜之間，整個溫州都傳遍了：楊秀珠在荷蘭落網了！

據說，溫州論壇發佈的這則消息，其來源實際是由溫州市政府一位官員傳出的。該消息靈通官員透露：溫州巨貪、原副市長楊秀珠前段時間在去荷蘭"訪友"時被抓。

稍後，筆者獲知進一步的"細節"：5月20日，楊秀珠在位於鹿特丹的一荷蘭籍溫州人家中的地下室裏被荷蘭警方抓獲。情形幾乎是薩達姆被抓的翻版！

瞭解內情的荷蘭華僑說，當天深夜，荷蘭警察走進楊秀珠藏身的地下室時，楊秀珠正躺在床上，盯著天花板出神。警察向她宣佈對其實行逮捕時，楊秀珠反而變得異常平靜。從她下定決心出逃那一刻起，就隱隱約約預感到會有這一結局。也許，她這時才真正體悟到：生不如死的逃亡生涯，終於結束了。

這一天，距 2003 年 4 月 20 日楊秀珠攜家從上海"倉惶出逃"，整整 761 天。

從 5 月底開始，一條短信在溫州老百姓的手機間相互傳遞："搞那拉底，吾阿爸宿荷蘭哈你捉牢，冇怨，有膽代我阿爸鍾歸起？鍾黃起惡代該講出全道，怕個逼啊。"看過的人無不會心一笑，因為，這是新編的楊秀珠語錄（溫州話版）。

這則楊秀珠語錄溫州話版翻譯成普通話就是："真他媽的，老子在荷蘭被你抓住，認栽，有膽量把我引渡回去？我一生氣全把他講出來，誰怕誰啊。"

在相對沉寂了近一年後，楊秀珠被捕的消息，連同她最新版本的"楊氏語錄"和"楊氏寫真"，在民間又廣為傳播。連日來，只要提到楊秀珠的名字，幾乎所有人都表示出對這一傳聞的強烈興趣。

楊秀珠，是個什麼樣的人？

楊秀珠，曾經權傾一時的浙江省建設廳女副廳長，特別是在溫州地區，這個名字可以說是家喻戶曉，因為她曾獨攬土地出讓、城市規劃等大權於一身，掌管溫州土地十年，在溫州權傾一時；目前已知涉案金額達到 2.532 億元人民幣，受賄金額相當於 10 個成克傑，人送外號"億婆"，被媒體封為浙江第一女貪官；她從文革造反派起家，平步青雲做到掌管溫州城建的副市長，直至浙江省建設廳副廳長，能耐之大，曾被瞭解內情的人送外號官場"跳蚤"；她的真實學歷僅初中畢業，秘書起草一段 5 分鐘發言稿，她居然能念錯 13 個字，但她卻能拿著真的同濟大學碩士文憑招搖撞騙；她語言粗魯，出口成"髒"，不像政府官員，倒像政治潑婦。她的"楊氏語錄"、"楊氏段子"在溫州民間廣爲傳播，成爲人們茶餘飯後笑談。

東窗事發後，楊秀珠成爲全國媒體爭相曝光的焦點人物。在中國外逃貪官中，楊秀珠的名氣和曝光率僅次於賴昌星。她的一切一切，無不吸引著感興趣的人去打聽去傳播；關於她的出逃、在荷蘭的落網，關於她的出身、發跡，無一不是人們所關心的；關於她著名的"楊氏笑話"和段子，在溫州民間成爲酒桌上的流行語，人們熱衷於傳播任何有關她的點滴正史或野史；"楊秀珠"這三個字，甚至成爲了一種現象，引起司法界和社會問題專家的強烈興趣。在她成功出逃後，國內在當年 8 月初發出了《關於黨政機關、司法公安部門人員出境、出國通行證、護照管理措施》的緊急通知，中紀委派出九個巡視組分赴九省、市召開緊急會議，突擊收繳縣處級以上幹部出境通行證、出國護照，交由組織部門統一管理，這也是防範再出現第二例"楊氏蒸發"的一個不得已而爲之的辦法。她的出逃，把中國貪官現象大白於天下。可以這樣說，楊秀珠的出逃，間接促進了中國的反腐進程。

楊秀珠案件從事發至今，已有兩年多的時間。中央、省、市三級紀檢監察機關聯手對楊案的查處，進一步表明了中國政府開展反腐敗鬥爭的堅定決心。

楊秀珠，這個謎一樣的神秘女人，到底是個怎樣的人？這是無數人所關心的，也是本書要告訴大家的。在她出逃以後，本書作者就一直沒有停止過對她的追蹤。經過兩年多的深入調查訪問，筆者深感楊秀珠和她背後的故事是十分複雜的，由於楊秀珠至今沒有被引渡回國受審，楊案至今仍沒有結案，所以尋找當事人的過程變得異常的艱難。同時很多採訪對象都是頂著各種壓力敍述了他所瞭解的楊秀珠。在他們的描述下，在艱難的尋訪過程中，在不斷地調查取證，去僞存真後，楊秀珠的輪廓逐漸變得清晰起來。

這張在一個會議上被抓拍的照片，成爲楊秀珠落網後被頻頻引用刊發的 "經典照片"。余日邊/攝

楊秀珠出逃路線示意圖。

韓鬆

● 在荷蘭那個潮濕陰暗的地下室裏，楊
　秀珠徹夜不眠，她感到絕望：難道自
　己要在這間囚籠般的地下室裏度過
　餘生？

第一章

楊秀珠的 761 天西行漫記
——從出逃到落網

時間回溯到 2 年前。

2003 年 4 月 20 日，星期天。一大早，正在溫州參加一個房地產會議的楊秀珠給浙江省建設廳領導打電話，說自己在溫州老家的母親病危，要請假一周，回家照料母親，不知內情的領導同意了。之後，她又給其下屬打電話告之："這兩天不要打我的手機，有什麼事情我會給你打電話的。"打完這兩個電話，楊秀珠隨即叫人驅車狂飆，從溫州經杭州，與女兒、女婿以及外孫會合，然後直奔上海。中午，一輛浙 C04488 牌照的全新豐田轎車被丟棄在上海浦東機場。當天深夜，楊秀珠一家四口在上海浦東國際機場登上了經香港飛往新加坡的班機，從這裏悄然出境，開始了兩年零一個月的逃亡之旅，也從此告別了她苦心經營了將近 20 年的權力場，前往一個雖早就精心安排但仍茫然不可知的未來。

當然，這是事後調查才得知的情況。楊秀珠的出逃顯然是經過精心安排，把省廳的所有人都蒙在鼓裏，以為她真回家探母去了。

4 月 21 日，星期一，關心楊母情況的建設廳領導打電話給楊秀珠，楊的手機開著，但無人接聽。

22 日，星期二，建設廳領導繼續撥打楊秀珠手機，還是無人接聽，不久電話關機。

23 日，星期三，建設廳領導交代辦公室繼續聯繫楊秀珠，並致電溫州市規劃局局長楊偉峰，請其代表組織，買點東西去看望楊母。

24 日，星期四，溫州市規劃局有關同志給楊秀珠的妹妹打電話，但她妹妹的回答卻出人意料："我母親好好的沒生病啊，我姐也沒回過家呀？"這一回答無異一道晴天霹靂，讓市規劃局的人驚出一身冷汗，他們趕緊將這一情況上報省建設廳。

25 日，星期五，看到事情的嚴重性，建設廳決定派兩名幹部到溫州證實消息，到楊家後才感到大事不妙，楊秀珠根本沒在溫州，她在溫州的親戚中也沒人知道她到底上哪兒去了。

楊秀珠到底上哪兒去了呢？難道她從人間蒸發了？

4 月 28 日，楊秀珠請假到期，仍沒有她的音信，浙江省建設廳立即向上級機關做了專門彙報。

5 月 13 日，在楊秀珠離開杭州 20 多天以後，浙江省紀委做出立案調查決定。同時，一份來自浙江省委的内部電傳小範圍送達省委常委以上省級領導和正省級離退休幹部："省建設廳副廳長楊秀珠嚴重違反紀律擅自出境，動機不明，待查。"

真相終於大白，楊秀珠的確跑了！

在報道楊秀珠出逃的消息時，國內很多媒體用了"倉皇逃竄"、"倉惶出境"的詞彙，聽著似乎解氣，但實際情況並非如此，她可以說是很從容出逃的，而且她的出逃經過長時間的周密計劃。證據之一是，她居然能及時獲得"9·11"之後審查極其嚴格的赴美簽證，並從容突破政法、公安系統的天羅地網，成功地帶領一家老小出境。也許她早就想到自己會有逃亡的這一天，所以，早在幾年前，她就通過關係，秘密弄到了假身份護照，做好了出逃的準備；證據之二是，她在多年以前便在美國大肆購置房產，將黑錢逐步轉移到境外，這顯然是為以後出逃做好物質準備。

在楊秀珠出逃前後，有一件事很耐人尋味：浙江省建設廳有一位姓胡的退休老幹部，聽到楊秀珠曾說過"我要是不想幹了，我就去美國"。所以這位老幹部就有一種直覺，覺得楊秀珠要逃，於是他隔一段時間就打電話到建設廳裏問：楊秀珠還在不在？過段時間又打：楊秀珠還在不在？終於有一天他打電話去，得到的回答是，楊秀珠失蹤了。他再打電話去的時候，廳裏這才告訴他說，楊秀珠早跑了。

設想一下，如果監察機關、楊秀珠的上級領導，能像這位老幹部這樣提高警惕，楊秀珠還能這麼順利跑掉嗎？當然，這只是設想而已。種種跡象表明，從楊秀珠貪污受賄第一筆金額開始，她就已經開好了出逃這一企圖逃脫法律制裁的後門。

> 楊秀珠的冷汗都下來了，她判斷，這批人是想合夥敲詐她。不把她最後一分錢榨幹，他們是不會罷休的。看來，只有離開這裏，走為上。

第一節　被黑社會敲詐　驚魂新加坡

楊秀珠給自己選定的出逃第一站是新加坡，她認為新加坡華人多，又是自由港，沒人會注意到她。她準備在這裏先呆上一陣子，看看國內的情況，避過風頭再做下一步打算。

　　除了華人多，語言交流沒有障礙外，楊秀珠選擇新加坡作爲逃亡的第一站，還有一個原因：她認識當地的一個大老闆何某。據《東方之星》《山西法制報》等媒體報道，何某原本是新加坡一家電子模板廠駐溫州的代表，因爲業務上的原因認識了楊秀珠，並通過楊秀珠的關照，獲得了很大的利益，一下子成爲腰纏萬貫的大老闆。後來，何某回國成立了新加坡麗都國際投資公司，在當地較有影響力，兩人也常有聯繫，楊秀珠每次到新加坡，何某都很熱情地接待楊秀珠。楊秀珠準備出逃時，第一個想到的就是何某。她想，投靠這樣一個自己對他曾有大恩的人，應該是沒有問題的。

　　在楊秀珠真正下決心溜之大吉前，她還曾舉行過預演，時間就在 2003 年春節期間，同樣也是舉家前往新加坡，除了獲得多次往返簽證外，也是一次投石問路的過程。那一次，也是何某接待楊秀珠一家，當她拐彎抹角表明要在新加坡定居的想法時，何很爽快地拍胸脯滿口答應，表示沒問題。這趟不正常的新加坡之旅沒有引起國內有關部門的絲毫警惕，再加上何某的肯定答復，楊秀珠覺得時機成熟了，這一趟新加坡之行，讓楊秀珠下定了最後的決心。

　　然而，等到楊秀珠真正到達新加坡的時候，她的“好朋友”何某就是另一副嘴臉了。

　　飛機在新加坡機場降落後，前來接機的何某把楊秀珠一行安排在新加坡城以北的巴耶黎巴市郊的一處別墅裏。晚飯後，何某領著幾個楊秀珠不認識的神秘人物來到別墅，和楊秀珠談她未來的安排。

何某和楊秀珠客氣了兩句後，就指著同來的一個胖子說："這位是蘭先生，我的生意合夥人。這次安排楊廳長來新加坡，都是蘭先生一手操辦的。"姓蘭的胖子一臉凶相，說話直截了當："楊廳長有所不知，新加坡和中國大陸的關係非同一般，如果中國警方向您發出通緝令，新加坡政府肯定會將您遣返回大陸。我們是講義氣的，為了您的事，我們擔了很大的風險，已經花掉了十幾萬新幣。楊廳長如果想在新加坡安全地居住下去，政府這一關不過是不行的。所以說，楊廳長在資金方面，還要多多支持我們呀。"

楊秀珠馬上就明白了：原來是向我伸手要錢呀。她很乾脆地拒絕了他們，雙方不歡而散。那一夜，楊秀珠徹夜未眠。從蘭胖子的話中，她已經感到了事態的嚴重性。此後的三天裏，蘭胖子沒來了，何某卻天天來。他哭哭啼啼地向楊秀珠訴苦，說他欠了蘭先生一筆錢，他是新加坡最有名的黑社會"南德幫"老大，說翻臉就翻臉，如果不花點錢打發蘭先生，一旦他向政府舉報，那大家全都要完蛋了。

楊秀珠哪能不知道何某的意思？她判斷，何某和蘭胖子是一夥的，他們一個唱紅臉，一個唱黑臉，目的就是想合夥敲詐她。不給他們錢吧，自己的把柄捏在他們手裏，把他們惹急了，也許真的會向新加坡政府舉報她；給他們錢吧，又明明是個無底洞，這批人貪婪成性，給了一次，他們嘗到甜頭，還會再向她伸手要錢。不把她最後一分錢榨幹，他們是不會罷休的。想到這裏，楊秀珠的冷汗都下來了，她後悔當初輕信了何某，看來，必須馬上離開這裏，走為上。

何某他們認准楊秀珠這個財神，當然不會輕易放他們走。在楊秀珠住的別墅周圍，他們安排了人晝夜監視。要想在他們眼皮底下溜走，必須要有周密的計劃。楊秀珠想到，她在新加坡有一個姓林的遠房親戚，曾經在溫州做過服裝貿易，雖然平時接觸也不太多，但這時也只能靠他幫忙了。楊秀珠悄悄給這個親戚打電話，把自己的處境和住宿位置告訴他，交待他代買 4 張飛往美國的飛機票，與他約好接頭的時間地點，請他開車過來接應。同時，為了麻痺監視她的人，楊秀珠還做了精心準備，第二天，她假意告訴何某，請他幫助購買日需品等物，做出一副要長期住下來的假像。與此同時，在收到親戚安排就緒的消息後，她和女兒女婿連夜打點行李，準備逃離新加坡。

4 月 28 日淩晨，楊秀珠一家四口悄悄地起床，帶著簡單行李，躡手躡腳地翻過別墅後面的小花園，來到附近一條街上，林姓親戚的越野車早已等在那裏。四個人悄然上了車，一路向新加坡城方向飛馳而去。這時的楊秀珠心還一直懸著，不時回頭張望。直到他們走進機場海關，確信擺脫了黑社會的盯梢，楊秀珠才松了一口氣，感到安全了。

{ 楊秀珠慨然長歎：原本以為到了美國就是跨入自由天堂。想不到這自由天堂也容不下自己。她輾轉反思，日夜思考著如何逃避這一劫難。 {

第二節　自由美國　無處棲身

多年以前，楊秀珠就逐步將自己的腐敗資產轉移到境外。她有兩個親弟弟在紐約，一個叫楊壽弟，一個叫楊進軍。另外還有堂妹楊海燕一家人也在紐約。楊秀珠將自己控制下的溫州國有土地，低價批給楊進軍、楊海燕等人，他們再通過轉手倒賣，牟取了巨額利潤。楊海燕等人則作為楊秀珠的代理人，在美國註冊空殼公司，以公司名義購買房產，然後再轉讓到楊秀珠本人名下，以此作為對楊秀珠的回報。通過這樣的方法，楊秀珠把自己在國內聚斂的巨額腐敗資金轉移到美國，在紐約等地購買了多處房產，保證了自己逃亡海外後衣食無憂。

初抵美國的楊秀珠，覺得自己終於進入夢想中的自由天堂。儘管不是第一次到紐約，楊秀珠還是不顧旅途疲憊，很興奮地叫家人一起出門觀賞紐約的美景。走在紐約的街頭，楊秀珠對什麼都感到新鮮，總覺得看不夠。但她不知道，她在國內的名氣實在太大了，她在紐約街頭逛街的時候，很快被溫州華僑給認了出來。而楊秀珠到了紐約的消息，也像長了翅膀一樣很快從紐約傳到了溫州。一個看到楊秀珠的溫州華僑給在溫州的朋友打電話，說自己在紐約街頭看到楊秀珠，問楊怎麼到了美國。幾天後，這一信息通過溫州有關方面傳給省裏，浙江省紀委通過獲取這一有效信息，掌握了楊秀珠的行蹤，很快啓動了對她的調查。

楊秀珠還沉浸在出逃後的得意和喜悅之中，形勢已很快向著對她不利的方向發展。

5 月 23 日，當天出版的《法制日報》發表記者陳東升署名的《浙江女廳長攜親人倉皇出境　警方揭開失蹤之謎》一文，首次披露了楊秀珠因預感經濟犯罪行爲即將敗露，攜家人潛逃國外的詳細經過，如一石激起千層浪，國內外媒體紛紛轉載，很多溫州人由於找不到報紙，專門托人複印這份報道，在親朋好友中傳閱。

這則報道引起了中共中央、浙江省委領導的高度重視，浙江省委書記習近平對查辦楊案作出了批示。6 月 16 日，浙江省檢察機關宣佈，初步查明楊秀珠涉嫌嚴重職務犯罪，決定依法對楊秀珠立案偵查並決定逮捕。同時，浙江省紀委經浙江省委省政府批准，對楊秀珠予以開除黨籍和行政開除處分。

《法制日報》的報道，激發了國內外媒體對楊秀珠的強烈興趣，報紙、雜誌、電臺、電視、互聯網紛紛上陣，使出十八般兵器，把楊秀珠出逃的台前幕後翻了個底朝天。紐約的溫州人對楊秀珠的行蹤也十分感興趣，相互傳遞楊秀珠的消息。美國的華文媒體在這中間發揮了很大的作用，通過知情者報料，多維時報的記者迅速介入，查閱紐約市政府的房產交易記錄、採訪相關人員，獲得了楊秀珠在紐約斥鉅資買豪宅，坐收租金當起"包租婆"的鐵證。這些報道很快在互聯網上廣爲傳播。

楊秀珠在海外的腐敗資產被曝光，令她心驚肉跳。她很清楚，她在紐約買豪宅，用的都是國內貪占的不義之財，是經不起查的，一旦被美國有關部門調查，恐怕就要暴露她貪污洗黑錢的犯罪行爲。她在國內犯下的是很嚴重的經濟犯罪，如果不選擇逃亡而留在國內的話，足以被判重刑。現在雖然逃到紐約，但前景如何，自己也很難預料。

楊秀珠叫親戚幫她在長島找了一處住宅隱蔽起來，過起了深居簡出的日子。她再也不隨便拋頭露面了，除了與幾個近親屬有聯繫外，她連大門都不出，也不跟在紐約的溫州僑界接觸。依靠在紐約的豪宅出租獲得的豐厚租金，楊秀珠一家完全可以衣食無憂。但楊秀珠仍然找不到安全感。7月初，楊秀珠又再次悄悄地更換了住處。這次換的住處，只有她弟弟等少數幾個人知道。

2003年10月的一天，楊秀珠的一個弟弟突然跑來找她，緊張地對她說："移民局的警察找到我們這裏了，詢問你的下落，他們正在到處找你呢。"這一消息如晴天霹靂，把楊秀珠一下子擊懵了。楊秀珠進入美國時使用的護照和簽證是通過非法渠道得來的，如果到了移民局，被他們一追查，很快就要露餡，到時候可就說不清楚了。怎麼辦？姐弟倆商量了許久，最後楊秀珠決定，再換住處，到美國西海岸華人聚居的洛杉磯去躲一躲。

"9·11"後，美國加強了空管，對乘坐飛機的乘客都要仔細檢查證件，去洛杉磯，坐飛機肯定是不行的了。爲了防止被人發現，楊秀珠選擇了坐火車，她乘了4天火車，橫穿美國大陸，從東海岸的紐約市跑到西海岸的洛杉磯市，她在洛杉磯附近找了一處獨立住宅住了下來，一住就是半年多。這期間，她過起了與世隔絕的生活，幾乎沒有給別人打電話，只是偶爾通過互聯網發幾封郵件給紐約的房地產經紀人，詢問一下房產租賃的情況。

　　然而，儘管楊秀珠深居簡出，儘量低調，但她被媒體披露在紐約購買的曼哈頓中城一座 5 層大樓的房產卻讓她陷入了麻煩。由於她欠下紐約交通部停車管理局、紐約市環境控制委員會、紐約市政府、紐約州財稅局等多個政府部門的稅款 7000 多美元，一份由紐約法院發出的傳喚文件，將楊秀珠列為主要被告。這份傳喚文件上說，楊秀珠必須將所欠稅款及利息向紐約銀行付清，如果逾期楊秀珠不出庭，而且不支付所欠稅款及利息的話，紐約政府部門可能通過紐約銀行或信託基金機構將她的房產拍賣，然後首先償付稅款，再由銀行收取高額利息和各種法律費用。

　　楊秀珠沒找美國法律的麻煩，美國的稅務官卻找上了她。楊秀珠通過弟弟，向紐約市有名的華人律師李先生咨詢如何應對。李先生仔細研究了楊秀珠的情況，參照美國法律後得出結論：她有可能因此被遣送出境。

　　楊秀珠吃驚地問為什麼？李先生解釋道，因為她進入美國時使用的護照是使用化名，通過非法渠道得來的，用這種身份入境美國，已經觸犯了美國移民法，屬於偽造身份和移民欺詐，儘管中國和美國之間尚未簽署引渡條約，但楊秀珠卻可能因此被遞解出境；另外，她在美國的巨額財產，都是通過代理人設立空殼公司，使用非法款項購買房產，然後再轉到她本人名下，涉嫌洗錢，對這種行為，聯邦政府可能會進行深入的調查。根據"9．11"後美國通過的《愛國者法案》，美國政府正在採取更加主動逼人的新戰略來追究美國境內那些源於外國的髒錢，尼加拉瓜前總統阿勒曼就是在這樣的背景下被美國政府審判的。2003 年 8 月 12 日，阿勒曼被警察從其私人農場押赴監獄，阿勒曼被控罪狀之一就是將一億美元的國家資金悄然轉移到大選上，並接受至少四百萬美元的賄賂。在下臺後，阿勒曼將絕大多數貪污受賄的財產轉移到美國，並通過黑道洗錢後進入美國的不動產和金融界做投資。儘管天文數額般的"美國投資"都劃到阿勒曼在美國的親朋好友的名下，但美國執法機構還是破天荒的第一次拿外國貪官污吏在美國的財產開刀，聯邦調查局等部門很快凍結了阿勒曼的家人在佛羅裏達銀行賬戶上的五百萬美元以及多處不動產，並判決阿勒曼欺騙、貪污和洗錢等指控成立，判其入獄。楊秀珠如果被美國聯邦調查局追查，很可能也會像阿勒曼一樣被判刑。

外部形勢逼人，楊秀珠的後院也起火了。

楊秀珠在紐約購買的房產，多半是通過親戚、朋友代爲購買的，有些是掛名在親戚朋友的名下。她逃到美國，隨身帶著巨額腐敗資金，幾個弟妹覬覦已久，想叫她分一部分給他們。楊秀珠在手握大權的時候，對弟弟妹妹十分照顧，也十分慷慨，但現在她自己落了難，弟妹們還想從她那裏獲得好處，楊秀珠此時的心情不比在國內當官時，自然沒有好臉色給他們看。由於爭奪財產及利益衝突，楊家在美國的親戚間並不和睦。不少華文報紙紛紛曝光楊秀珠在海外的秘密財富及生活，內容十分詳細，據說有部分細節就是由其親友提供，爲這個，她的幾個弟妹相互猜忌，楊壽弟覺得是楊海燕走漏風聲，曾爲此和她爭吵過。原本表面和睦的親屬關係很快暴露出不和諧音。此時的弟弟妹妹將楊秀珠看做累贅，對她也沒好臉色。兩個弟弟在和楊秀珠的談話中，數次流露出想叫楊秀珠離開美國的意思。

　　內外交困，楊秀珠慨然長歎：原本以爲到了美國就是跨入自由天堂。想不到這自由天堂也容不下自己。她輾轉反思，日夜想著如何逃避這一劫難。經過深思熟慮，她決定再次出逃。這次，她選擇的國家是荷蘭。

　　幾天後，楊秀珠輾轉到波士頓巴厘島上的飛機場候機大廳，與前來送行的女兒女婿以及弟弟揮別，隻身飛往荷蘭。

　　　曾經威風八面的楊秀珠，怎麼也想不到，居然要孤零零一個人棲身這樣一個水牢般的地下室，空有億萬財產卻無法享用。

第三節　荷蘭，最後的逃亡地

　　楊秀珠選擇荷蘭作爲她的逃亡地，絕不是偶然的想法。美國呆不下，只能去歐洲或南美，荷蘭和法國是溫州人在歐洲分佈最集中的兩個國家，楊秀珠在逃亡過程中，很需要仰仗舊交，她在荷蘭有很多故交，這些華僑開發商，在楊秀珠掌握溫州土地審批大權的時候，通過與楊秀珠的權錢交易，獲得了巨額回報，也結下了"深厚友誼"。楊秀珠認爲，就算有個別不可靠，總還有另外的人會幫她，投靠他們，他們應該給她提供庇護所。荷蘭是個小國家，溫州人又很多，10 萬華人裏頭，溫州人就有 6、7 萬，藏在他們中間不惹人注意。此外，還有最主要的原因，荷蘭是世界上在保護人權方面做得最好的國家之一，很早就廢除了死刑，與中國之間又沒有雙邊司法引渡協議。即使中國政府要求荷蘭引渡自己，也可以通過申請政治避難等辦法長期賴下去。去荷蘭，是楊秀珠和家人商量了很久的決定。

楊秀珠逃到荷蘭後，通過一位荷蘭籍的溫州人安排，住進了海牙市一個高級公寓裏，算是暫時安頓下來。當中國政府向全世界發出紅色通緝令後，楊秀珠更加惶惶不可終日。現在她連晚上都不敢到街上去了。楊秀珠在海牙的生活比洛杉磯更難熬，雖然住在華人聚居區，有很多溫州老鄉，但楊秀珠卻不敢拋頭露面。她一個人生活，語言又不通，沒人跟她講話，這種坐牢般的寂寞生活讓楊秀珠痛苦不堪。

2003 年的聖誕節前夕，楊秀珠偶然聽說在阿姆斯特丹有一個華人聚會。她實在是太無聊了，很想參加這次聚會，聽聽鄉音，哪怕不說話，見見活人都比整天面對牆壁好。她下定決心要參加這次聚會。聖誕節前 3 天，楊秀珠提前來到阿姆斯特丹，這個化名 "Liu Xiuzhu" 的女人，聖誕節晚上是以一個來自杭州的絲綢商人的身份出現在華人聚會上。為了怕別人認出她來，參加聚會前，楊秀珠還做了精心化裝，直到她自己確信不會被人認出來。

然而，就是這最後一次的短暫快樂，把她帶向了絕路。

參加聚會的人中，有一個荷蘭籍溫州人張先生，他曾經是溫州市小有名氣的房地產商，但在楊秀珠把持溫州土地審批權的時候，他攀不上楊秀珠的關係，無法獲得地塊，只得關門遠走荷蘭，他一直對楊秀珠恨之入骨，認為是楊秀珠毀掉了他在溫州紅紅火火的事業。雖然楊秀珠進行了偽裝，但她熟悉的聲音卻讓這個冤家對頭聽了出來。在經過仔細觀察後，他肯定在自己眼前的人就是楊秀珠，於是他立即向荷蘭警方舉報，並提供了楊秀珠的有關情報。

警方很快趕到現場，但楊秀珠卻因故提前離開了。楊秀珠回到海牙的第二天，就接到收留她的荷蘭華僑的電話，告訴她，警察正在追查她的下落，她的住處已經不安全了，要她趕快離開海牙。楊秀珠慌忙逃到鹿特丹市，找了一間地下室隱藏起來。

荷蘭是個低海拔國家，鹿特丹市城市地面都低於海平面，楊秀珠住的地下室裏又潮濕又陰暗，牆壁上不斷地往外滲水，屋裏瀰漫著一股發黴的味道。曾經威風八面的楊秀珠，怎麼也想不到，居然要孤零零一個人棲身這樣一個水牢般的地下室，空有億萬財產卻無法享用。

在地下室裏度日如年，夜晚更是難熬，楊秀珠幾乎整夜失眠。有時，楊秀珠非常絕望：難道我就在這間地下室裏度過後半生？

房東老太太對這個房客怪異的舉動感到很奇怪，並發現了破綻，於是，她向警察局報了案。

2005 年 5 月 20 日深夜，當荷蘭警察走進楊秀珠棲身的地下室時，楊秀珠正仰躺在床上瞪大眼睛目空一切地望著天花板。當警察向楊秀珠宣佈，荷蘭警方通過紅色通緝令獲取臨時逮捕她的授權，將對她實行逮捕時，楊秀珠反而變得異常平靜。也許，她這時才真正領悟到：這生不如死的逃亡生涯，終於結束了。

高雲光，原溫州市
規劃局副局長兼溫
州鐵路房地產開發
公司總經理。

金建林，原溫州市
規劃局財務科科長。

李小燕，原溫州市
鐵路房地產開發公
司會計。

林素華，原溫州市
規劃局辦公室主任、
溫州鐵路房地產開
發公司財務負責人。

沙少華，林素華的
丈夫，原溫州鐵路
房地產開發公司副
總經理、溫州市房
地產公司總經理。

吳長柳，原溫州市
市政園林局局長。

楊邦禎，原溫州市
市政園林局黨組書
記、局長。

楊光榮，楊秀珠的
胞弟，原溫州鐵路
房開副總經理。

楊光榮在法庭上
接受詢問。
　　　　鹿城區法院

余小唐，溫州建設
集團公司總經理、
溫州城市建設開發
有限公司董事長。

林國權，原溫州市
規劃局辦公室主任、
金溫鐵路工程建設
指揮部常務副指揮、
溫州市鐵路房地產
開發公司總經理。

周克，原浙江省
政府打擊走私領
導小組辦公室專
職副主任。

被媒體稱作"楊秀珠系列案第一案"的四位涉案
人員在法庭神情各異。照片從左到右為沙少華，
李小燕，金建林，高雲光。　　　　　　　佚名

高雲光、金建林、李小燕、沙少華（從左到右）聽候宣判。

陳文憲

楊秀珠　　　王天義　　　葉征

溫州貪官牌　　楊秀珠正宗網站

● 逃，還是不逃，這是個問題。楊秀珠
面臨痛苦的選擇。不管怎麼樣，2003
年的暮春，早做精心安排的逃亡路線
成爲楊秀珠唯一的出路。

第二章

出逃，引爆重磅炸彈

現在回過頭來看，2003 年的暮春，楊秀珠不惜放棄多年苦心經營才取得的權勢，最終選擇出逃海外，實在是不得已而爲之。

在官場上一路亨通的楊秀珠，自稱篤信菩薩。每年正月，她都會到號稱天下第十二福地的永嘉楠溪江大若岩陶公洞燒香求籤，並引以爲榮，宣稱虔誠拜菩薩，菩薩會保佑她。但曾成功躲避過多次劫難的楊秀珠怎麼也想不到，一個名叫周道聽的溫州電器商偶然敗露的行賄行爲，會引發多米諾效應，最終導致她苦心經營多年的政治生涯終結，不得不“倉惶出逃”。

　　弟弟被捕，賬冊被查，陳其躍落入法網，令嗅覺靈敏的楊秀珠意識到，仿佛有一張無形的網在向自己逼近。

第一節　楊秀珠出逃背景

事情的起因非常簡單。2002 年下半年，溫州市鹿城區人民檢察院在偵查溫州市大工聯房地產開發公司總經理夏愛華受賄案時，發現一名專門替生產廠家推銷電器設備的商人周道聽涉及此案。此後，鹿城區檢察院在偵查過程中發現，周道聽推銷的變壓器不僅是電業系統需要的，而且房地產開發公司對它的需求量也極大。

在查找周道聽的過程中，電力部門、房地產公司個別領導所表現出來的種種不自然——或極力掩飾，或刻意回避，或驚慌失措，令有著高度職業敏感的反貪局檢察官疑竇叢生。2003 年 2 月，隨著周道聽被傳訊，黑幕被一點點揭開。經過幾番較量，周道聽初步供認了向溫州市電力及房地產行業多人行賄 40 餘萬元人民幣的犯罪事實。但偵查中，周道聽吐而不快、顧慮重重的反常心態，隨即引起敏銳的辦案人員警惕，經對其有關業務往來情況的深挖細查，發現周道聽還有可疑的業務往來沒有交代。辦案人員順藤摸瓜，乘勝追擊，在大量的證據面前，周道聽如實交代了向楊秀珠弟弟楊光榮行賄這一原本不敢交代的問題。

2003 年 2 月 26 日清晨，正欲上班的楊光榮被鹿城區檢察院反貪局的偵查員堵在家門口。不明就裏的楊光榮語調頗不耐煩地問："我還要到公司裏去有事，你們是不是搞錯了？"但在隨後與楊光榮的直接對話中，檢察官出示的大量人證、物證，迫使楊光榮不得不在當天就交代了犯罪事實：在簽訂市區公園路東南大廈電力設備供貨合同過程中，曾一次性收受周道聽賄賂 18 萬元人民幣。因涉嫌重大經濟犯罪，當天，鹿城區檢察院宣佈對楊光榮刑事拘留，3 月 10 日將其逮捕。

在溫州，楊光榮與其姐姐楊秀珠的名字緊密相連。正是得力於這位曾任溫州市主管城建的副市長姐姐的安排，楊光榮才會出任溫州鐵路房地產開發公司的副總經理。在溫州，一些老幹部一直認爲楊光榮與楊秀珠的其他親信把持的溫州鐵路房地產開發公司是楊秀珠的私人銀行和腐敗後花園，裏面藏著許多見不得天日的權錢交易。

楊光榮的背後，是楊秀珠這條大魚。他的被捕，自然驚動其姐姐、時任浙江省建設廳副廳長的楊秀珠。鹿城區檢察機關排除干擾，在偵查不斷深入中，發現此案盤根錯節，浙江省檢察院反貪局隨即直接介入此案，決心要深挖一下楊秀珠"腐敗後花園"的秘密。

一方面，省檢察院對楊光榮和鐵路房開展開深入調查；另一方面，有著超強活動能力的楊秀珠也不甘心束手被查，她加緊四處活動，以圖自救。

2003 年 3 月—4 月間，楊秀珠有過多次神秘的家鄉之行。隨後，方方面面的人相繼給檢察機關提要求、施壓力，要求保釋楊光榮或儘快對楊光榮受賄案結案，但鹿城區檢察院均頂住壓力予以拒絕。到了 4 月中旬，事情越來越朝著楊秀珠所不願意看到的方向發展：先是鹿城區檢察院向上級檢察機關申請延長對楊光榮的偵查羈押期限，並獲得批准。緊接著浙江省檢察院反貪局又直接介入此案，將溫州鐵路房地產開發公司的所有賬冊全部上調至省檢察院審查，同時為避免人為干擾，省檢察院將犯罪嫌疑人楊光榮帶至杭州異地羈押。

2004 年 2 月 12 日，時任浙江省檢察院檢察長朱孝清在浙江省第十屆人民代表大會第二次會議上透露了當時的偵查過程：2003 年 2 月下旬，楊秀珠的弟弟、溫州鐵路房地產開發公司副總經理楊光榮涉嫌受賄犯罪被溫州市鹿城區檢察院依法立案偵查。浙江省檢察院介入該案後，正是在對溫州鐵路房地產開發公司的賬冊的上調審查中，不僅找到了楊光榮的受賄證據，還發現時任溫州市規劃局副局長兼溫州鐵路房地產開發公司總經理的高雲光等人有貪污受賄的犯罪事實，浙江省檢察院即於 4 月 17 日依法決定對高雲光等 4 人立案偵查。通過艱難的取證和偵查，檢察機關發現了楊秀珠指使手下，以補交商品房配套設施費的名義，採用虛報冒領的手段，貪污 1100 多萬元人民幣巨款的犯罪線索，而後又從原溫州鐵路房地產開發公司財務負責人林素華處打開突破口，迫使其交代協助楊秀珠貪污巨額公款的犯罪事實。

在檢察機關開始著手調查這 1100 多萬人民幣的下落時，楊家腐敗後花園的重重黑幕已被揭開一角，感覺事情不妙的楊秀珠想不逃也不可能了。

在楊光榮剛被抓時，見識過大風大浪，久經沙場的楊秀珠可能還沒下定最後出逃的決心。但正所謂禍不單行，法國籍溫州商人陳其躍的鋃鐺入獄更使楊秀珠如坐針氈，並最終成為她出逃的重要原因。

陳其躍原籍溫州永嘉，20 世紀 80 年代後期回國創辦了溫州第一家外商獨資企業米莉沙皮件有限公司，在溫州名噪一時。他早期經營皮具，後經營房地產，其名下公司有米莉沙（中國）皮件有限公司、米莉沙鴻洲房地產開發有限公司等。

陳其躍入獄的直接原因與葉征有關。2001 年年底，有“財色行長”之稱的原中國銀行溫州分行行長葉征因“中銀爛尾樓”問題被捕後，交代陳其躍曾向他行賄 45 萬元人民幣（葉征已在 2003 年初被溫州市中級人民法院判處有期徒刑 13 年，2005 年又因國有企業人員失職罪被溫州市中級人民法院追加判處有期徒刑 3 年

6 個月，合併執行 15 年），陳其躍因此成爲中國司法機關的通緝對象。

葉征被捕時，陳其躍人在境外，檢察機關無法對他實行抓捕，但他相當多的產業尚在國內，割捨不下。他在境外密切關注國內對葉征案件的審理過程，過了將近一年，2002 年 12 月 6 日，自以爲已風平浪靜的陳其躍又開始了他的中國之行。沒料到剛入深圳羅湖口岸，他的行蹤就被公安機關掌握，隨即被控制，浙江省檢察院火速趕到深圳押解其回浙。

2004 年，陳其躍因單位行賄罪、非法轉讓土地使用權罪，被杭州市中級人民法院兩罪並罰，判處有期徒刑 4 年，並處罰金 114 萬元。米莉沙（中國）皮件有限公司犯單位行賄罪，被判處罰金 20 萬元人民幣。

在溫州，陳其躍與楊秀珠的名字聯繫緊密。楊秀珠喜歡跟外商（實際上都是海外溫州商人）打交道，陳其躍與其同爲祖籍永嘉，至遲在 1994 年兩人即有來往。在楊秀珠任溫州市副市長期間，陳其躍的公司曾以 5000 多萬元人民幣的極低價獲得華蓋山東麓原溫州市動物園地塊的使用權，而後建設開發 "米莉莎花苑"。就是這塊地皮，在此前公開舉行的拍賣會上，溫州市土地局、規劃局兩家共同測算的地價爲 1.008 億元人民幣，一家房地產公司最後以 1.228 億元人民幣的價格競投中標。但因爲楊秀珠堅決不同意中標公司關於調整規劃指標的請求，而取消了這家公司的中標資格。此後，這塊地皮幾經周折，最終還是落入陳其躍的手中。地價降了一半多，但容積率和可建面積卻升了一倍多。有人推算，陳其躍從這個項目中至少可獲利 2 億元人民幣。

　　得到如此好處的陳其躍不可能不給楊秀珠投桃報李，從葉征受賄案來分析，陳其躍向葉征行賄45萬元人民幣，而楊秀珠在陳其躍的眼中，跟葉征顯然不在同一重量級，其行賄金額也要高出很多。一位知情者告訴筆者，在陳其躍獲得動物園地塊後，他曾向陳其躍祝賀其拿下如此好的項目，而陳歎道：“別看我好像賺了，其實我被人割得眼淚都出來了。”

　　溫州一些老幹部都認為，在動物園地塊轉讓過程中，陳其躍若向楊秀珠行賄，很可能是一個天文數字。更何況，楊秀珠批給陳其躍的，又不只動物園這一塊地。和她來往的外商，也不止陳其躍這一個人。對於楊秀珠來說，再不逃，就只有被抓了。

　　弟弟被捕，賬冊被查，陳其躍落入法網，令嗅覺靈敏的楊秀珠意識到，仿佛有一張無形的網在向自己逼近。據楊在省建設廳的同事反映：“一向蠻橫霸道的她，4月上中旬這陣子像漏了氣的皮球，整天唉聲歎氣。” 在2003年的3、4月間，浙江省紀委已經初步掌握了楊秀珠等人大量違紀違法的事實，楊秀珠的某些背後力量，也早已向楊秀珠通風報信，她已經知道紀委正在查自己。但多年在官場浸淫的楊秀珠也知道，情勢雖然逼人，檢察機關如果對她這個省管幹部進行立案調查和實施布控，必須要經過一定的批准程序，利用這個時間差，早有準備的楊秀珠著手安排出逃。

　　在分析楊秀珠出逃的原因時，另有一種猜測不容忽視。楊秀珠的升遷過程中，一直有很不正常的背後力量在影響。多年來有一批老幹部，緊追不捨，一直在上書揭露楊秀珠。而且當時的社會輿論直指省市兩級的某些領導，有一批與楊秀珠有牽連的後臺，或者關係曖昧的高官，那時也是寢食不安，一位調查過楊秀珠案情的溫州紀檢幹部道出這樣的擔心：這些涉案的高官，當年是有計劃有預謀地導演了一出戲，這出戲的名字就是風箏斷線，讓楊秀珠一走了之，順帶著也給他自己洗了底。當然，這僅僅是一種猜測，楊秀珠不歸案的話，永遠沒法得到證實。

逃，還是不逃，2003 年 4 月的楊秀珠，一定在反復思考這個問題。那段時間，楊秀珠杭州溫州兩頭跑，心情焦慮加上寢食不安，溫州一位熟悉她的幹部對她那段時間的狀態記憶深刻，他告訴筆者："那段時間，楊秀珠明顯瘦了很多。據她自己說，半個月體重減輕了 14 斤。"

出逃，顯然是楊秀珠最後的選擇，也是不得已的選擇。要叫她拋棄多年苦心經營才得到的權勢，是很痛苦的決定。不到最後關頭，她當然不會放棄翻盤的努力。筆者得知，楊秀珠在出逃之前還曾多方活動，想力挽狂瀾。一位溫州市高層領導私下透露，楊在三四月間曾到浙江省主要領導處說情，稱有人要迫害她，得到的回答是："如果你沒有問題，誰也迫害不了你；如果你有問題，誰也保不住你。"據說，直到出逃前一刻，楊秀珠還在不斷努力，她曾經往北京打了個電話，但對方不願接聽。

不管怎麼樣，2003 年的暮春，早做精心安排的逃亡路線成為楊秀珠唯一的出路。

溫州民間對楊秀珠的出逃有這樣的評價："以前林彪一家三口叛逃出去，全部摔死在溫都爾汗，楊秀珠家四口人卻成功出境，可見本事比林彪都大。"

> 在楊秀珠的發跡地溫州，一張搜捕楊秀珠黨羽
的大網悄然撒開。

第二節　重案暴露　"女巨貪"牽出窩案一串

楊秀珠逃了，省紀委、省檢察院顯然知道得還不如某些人快。
在楊秀珠出逃前後，被稱爲楊秀珠"哼哈二將"的高雲光、林素
華也失蹤了。

高雲光曾任溫州市規劃局副局長兼溫州鐵路房地產開發公司
總經理，因在 1999 年參與數額巨大的賭博活動，2001 年 11 月被
處以黨內嚴重警告處分。

林素華曾任溫州市規劃局辦公室副主任、主任，並兼任過溫
州鐵路房地產開發公司財務負責人。1997 年，在楊秀珠的極力推
薦下，出任溫州市安居工程指揮部副指揮職務（副縣級）。1999
年在"三講"活動中被幹部群眾揭發，紀檢部門調查證實其存在
瞞報已分住房面積參與集資建房、兼職取酬重複領取工資等問
題，而被免去副縣級職務，並受到撤銷黨內職務處分。

高、林二人被稱爲楊秀珠的左右手。楊秀珠很多見不得人的
勾當，都是通過高雲光林素華他們實施的。在楊秀珠擅自出境後，
人們發現已辭職下海從商的高雲光和林素華也突然不見了蹤影。

一張搜捕楊秀珠黨羽的大網悄然撒開。

2003 年 6 月 14 日，一場由浙江省檢察院直接介入的"搜網"行動在溫州展開。6 月 16 日上午，楊秀珠任溫州市副市長期間的生活秘書、時任溫州市規劃局人事教育處處長張壓西在局機關被檢察院刑事拘留。至此，原溫州市規劃局副局長高雲光，原溫州市安居工程指揮部副指揮林素華，溫州市規劃局財務科科長金建林，溫州市鐵路房地產開發公司總工程師鄭建光、會計李小燕等六人相繼被檢察機關逮捕。這六人均爲楊秀珠左右手，且均曾在溫州市城建系統浸淫多年。

據接近溫州市檢察院的當地一名記者透露，高雲光、林素華出逃後，都做了精心安排，準備潛逃海外，檢察機關是通過高科技手段偵察，掌握了其手機通話記錄，獲悉他們的隱藏地點，從而展開搜捕行動，分別在北京、蘭州等地將他們抓獲。

楊秀珠曾在溫州擔任副市長，分管城建工作，其主要違法違紀行爲就發生在這裏。溫州市城市建設超常規的發展，爲其撈取個人利益提供了極大的便利。她在溫州任職多年，且多是在城建、規劃部門任職。她用權力精心編織腐敗圈子，網羅了一批"心腹"和"同黨"。

楊秀珠出逃後，她在溫州苦心培植的一大批黨羽惶惶不可終日，一時間，溫州市城建、規劃等楊秀珠曾長期浸淫的系統，人人自危，唯恐與楊秀珠牽扯上關係。一度與她靠得近的人，有的捲進去了，有的還暫時躲在外面，惶惶不安地唯恐末日來臨。更有一些與楊秀珠有著千絲萬縷關係的人，整日裏提心吊膽地害怕楊秀珠被緝拿歸案。因爲，楊秀珠被緝拿之日，很可能就是他們腐敗行爲暴露之時。

　　楊秀珠出逃後，溫州市城建規劃部門成了重災區，已經查處的楊秀珠案牽連出的黨政機關幹部，大多是在城市建設和開發的過程中違反了法紀黨紀的。她的昔日黨羽一個個、一串串被揪出來接受正義和法律的審判。楊秀珠多年苦心經營織就的腐敗網絡遭到了毀滅性的打擊。溫州民間將之概括為八個字："近楊者腐，近珠者敗。"

　　楊秀珠的主要違法違紀行為發生在溫州。因此，溫州市便成為查辦楊秀珠重大違紀違法案件的主戰場。

　　從 2003 年 11 月開始，溫州市紀委共抽調全市紀檢監察系統辦案人員 40 餘人，組成 5 個專案小組，在溫州市區、瑞安、樂清、永嘉等地設立 5 個辦案點，對楊秀珠重大違紀違法案件涉及的相關人員開展調查。2004 年 12 月 7 日，溫州市紀委通報，楊秀珠案涉案金額高達 2.532 億元人民幣。截至 2004 年年底，楊秀珠系列案共立案查處 19 人，其中縣（處）級幹部 9 人，科級幹部 7 人，移送司法機關 9 人，其中十宗大案除涉及楊秀珠外，還牽出溫州市市政園林局原局長吳長柳、溫州市市政園林局原副局長葉小青、溫州市國土資源局原土地開發公司經理莊耀光、楊秀珠之弟、溫州市檢察院原後勤處處長楊龍翔等人的違法違紀案。初步查清涉案金額 2.532 億元人民幣，其中 4240 多萬已被追繳，7000 多萬的房產、資金被凍結。

　　隨著楊秀珠窩案被一層層揭開，一個個"土地蛀蟲"被挖出來，溫州在國有土地出讓、房地產開發方面的腐敗問題逐漸浮出水面。這引起了溫州市委、市政府高度重視，並舉一反三，在工程建設、土地管理、房產開發等腐敗高發地帶加強了反腐力度。

至 2004 年底，溫州市紀委組織有關部門清查了市區 12 年以來 230 個地塊的出讓情況。查出 55 個 "問題地塊"，漏交、少交、欠交地價款和城市基礎設施配套費用達 4897 萬元。溫州市政府還向各縣（市、區）發出《關於清查商品性房地產開發土地出讓金和城市基礎設施配套費的通知》，在全市範圍開展專項清理。進一步加大了對建設工程的監督，查處了濱海園區、南塘大道等工程建設領域中的違紀違法案件。查處了串標案件 7 起，涉案金額 2 億多人民幣。

浙江省檢察院則在進一步完善、鞏固原發現的犯罪事實證據的基礎上，又深挖查實了楊秀珠新的特大受賄犯罪事實。2005 年 3 月 2 日，浙江省檢察院代檢察長陳雲龍在浙江省十屆人大第三次會議上，向與會代表報告了楊秀珠涉嫌特大貪污、受賄案的最新進展。他說，檢察機關通過深挖已經立案查處了 11 件縣處級以上領導幹部貪污受賄犯罪案件。對幫助楊秀珠貪污 1100 餘萬元的原溫州市規劃局副局長高雲光等 4 人提起公訴，4 人現已經分別被判刑。同時，該院協助有關部門加大了對楊秀珠的追捕力度，查處辦案中發現的窩案串案。該院和溫州、杭州等地的檢察機關分別立案查處了與 "楊案" 有關的原省打私辦副主任周克、原省建設廳助理巡視員谷遠松、溫州市市政園林局原局長滕德壽等 11 件縣處級以上領導幹部貪污受賄犯罪案。

"要說這些人貪污的事情和楊秀珠有關係，我想應該不大。除了高雲光案外，其他人貪污受賄案中，他們都不會把貪污受賄的實情告訴楊秀珠，除非他是傻瓜。他們各貪各的，但楊秀珠案一出，提供了很多溫州官場腐敗的線索。" 一位參與調查楊秀珠窩案的知情人告訴筆者。

線索，也許是在逃的楊秀珠對溫州、浙江乃至中國反腐進程的價值所在。1998 年曾經負責調查楊秀珠"三大問題"的溫州市紀委的一位官員曾說，楊秀珠沒有被抓回來，官職小的死；楊被帶回國內，官職大的死。現在小的已"死"了很多，大的可能還在提心吊膽。

楊秀珠窩案已曝光的黨羽圖

（截至 2005 年 12 月 31 日）

姓　　名	原任職務	主要罪名	結　　果
周　克	浙江省打私辦專職副主任	受賄（人民幣 20 萬元、美元 1 萬元）	有期徒刑 11 年。並處沒收財產人民幣 15 萬元
穀遠松	原浙江省建設廳助理巡視員	受賄(人民幣 24.45 萬元、港幣 5 萬元、美元 4 萬元）	有期徒刑 12 年，並處沒收個人財產人民幣 20 萬元
高金熙	原溫州市規劃局辦公室主任、溫州市城管局副局長、市舊城改建指揮部常務副總指揮、市安居工程建設指揮部黨組書	受賄（財物折合人民幣 220 餘萬元）	無期徒刑

	記兼副總指揮		
高雲光	原溫州市規劃局副局長、溫州鐵路房地產開發公司總經理、溫州火車站站前指揮部副指揮	貪汙、受賄（幫助楊秀珠騙取人民幣1104萬餘元國有資產；受賄人民幣12萬元）	有期徒刑20年，並處沒收財產人民幣18萬元，同時追繳人民幣12萬元受賄贓款
金建林	原溫州市規劃局會計、溫州鐵路房地產開發公司出納	貪汙（幫助楊秀珠騙取人民幣1104萬餘元國有資產）	有期徒刑10年，並處沒收財產人民幣10萬元
林素華	原溫州市規劃局辦公室主任、溫州鐵路房地產開發公司財務負責人	貪汙（幫助楊秀珠騙取人民幣1104萬餘元國有資產）	在看守所自殺
沙少華	溫州鐵路房地產開發公司副總經理、市地產開發公司總經理	貪汙（幫助楊秀珠騙取人民幣1104萬餘元國有資產）	有期徒刑3年，並處沒收財產人民幣3萬元
李小燕	溫州鐵路房地產開發公司會計	貪汙（幫助楊秀珠騙取人民幣1104萬餘元國有資產）	有期徒刑5年，並處沒收財產人民幣5萬元
吳長柳	原溫州市市政園林局局長	受賄（人民幣5萬元，美元2000元）	有期徒刑3年6個月，並沒收全部贓款

楊邦禎	原溫州市市政園林局黨組書記、局長	受賄（人民幣9萬元）	有期徒刑5年，並追繳尚未退清的贓款人民幣4萬元
虞建華	溫州市市政園林局總工程師、黨委委員	受賄（人民幣37萬元）	有期徒刑10年6個月，並沒收全部贓款
林國權	原溫州市規劃局辦公室主任，金溫鐵路工程建設指揮部常務副指揮，溫州市鐵路房地產開發公司總經理	受賄（人民幣46.2萬餘元，美元6000元）	有期徒刑10年
葉小青	原溫州市規劃局用地管理處處長，溫州市市政園林局副局長，被捕前系上海凱潤房地產開發有限公司總經理	受賄（人民幣10萬元）	有期徒刑5年
滕德壽	原溫州市規劃局副局長、溫州市人民防空辦公室主任	受賄（人民幣14萬元）	有期徒刑10年
余小唐	原溫州建設集團	貪汙（侵吞公共財	死刑緩期兩

	公司總經理、溫州城市建設開發有限公司董事長	物人民幣6000餘萬元)	年執行,剝奪政治權利終身,並處沒收個人全部財產
趙憲進	原平陽縣副縣長、縣人大常委會副主任,被捕前系平陽縣國華引供水有限公司董事長	受賄(人民幣40萬元)	有期徒刑10年,並追繳非法所得贓款
陳玉生	原溫州市市政園林局排汙工程建設指揮部常務副指揮	受賄(財物共計價值人民幣8萬元)	有期徒刑6年
陳壽星	原溫州市江濱路工程建設指揮部工程科科長	受賄(人民幣6.9萬元)	有期徒刑3年
王守法	原溫州市國土資源局征地處處長	受賄	有期徒刑3年
楊龍光	溫州市建設局房地產開發處處長	受賄	有期徒刑3年
楊龍翔	溫州市檢察院後勤處處長(楊秀珠胞弟)	受賄	待審
楊光榮	溫州鐵路房地產開發公司副總經理(楊秀珠胞弟)	受賄(人民幣18萬元)	有期徒刑10年6個月,並沒收全部贓款

潘　琛	溫州市建設配套市政工程有限公司法定代表人，溫州市鐵龍房地產開發公司法定代表人、董事長、經理（楊秀珠外甥）		在逃
潘　兵	溫州測繪局副局長（楊秀珠外甥）		待審
莊耀光	原溫州市國土資源局土地開發公司經理	受賄	待審
陳其躍	米莉沙（中國）皮件有限公司法定代表人、董事長、總經理，鴻洲房地產開發有限公司股東	單位行賄、非法轉讓土地使用權（向葉征行賄人民幣45萬元，違反土地管理法規，非法轉讓土地使用權牟利）	有期徒刑4年，並處罰金人民幣114萬元
周道聰	廣東省順德縣特種變壓器廠代理商	行賄（財物共計金額人民幣42.6萬餘元）	有期徒刑2年

〉 "我們只是楊秀珠棋盤中的一枚棋子。"在庭審中，4名被告都顯得非常委屈。"今天本該是楊秀珠站在第一被告席上。" 〉

第三節 第一案 楊秀珠一次貪污1100多萬

2005年1月25日上午，杭州市中級人民法院對有"楊秀珠系列案第一案"之稱的四位涉案的昔日幫兇高雲光、金建林、李小燕及沙少華進行宣判（另一名本案案犯，原溫州市規劃局辦公室主任、鐵路房開財務負責人林素華，已於2003年8月14日在杭州市看守所拘押期間自殺身亡，免於追究刑事責任）。

宣判是在一個能容納近300人左右的大法庭進行的，旁聽席幾乎坐滿，旁聽者除了幾位被告人的家屬及部分當地群眾外，幾乎都是來自全國各地的媒體記者。這起案件之所以引起廣泛關注，是因為它是楊秀珠系列案中第一個公開宣判的、由正在被紅色通緝令通緝的前浙江省建設廳副廳長楊秀珠直接參與的案件。這個案件的發現，也是促使楊秀珠倉皇出逃國外的重要導火索之一。

法院認為，高雲光利用擔任溫州鐵路房地產開發公司總經理的職務便利，夥同被告人金建林、李小燕、沙少華，根據楊秀珠的指使，以補交配套設施費的名義，採用虛報冒領的手段，協助楊秀珠侵吞溫州鐵路房地產開發公司人民幣 1100 餘萬元的行為，均已構成貪污罪。此外，高雲光還曾收受他人賄賂 12 萬元人民幣，構成受賄罪。

法院判決，原溫州市規劃局副局長高雲光以貪污罪、受賄罪被判處有期徒刑 20 年，並處沒收財產人民幣 18 萬元。此外，高雲光受賄的贓款人民幣 12 萬元，追繳後上繳國庫。原溫州市規劃局會計、溫州鐵路房地產開發公司出納金建林以貪污罪被判處有期徒刑 10 年，並處沒收財產人民幣 10 萬元；原溫州鐵路房地產公司會計李小燕以貪污罪被判處有期徒刑 5 年，並處沒收財產 5 萬元；原溫州鐵路房地產開發公司副總經理、溫州市房地產公司總經理沙少華以貪污罪被判處有期徒刑 3 年，並處罰金人民幣 3 萬元。

在公訴人的陳述下，楊秀珠這個女巨貪的醜惡嘴臉終於被公之於眾。

在溫州，楊秀珠素有安插親信的喜好，高雲光、林素華是楊秀珠精密棋局中的兩顆重要棋子。1995 年 3 月，在楊秀珠的授意下，溫州市規劃局副局長高雲光被任命為溫州鐵路房地產開發公司總經理、她弟弟楊光榮擔任副總經理，市規劃局辦公室主任林素華兼任財務負責人，市規劃局會計金建林兼任出納，其他各要害部門也都安插楊的親信，已經升任溫州市主管城建副市長的楊秀珠成為了這裏的董事長。楊秀珠這麼做的目的就是要為自己不久之後的貪污鋪平道路。

溫州鐵路房地產開發公司成立於 1993 年 9 月，歸口於金溫鐵路溫州段指揮部。楊秀珠自 1993 年起就擔任金溫鐵路溫州段副總指揮，指揮。

1996 年 12 月下旬，楊秀珠將高雲光、金建林及林素華叫至其辦公室，以其弟弟楊進軍做生意虧本，急需一筆錢還銀行貸款為由，表示要從鐵路房開提點錢。那麼這筆錢該如何提呢？楊秀珠說可以把三年前開發水心彙昌小區時的那筆土地配套費弄出來。楊秀珠並對三人進行了分工，高雲光等人均表示同意。

其實為拿這筆錢，楊早有預謀。早在 1993 年底 1994 年初，鐵路房開開發當地水心彙昌小區時，經楊秀珠親自批准，減免本應當上交市規劃局的土地配套費，三年後，覬覦了這筆巨款很久的楊秀珠覺得蜜桃成熟了，應該摘了。她就授意高林金三人以補交城市配套設施費的名義來套錢。

這筆錢到底有多少？楊秀珠要求從事過土地測算工作的高雲光趕快把這筆土地配套費的數額算出來。經過高雲光的測算，這筆錢為 1104.5155 萬元人民幣。

緊接著，楊秀珠又指使市規劃局會計兼鐵路房地產開發公司出納金建林用已經作廢的配套費發票，開出 1104.5155 萬元人民幣的金額，經楊秀珠、高雲光、林素華簽字審批後在鐵路房地產開發公司入賬報銷。

金建林在法庭上回憶起當時的情景：“那天是星期天啊，楊秀珠叫我們去的，開發票的時候，我坐在那裏開，她就站在我邊上，她看著我拿著高雲光算好的數據將發票開完，開完以後她拿過去看了一下，發票不是複寫紙寫的，一式有四聯，她把發票拿過去，用得著的只有第二聯發票聯，她把第一聯、第三聯、第四聯乾脆就給撕掉了。"

　　金建林根據楊秀珠的授意，將放在溫州鐵路房地產開發公司入賬的支票回執欄收款單位內填寫了溫州市規劃局，在交給銀行的轉賬支票收款單位欄內填寫溫州市火車站站前指揮部。這樣一來，1100 多萬人民幣的土地配套費看似交給了規劃局，實際上轉入的卻是由楊秀珠任指揮的溫州火車站站前指揮部的賬戶，從而在該公司賬目中掩蓋了此筆款項的真正去向。該發票隨後經楊秀珠、高雲光、林素華審批簽字後在鐵路房開公司賬目中入賬報銷。

　　入賬以後，根據他們當時的安排，楊秀珠明確指示，要林素華安排好，叫李小燕負責到銀行提現。1997 年 2 月到 9 月，李小燕分 20 多次，把這 1100 多萬元以現金的形式從銀行全部提出。李小燕把這些現金提出來後，就交給林素華，以及林的丈夫、溫州鐵路房地產開發公司副總經理沙少華。由他們二人交給楊秀珠的司機徐某，再由徐某轉交給楊秀珠。

　　就這樣，這筆 1100 多萬元的巨款全部落入了楊秀珠的口袋。

　　"我們只是楊秀珠棋盤中的一枚棋子。"在庭審中，4 名被告都顯得非常委屈。"今天本該是楊秀珠站在第一被告席上。"高雲光在一天的審理結束後，發表最後陳述時說。而沙少華則在最後陳述時說："一定要把楊秀珠捉拿歸案，是她害得我家破人亡。"金建林的辯護人則表示："大家都知道，楊秀珠工作作風非常霸道，別人不敢說一個'不'字！在溫州無人予以監督，被告也是迫於其壓力。"

　　在法庭上，四名被告人對起訴書指控事實基本沒有異議，但均辯稱在此案中系受楊秀珠指使，自己是奉命行事，且沒有分到贓款，沙少華還稱自己事先並不知道楊秀珠貪污巨款的實情，楊秀珠已害得他家破人亡，因此都請求法庭能給予從寬處理。李小燕、金建林還當庭流下了悔恨的淚水。

但法律是無情的，儘管四名被告僅是幫助楊秀珠實施貪污行為，自身並未獲取分文，但檢方認為，其行為亦已構成共同貪污罪，理應追究刑事責任。高、金、林三人都是溫州市規劃局公務員，卻同時兼任鐵路房開公司的職務，幫助楊秀珠貪污可謂便利之極。共同犯罪不是每個人在這個犯罪當中得到多少好處而作為他是否構成犯罪以至於怎麼對他定罪量刑的基本依據。共同犯罪是要求從整個案件離開了任何一個人，都不可能完成整個犯罪過程，是從這個角度來考察每個人應承擔的法律責任。這個案件充分體現了這一點，具體來講四名被告誰都沒有拿到錢，但是離開這四個人，楊秀珠就不可能實現貪污 1100 萬巨額公款的目的。因此，對高雲光、金建林、李小燕、沙少華作為共同犯罪的判決是公正的。

{ 與周克一樣，谷遠松受賄行為是在楊秀珠出逃以後，省紀委查處楊秀珠貪污、受賄案過程中浮出水面的。}

第四節　兩個"廳級"相繼落馬

楊秀珠窩案涉及到不少領導幹部，原浙江省建設廳助理巡視員谷遠松、省政府打擊走私領導小組辦公室專職副主任周克就是兩個典型。

谷遠松是楊秀珠系列案件中被查處的第二名廳級幹部，經浙江省委批准，2004 年 8 月，谷遠松因受賄罪被杭州市中級人民法院判處有期徒刑 12 年。2005 年 2 月，省紀委作出決定，給予省建設廳原助理巡視員穀遠鬆開除黨籍處分。

楊秀珠特大貪污、受賄系列案件中被查處的第一個廳級幹部，省政府打擊走私領導小組辦公室專職副主任周克，案發在前，但因涉案事實較多，且控辯雙方爭議較大，從 2004 年初查處，歷時一年才宣告結案，周克因受賄罪被判處有期徒刑 11 年，此前，周克已被開除黨籍和行政職務。

谷遠松：廉潔一生晚節不保

今年 63 歲的谷遠松爲溫州人，曾任浙江省建設廳處長、省人民大會堂遷建工程領導小組辦公室副主任、省建設廳助理巡視員，2003 年 2 月退休。

與周克一樣，谷遠松受賄行爲是在楊秀珠出逃以後，省紀委查處楊秀珠貪污、受賄案過程中浮出水面的。

在法庭上，谷遠松回憶起第一次受賄時，仍記憶猶新："當她給我 4 萬美元時，我意識到拿了要犯受賄罪，所以表示不能拿。但她一再表示'就我們兩人的事'，言下之意，只要我們兩人不講誰也不會知道，最後我還是拿了那 4 萬美元。"2001 年 11 月初，福建泉州宏星裝潢有限公司總經理餘某在杭州送給谷遠松 4 萬美元，這是谷遠松第一次接受大數額的賄賂。起初，谷遠松也曾害怕過。但是在包工頭信誓旦旦的保證下，他還是心安理得地收下了這筆不義之財。

2000 年 3 月，省人民大會堂遷建工程全面啓動。爲加強遷建辦的領導力量，省人民大會堂遷建領導小組決定由時任省建設廳建設處處長的谷遠松兼任遷建辦副主任，主持辦公室的日常工作。隨著工程的開工建設，這個概算總投資近 5 億元人民幣的巨大工程吸引了省內外的各路建築諸侯紛紛前來淘金挖寶，谷遠松自然成了眾多建築企業老闆的進攻對象。在主持遷建辦日常工作的近 3 年時間裏，谷遠松心存"只要包工頭不說，就不會有人知道"的僥倖心理，一次又一次利用手中的權力，進行著赤裸裸的權錢交易。

2004 年，楊秀珠出逃後，省審計廳對她曾擔任遷建項目副總指揮的省人民大會堂建設項目進行審計。在審計過程中，發現該項目的工程招投標、工程款支付、建材質量和設備採購等方面都存在問題，而工程招投標的問題尤為突出。為此，省紀委與審計廳溝通後，決定派人參與，對大會堂工程招投標進行延伸審計。

延伸審計進一步暴露了一些問題，大會堂工程不少項目招投標很不規範，決標時出現了第二、第三名候選人中標，第一名候選人被淘汰的不正常情況。按規定，在評標委員會中，業主的參加人數不得超過三分之一，而在大會堂工程的評標中，有部分標的評標時，業主的人數明顯超過了三分之一。更令人不可思議的是，獲得省人民大會堂這樣的重要工程招投標代理權的竟是一家資質並不高、信譽並不好的浙江省某招標公司，這引起了紀委辦案人員的重視。

此時，這家招標公司的總經理麼某進入了辦案人員的視線，調查發現其與谷遠松的關係非同一般。谷遠松上任遷建辦副主任時，麼某經朋友介紹與其認識，在此後的 3 年時間裏，麼某利用邀請谷遠松參加公司會議、或是利用節假日拜訪等時機，先後送給谷遠松 3.1 萬元人民幣，為的是能得到大會堂項目招投標代理權。因為他知道，一旦取得這個大工程的招投標代理權，將獲得巨大利益。

對谷遠松的調查在麼某身上找到了突破口。在掌握了確鑿的證據後，2004 年 2 月 20 日，省紀委對谷遠松進行"雙規"審查，隨後，內查外調全面展開。

辦案人員向谷遠松宣傳黨的各項政策，敦促其主動交待問題。然而，此時的谷遠松依然心存僥倖，不肯如實交待問題，只承認曾經接受過一些土特產、禮金、禮卡。但他並不知道，與此同時，辦案人員對各種線索進行梳理後，外圍調查正在緊鑼密鼓地進行。

由杭州某消防設備有限公司及香港創意影音科技公司等單位提供給省人民大會堂遷建辦的一筆總值 31 萬元人民幣的出國考察費用引起了辦案人員的注意，他們立即前往遷建辦、旅遊公司進行調賬，並找該消防設備公司的樓某進行談話，掌握了谷遠松將出國考察費用 8000 美元占為己有的事實。

案件有了重大突破。在辦案人員的攻勢下，谷遠松的心理防線崩潰了，陸續交待了自己的犯罪事實：在擔任省人民大會堂遷建辦副主任期間，利用職務上的便利，為福建泉州宏星裝潢有限公司、浙江某園林工程有限公司、杭州某科技有限公司、浙江省某工程設備招標公司等單位在承接工程、取得招標代理權、撥付工程進度款、協調施工糾紛、增加工程量、樟樹定價、簽署聯繫單等事項上提供幫助，並先後非法收受上述單位有關人員所送的財物。

經查，2001 年至 2003 年間，谷遠松利用職務便利，收受賄賂人民幣 24.45 萬元、港幣 5 萬元、美元 4 萬元。

省紀委有關辦案負責人說，谷遠松在建設廳城市建設處擔任領導職務的 10 多年時間裏，也是手握審批大權，但沒有查出有違紀違法行為，應該說是一個工作較出色，比較廉潔的黨員幹部。然而，走馬上任省人民大會堂遷建辦公室副主任後，谷遠松的人生觀、價值觀發生了改變，想黨的事業少了，追求錢財、貪圖享受多了，以至於在短短 3 年多時間裏，谷遠松違法違紀所得近 70 萬元人民幣。

據辦案人員介紹，谷遠松與諸多包工頭之間根本不存在交情，更談不上友情，他們所進行的就是一些赤裸裸的權錢交易。谷遠松在 2002 年至 2003 年間為浙江某園林公司撥付工程進度款、協調施工糾紛等方面提供支持和幫助，先後兩次收受該公司經理所送人民幣 5 萬元；為浙江某公司項目部經理在承接工程、撥付工程進度款等事項上提供支持，先後收受該項目經理所送人民幣 17500 元，並要求對方出資 2.2 萬元人民幣為其女友裝修住房；為浙江省某招標公司在取得招標代理權等事項上提供幫助，分別收受該公司經理所送人民幣 3.1 萬元。

谷遠松斂財已經到了瘋狂與貪婪的程度。身為一名國家幹部，他與形形色色的包工頭打得火熱。更令人不可思議的是，這些相識不久的包工頭送的多則十幾萬現金、少則幾百元的購物券，他都會接受。正如一辦案人員所說，谷遠松收錢是不論多少、不分場合、不分時間，以至於到後來，他還會為包工頭出主意怎樣用更安全的方式給自己送錢。

事實上，谷遠松後來對自己思想上發生的變化也有了深刻的反思："人一旦放鬆了世界觀的改造，意志就會衰退，拒腐蝕的能力就要衰弱，就會事事處處考慮個人的得失，追求私利的願望就會增多，就難以抵擋金錢的誘惑，最終導致犯罪。近幾年，我想自己已是快要退休的人了，已是'船到碼頭人到站'了，應多考慮考慮自己的事了。我老想醫療改革後生了大病怎麼辦？兒子國企下崗後一直沒有穩定工作怎麼辦？教育制度改革後孫子上大學要自費怎麼辦？我和老伴今後生活萬一不能自理怎麼辦？想來想去總覺得要解決這些事都需要錢，錢從哪里來呢？我後悔自己在房價低的時候沒有多買幾套按揭房，我又恨自己決策不當，幾次合夥投資都未成功，對照有的同事'下海'從事房地產開發，沒多少年就身家幾百萬元、幾千萬元，心理很不平衡。滿腦子的私事，滿腦子的'錢'字致使自己在金錢誘惑面前敗下陣來，成了金錢的俘虜。歸根到底是我放鬆了世界觀的改造，金錢萬能的世界觀導致我'私'字嚴重膨脹，抵擋不住金錢的誘惑。"

據谷遠松自己回憶，大會堂工程建設之初，他對廉政建設還是比較重視的。剛到遷建辦時，他按照省委、省政府關於要把工程建設成為精品工程、廉政工程的要求，帶領有關同志到黃龍體育中心等工程建設指揮部學習取經，回來後制定了一套制度，用以規範大家的行為。在工程例會上也經常提醒大家要注意廉政建設。谷遠松認為這些措施在開始時起到了一定的約束作用，自己也曾經謝絕過一些人的吃請和贈送的禮卡。

但隨著工程建設的開展，谷遠松與包工頭的接觸增多，從不認識到熟悉，首先在吃請問題上被打開了缺口，隨後收受禮品、禮金、禮卡，直至受賄犯罪。此時，在谷遠松看來，廉政建設制度和廉政建設協議就成了擺設："我雖然在有關會議上還講廉政建設問題，但已成為只對人、不對己，掛在嘴上、講在會上、寫在紙上的'和尚念經'了，有口無心，根本談不上落實到自己行動上。"

2004 年 3 月，浙江省紀委常委會決定對遠松立案查辦；同年 5 月，谷因受賄犯罪嫌疑被省人民檢察院依法逮捕。2004 年 8 月，杭州市中級人民法院以受賄罪判處谷遠松有期徒刑 12 年，並處沒收個人財產人民幣 20 萬元。此外，谷還犯有利用職務之便，非法佔有出國考察費用、違規收受他人錢款及電腦、手機等物品的錯誤。根據《中國共產黨紀律處分條例》，省紀委常委會決定給予穀遠鬆開除黨籍處分。省建設廳按照有關規定，已取消谷遠松的退休費和其它退休待遇。原想安度晚年的谷遠松，怎麼也想不到，他的隱秘受賄行爲會因爲楊秀珠的"裸奔"而被抖出來，此時此刻的他，一定對楊秀珠恨之入骨。

周克：植發易眉欲逃國外

現年 51 歲的周克市是溫州瑞安人，曾任溫州市商業委員會副主任、市政府副秘書長、浙江省政府辦公廳綜合處處長等職，案發時系省政府打擊走私領導小組辦公室專職副主任。

2004 年，浙江省紀委調查發現溫州市上江路 1 號地塊（後開發建設爲同人花園）出讓過程中，存在違規行爲。經初查，發現周克從中涉嫌嚴重違紀，遂於當年 3 月 29 日對周克"雙規"調查。同年 4 月 3 日和 9 日，周克先後交代了收受好友莊某 1 萬美元與外甥陳某 20 萬元人民幣的問題。

2005 年 3 月 14 日上午，紹興市中級人民法院開庭宣判周克受賄罪一案，法院一審以受賄罪，判處被告人周克有期徒刑 11 年，並處沒收財產人民幣 15 萬元。

周克參與"倒地皮"的過程，講述起來十分複雜，好在法院的判決書爲我們理清了大致的脈絡：2000 年 11 月，經曾在溫州工作多年的省打私辦副主任周克的出面幫助聯繫，省機關事務管理局下屬後勤經濟發展中心以協議出讓的方式，取得了我市上江路

1 號地塊的開發權。此後，在周克的要求下，2001 年 8 月，省打私辦下屬國有事業單位省罰沒走私物資拍賣行以浙江華通拍賣有限公司的名義，從省後勤中心受讓了上述地塊項目公司 10％的股份（次年 3 月轉歸省罰沒走私物資拍賣行所有）。後華通拍賣有限公司因故未能參與投資，同年 10 月，周克讓其外甥深圳某實業公司董事長陳某和其同學陳某某等兩人參與該 10％股份的投資。為感謝周克的幫忙，陳某允諾事後給周克 20％的投資利潤。2002 年 4 月，陳某等兩人退出投資，周克即找多年的好友溫州市某中心主任莊某，以每畝高 10 萬元的價格接盤，從中為陳某、莊某謀取利益。2002 年 10 月，因該地塊已漲價較多，省罰沒走私物資拍賣行再次從省後勤中心受讓了上述地塊項目公司 8％的股份，周克將其中 4％的股份又交由其外甥陳某投資，為其謀取利益。

為感謝周克的幫忙，2002 年 5 月 26 日，陳某通過周克之妻給周克 20 萬元人民幣，周克知曉此事後，予以認可。莊某為感謝周克的幫忙，在 2002 年 8 月的一天，以贊助其女兒出國的名義，到周克家中送給其美元 1 萬元，周予以收受。

在庭審時，對於檢察機關的指控，周克基本予以了否認，辯稱他在此案中並沒有利用職務之便，而是利用其個人關係為拍賣行謀利，且省打私辦對省拍賣行沒有人事任免權，同時其妻子收受陳某 20 萬元人民幣他並不知情，收受莊某 1 萬美元屬人情往來。周克的辯護人也為其作了無罪辯護。

對於周克的辯解，公訴人認為，省打私辦與省拍賣行存在事實上的隸屬關係，周克實際掌控著拍賣行的經營大權，其受賄事實有多方證據得以印證。在此案中，周克為給親友謀利，違規暗箱操作，不僅造成了國有資產的流失，而且空炒地皮，造成涉案地塊地價在開發過程中一漲再漲。鑒於周克在法庭上當庭翻供，無視此前多次有罪供述與大量書證，企圖逃避法律制裁，認罪態度較差，公訴機關建議法庭酌情對被告人周克予以從重處罰。

公訴人指出，周克到省打私辦工作後對經營興趣濃厚，曾打過辭職報告，其個人僅投資安徽一個房地產項目資金就達 200 餘萬元人民幣，在同人花園一口氣就買了 3 套住房，對金錢的過分追逐使得他一步步陷入欲望的泥坑，不可自拔。

在周克被省紀委雙規過程中，他曾從辦案點脫逃，並企圖出逃國外，但終未得逞。

2004 年 4 月 27 日，周克趁看守人員不備，從雙規辦案點出逃至北京。他讓其妻子四處籌款，並種植了頭髮、牙齒、眉毛等，辦理了假身份證，企圖"改頭換面"蒙混過關出逃國外，但由於楊秀珠出逃後，各地邊檢都加強了戒備，2004 年的 4 月，已不是 2003 年的 4 月，周克的外逃圖謀終未得逞。在出逃一個月之後，5 月 27 日，省紀委將周克從北京帶回，周克終於沒能像楊秀珠一樣跨出國門。

> 楊秀珠在溫州任職多年，用權力精心編織腐敗圈子，網羅了一批"心腹"和"同黨"。余小唐、林國權等人，就是楊秀珠的"十常侍"。

第五節　楊秀珠窩案——十大案件

看看這一串的人名，他們曾經顯赫的頭銜和現在的下場：

余小唐，原溫州市建設集團公司總經理、溫州城市建設開發有限公司董事長，侵吞公共財物人民幣6000餘萬元，判處死刑，緩期兩年執行，剝奪政治權利終身，並處沒收個人全部財產；

林國權，原溫州市規劃局辦公室主任，金溫鐵路工程建設指揮部常務副指揮，溫州市鐵路房地產開發公司總經理，受賄人民幣46.2萬余元，美元6000元，判處有期徒刑10年

楊邦禎，溫州市市政園林局原黨組書記、局長，受賄人民幣9萬元，判處有期徒刑5年；

吳長柳，溫州市市政園林局原局長，受賄人民幣5萬元，美元2000元，判處有期徒刑3年6個月；

葉小青，原溫州市規劃局用地管理處處長，溫州市市政園林局副局長，被捕前系上海凱潤房地產開發有限公司總經理，受賄人民幣10萬元，判處有期徒刑5年；

虞建華，溫州市市政園林局原總工程師、黨委委員，受賄人

民幣 37 萬元，判處有期徒刑 10 年 6 個月；

　　王守法，原溫州市國土資源局征地處處長，因受賄被判處有期徒刑 3 年；

　　莊耀光，溫州市國土資源局原土地開發公司經理，因在任期間收受他人所送人民幣數額巨大，涉嫌違法，已由溫州市鹿城區檢察院立案偵查；

　　楊龍光，溫州市建設局原房地產開發處處長，因在任期間收受他人所送財物，折合人民幣 4 萬餘元，被溫州市鹿城區人民法院依法判處有期徒刑 3 年；

　　楊龍翔，溫州市檢察院原後勤處處長，在任期間收受他人所送人民幣數萬元，已被溫州市紀委開除黨籍，並移送司法機關；

　　這是 2004 年底，溫州市紀委總結楊秀珠系列案查處過程階段性成果的時候，披露出來的十宗案件。

　　東漢獻帝時，張讓、趙忠、封諝、段珪、曹節、侯覽、蹇碩、程曠、夏惲、郭勝十人朋比為奸，號為"十常侍"。楊秀珠在溫州任職多年，用權力精心編織腐敗圈子，網羅了一批心腹和同黨。余小唐、林國權等人，就是楊秀珠的"十常侍"。

余小唐：涉嫌侵吞國有資產 6000 多萬

　　2005 年 6 月 23 日下午，溫州市中級人民法院一審判處余小唐死刑，緩期兩年執行，剝奪政治權利終身，並處沒收個人全部財產。

　　余小唐今年 57 歲，原系溫州建設集團公司總經理、溫州城市建設開發有限公司（簡稱城開公司）董事長，因與楊秀珠案有牽連而東窗事發，2004 年 4 月 28 日被依法逮捕。余小唐案創造了幾個數字之最：不但是溫州市中級人民法院審結的金額最大的貪污案，也是楊秀珠系列腐敗案件中目前查辦的涉案金額最大的一起案件，同時也是建國以來全省最大的一起貪污案。余小唐也因此被某些媒體稱做"浙江第一貪"。

5 月 19 日，溫州市中級人民法院公開開庭審理此案，市人民檢察院指控余小唐涉嫌貪污犯罪，採取虛假出資、虛假變更股東、虛構法定代表人等方式，通過變更公司股權的手段，侵吞公共財物人民幣 1.16 億餘元，應以貪汙罪追究其刑事責任。

法院一審判決認為，被告人余小唐身為國家工作人員，利用職務上的便利，採取虛假出資、虛假轉讓股權、以他人名義為自己增加股權等不法手段，侵吞公共財物人民幣 6000 餘萬元，其行為已構成貪污罪。但公訴機關以被告人案發時誠達房地產開發有限公司的總資產，認定其貪污數額，依據不足，予以糾正。鑒於被告人余小唐侵吞的公共財物尚未揮霍等具體情節，據此作出上述判決，並追繳其一切違法所得。

空手套白狼侵吞國有鉅資

據起訴書指控，1994 年 8 月，時任國有獨資的溫州城市建設開發有限公司（簡稱城開公司）經理余小唐提議，組建溫州誠達房地產開發有限公司（簡稱誠達公司），並決定由城開公司及市城建配套物資公司（簡稱配套公司）分別出資組建誠達公司，註冊資本總額 500 萬元人民幣，其中由城開公司出資 450 萬元，配套公司出資 50 萬元。

在向工商行政管理部門辦理誠達公司登記註冊時，被告人余小唐以樂清市溫雁房地產有限公司（簡稱溫雁公司）作爲虛假掛名股東，出資入股誠達公司。1994 年 12 月，誠達公司核准登記成立後，任該公司法定代表人、董事長兼總經理的余小唐立即指使他人，將以溫雁公司名義出資的 240 萬元人民幣註冊資金直接退回到城開公司。

1996 年間，被告人余小唐在未經建設集團公司批准，未進行資產評估的情況下，決定將城開公司、配套公司的股權從誠達公司中退出。而後，余小唐以市金田電纜公司（簡稱金田公司）的名義，籌集 260 萬元人民幣資金，代爲收購城開公司和配套公司在誠達公司總計 52% 的股權。1997 年 3 月，余小唐指使他人在誠達公司企業年檢報告書上，將股東城開公司和配套公司變更爲金田公司。至此，誠達股東構成變更爲金田公司、溫雁公司分別出資 260 萬元人民幣和 240 萬元人民幣。

1998 年間，余小唐推舉黃某爲誠達公司法定代表人、董事長兼總經理。1999 年，在沒有實際出資的情況下，金田公司在誠達公司的股權轉讓給余小唐。2000 年，通過將誠達公司的 1800 萬元人民幣資金彙入其它房開公司的賬戶再彙回，余小唐以"陳日升"名義、黃某以"董雅珍"名義各在誠達公司增資 900 萬元，將誠達公司的註冊資本由 500 萬元人民幣增至 2300 萬元人民幣。至此，誠達公司股東變更爲余小唐、溫雁公司、董雅珍、陳日升分別出資 260 萬元、240 萬元、900 萬元和 900 萬元。

後因余小唐與黃某在誠達公司經營上產生矛盾，余小唐同意黃某將其持有的以"董雅珍"名義在誠達公司的 39.1% 股權退出。2001 年 3 月，余小唐將該 900 萬元股權全部轉給自己所有，並以"陳日升"名義向工商行政管理部門辦理了變更登記，由陳日升擔任公司董事長、法定代表人。同時，余小唐將誠達公司所有的信合大廈 B 幢 1901－1903 室、401－406 室、二三層辦公用房、一層 D03 和 C04 號營業房及誠達公司在誠達大酒店的投資、誠達公司在溫州茶廠地塊項目的股份預付收益等劃歸黃某所有。經審計，該部分財產合計總價值 4089.1 萬餘元人民幣。2002 年 8 月，誠達公司經工商行政管理部門審核，變更公司營業執照註冊號，改爲私營登記。

至此，余小唐完成了他空手套白狼的全部過程，借助"陳日升"這樣一個傀儡，將國有的誠達公司變更爲他自己實際控制的私營企業。

誠達公司成立後，先後開發建設了原本由城開公司開發的梧田龍霞生活區 24－B 地塊、車站大道 16－2 地塊及解放南路 1 號地塊等項目。經審計，截至 2003 年 11 月 30 日余小唐案發時，誠達公司所有者權益合計 7548.4 萬元人民幣。

公訴機關認爲，余小唐身爲國家工作人員，利用職務上的便利，採取虛假出資、虛假變更股東、虛構法定代表人的方式，通過變更公司股權的手段，侵吞 1.16 億餘元人民幣的公共財物（4089.1 萬餘元加 7548.4 萬元），其行爲已構成貪污罪。

在庭審過程中，余小唐的辯護律師則認爲，余小唐不符合貪污罪的構成要件。理由是，余小唐在主觀上無貪污的故意。余在組建誠達公司中，以及後來他找金田公司收購城開公司、配套公

司的股份，都沒有侵吞公共財產的故意。其次，若誠達公司企業
虧損，則余小唐無錢可貪。第三，余讓金田公司收購城開公司、
配套公司的股份，使國有資產實現了保值，余小唐有功無過，更
談不上貪污。

余小唐案也引起了司法界強烈的興趣，尤其是能否以其案發
時誠達公司的資產認定其貪污金額。他的辯護律師舉例說，因溫
州的房地產市場持續走熱，誠達公司資產也實現了增值，如果溫
州的房地產市場蕭條，余小唐案發時，誠達公司無一分錢收益，
反而虧損，能認定其貪污數額嗎？

國企改制中的黑洞

余小唐侵吞國有資產的情況，在國有企業改制過程中大量存
在。一些為企業奮鬥多年甚至奉獻終生的國企老總們，最渴望的
事就是"改制"。這種現象可以稱之為"新59歲現象"。

何謂"59歲現象"？中國民眾一般工作到60歲，廳長、局
長、處長級幹部也都在60歲退休，59歲因此成為關鍵的一年。
它意味著一批有權勢的人物（政府官員和國營企業家）臨近退休
之前利用自己的權力狠撈一把的現象。

可以想見，59歲的國企老總，如果不改制，60歲就得退休，
而改制以後，他就可以繼續在崗。哪怕退居董事長之位，企業的
控制權也不會旁落。

一位已經完成改制的原國有企業老總這樣解釋"新59歲現
象"：改制前，企業經營者的任免完全由上級決定，其任免規則
基本上等同於國家公務員，不管你能力有多強，精力有多旺盛，

只要到點，必須退休。而改制後，哪怕改成混合所有制，只要不是國有控股，企業經營者的任免就由出資人決定，董事會說了算，而且任免規則是市場化的，只要經營者有能力、有精力，就不會受 60 歲退休的規定所限。

據《國際金融報》報道，中國國資委公佈的資料稱，中國經營性國有資產大約有 10 萬億元。在政府推出"國有企業的出售"、"改制"後，一些"有權人"、"有錢人"即將"國有企業的出售"、"改制"視作爲唐僧肉，將它看作是腐敗的最後一頓晚宴，千方百計損公肥私、中飽私囊，一些地方一窩蜂出售巨額國有資產，一些地方的案例表明，有的以拍賣爲手段，瘋狂佔有國有資產；有的以公司脫鉤爲幌子，將國有資產變爲私人企業；有的以招商引資爲由大肆侵吞國有資產，從公開侵吞到暗箱操作，從非法變成合法。

學者鄧聿文在《規範國企改制杜絕國資流失》一文中指出，20 多年來，在國有企業改革中，特別是大規模的國有企業重組中，國有資產流失比較嚴重。僅對 1994 年 12.4 萬戶國有企業清產核資調查統計，資產損失及掛賬就達 4438 億元人民幣；2002 年，國家審計署查出由於違規擔保、投資和借款以及決策嚴重失誤等原因所造成的國有資產損失就高達 72.3 億元人民幣。經濟學界流傳的一個比較認可的數據是，近年來，國有資產每天流失 1 個億，一年就是 365 個億！當今腐敗加劇了中國社會的兩極分化。中國的一些"有權人"、"有錢人"的暴富人數的絕對值，與全國人數相比，是微不足道的，然而非法獲得的財富，是極其驚人的天文數字。有學者統計，50 個中國富豪的資產，相當於 5000 萬中

國農民的年純收入；而 300 萬個百萬富翁的資產，則相當於 9 億
中國農民 2 年的純收入！

林國權：楊秀珠爲其受賄牽線

　　林國權是楊秀珠的"心腹"。在楊秀珠任溫州市規劃局局長
期間，林國權曾任局辦公室主任。與高雲光等人一樣，身爲溫州
市規劃局辦公室主任的林國權亦在楊秀珠安排下，進入"楊系公
司"擔當要職，先後任溫州市規劃局辦公室主任、金溫鐵路工程
建設指揮部常務副指揮、溫州市房地產開發總公司總經理等職。

　　1993 年，以"爲了供給金溫鐵路建設資金需要"的名義，溫
州市成立了鐵路房地產開發公司，這是在楊秀珠的授意和支持下
宣告成立的，第一屆總經理即是由規劃局調任的林國權擔任，這
顯示了楊秀珠對其的相當信任。林國權被判有期徒刑 10 年的受賄
案件，就是在這裏發生的。

　　鐵路房開第二任總經理是被稱爲楊秀珠得力幹將的高雲光，
楊秀珠還將胞弟楊光榮安排到這家公司擔任副總經理。林國權此
後調任溫州市房地產開發總公司擔任總經理，並在溫州宏景房地
產開發有限公司擔任副董事長。

　　楊秀珠出逃後，溫州市紀委在鐵路房地產開發公司調查期
間，發現了林國權受賄的蛛絲馬跡。立案調查後，將涉嫌違法犯
罪的林移送至檢察機關。2004 年 3 月 18 日，林國權因涉嫌受賄
罪被溫州市人民檢察院依法批准逮捕。

　　檢方指控，1994 年至 2003 年，林國權在鐵路房開公司等公司

任職期間，先後受賄合人民幣 46.2 萬余元，美元 6000 元。

據瞭解，林收受的最大一筆賄賂正是由楊秀珠牽的線。

檢察機關指控，1994 年初，楊秀珠給時任溫州鐵路房地產開發有限公司總經理林國權打電話，說有人會去找他談有關水心彙昌工程的事，讓林國權接待一下。此人便是建築公司包工頭王躍春，他以溫州市第二建築安裝工程公司的名義，通過林國權承接了鐵路房開開發的溫州市鹿城區水心北彙昌住宅小區昌 2、3、4、9、10、11 號樓的建築工程。1996 年，王躍春為"感謝"林國權的幫助，在林的家中送上 40 萬元，林予以收受。此後，王又數次給林送錢，總計人民幣 11 萬元。2004 年 11 月 29 日，溫州市鹿城區法院一審認定，林國權在任期間利用職務便利，為他人謀取利益並非法收受他人所送財物共計價值人民幣 51 萬餘元，決定判處其有期徒刑 10 年。

前窩後繼 園林局倒下一大片

溫州市歷年來的機構改革，都是精簡機構和人員，而在楊擔任副市長期間，其所分管的建設口卻增加了三個局，分別為市政園林局、市政公用局和城管局，並安插親信在其中擔任要職。楊秀珠案發後，市政園林局倒下了一大片。截止 2005 年 4 月，鹿城區檢察院已先後查處了市園林系統賄賂窩串案 8 件。

吳長柳 借拜年出國名義斂財

2005 年 5 月 30 日，《中國青年報》披露楊秀珠荷蘭落網的前一天,備受關注的楊秀珠腐敗窩串案、市園林系統賄賂窩串案的主角之一——原溫州市市政園林局局長吳長柳,被溫州市鹿城區人民法院一審判(判)有期徒刑3年6個月,同時沒收非法所得贓款人民幣5萬元、美金2000元。

現年53歲的吳長柳,市區人,畢業於杭州大學數學系,曾先後擔任龍灣區副區長、市舊城改建指揮部常務副指揮、市政府副秘書長、市園林局局長等職務。

吳長柳受賄案是有關部門在偵查溫州市市政園林局原副局長葉小青受賄案(在查)時,發現其涉案線索的。2004年4月,市紀委對吳長柳實行"雙規"後,吳主動交代了紀委尚未掌握的受賄犯罪事實。

據起訴書指控,1995年至2003年期間,吳長柳利用擔任市舊城改建指揮部常務副指揮、市人民政府副秘書長職務便利,爲浙江特福隆集團有限公司、溫州世貿房地產開發有限公司總經理黃某,在舊城房屋拆遷、相關地塊開發等方面給予支持和照顧。爲此,黃某先後四次以拜年、出國等名義送給吳長柳賄賂款共計人民幣4萬元、美金8000元,吳予以收受。2004年3月份,吳長柳於案發前將黃送給的錢款折算成人民幣12萬元退還給黃。

1999年至2000年期間,吳長柳爲東海石油溫州房地產開發有限公司經理方某在雲錦大廈開發過程中搬遷、違章建築等方面給予支持和照顧。爲此,吳先後三次收受方某以拜年、出國等名義送給賄賂款共計人民幣2萬元、美金2000元。

1998年底,溫州某鞋業有限公司董事長陳某爲與吳長柳搞好關係,在吳長柳家裏送給吳美金5000元。2000年,陳某爲新廠房總平面圖方案審批之事找吳幫忙，吳與規劃局有關人員打招呼要求加快審批。由於吳的幫忙，不久該方案被審批下來。

經法院審理查明，吳長柳利用職務之便，非法收受他人賄賂的人民幣、美金，受賄罪名成立。法院最後認定為受賄數額為人民幣 5 萬元，美金 2000 元，對其中黃某和陳某部分所送的錢認為是朋友之間的人情往來、感情投資。鑒於吳長柳的自首行為，並在案發前及開庭審判前已先後退清全部贓款，認罪態度較好，有一定的悔罪表現，依法減輕處罰，最後判處吳長柳有期徒刑三年六個月，並沒收非法所得贓款。

楊邦禎　迷失在土地審批中

同樣與楊秀珠走得很近的前溫州市建設局局長、原溫州市市政園林局黨組書記、局長楊邦禎，也受到楊秀珠案牽連，被查出收受他人賄賂。2005 年 1 月 12 日，楊邦禎受賄案在樂清市人民法院公開開庭審理。該案同樣由溫州市紀委立案查辦後移送至檢察機關。

2005 年 2 月 5 日下午，樂清市人民法院以受賄罪，判處楊邦禎有期徒刑五年，並追繳尚未退清的贓款計人民幣 4 萬元。

今年 58 歲的楊邦禎，原系市市政園林局黨組書記、局長，曾先後擔任陸軍某炮兵團團長、平陽縣人武部部長、龍灣區副區長、市政府副秘書長、市建設局黨組書記兼局長等職務。

據檢察機關起訴書指控，1999 年初，東海石油溫州房地產開發有限公司總經理方某通過國有土地出讓拍賣，獲得車站大道 15－2 地塊的土地使用權。同年下半年，時任溫州市建設局局長的楊邦禎違反規定，同意方某的市東海建築安裝工程有限公司（方是董事長）超資質參加雲錦大廈建設工程議標。

2000 年 1 月，該東海建築公司中標。東海石油溫州房地產開發有限公司總經理、市東海建築安裝工程有限公司董事長方某為感謝楊邦禎的幫助，於 2001 年 12 月、2003 年 6 月以楊"兒子結婚"、"退還購房款"等名義，兩次分別送楊邦禎計人民幣 3 萬元和 5 萬元。

2002 年間，市中強工程土方有限公司承接歐洲城建築廢土外運業務，在施工過程中為調派更多的運送廢土車，該公司經理林某向時任市市政園林局局長的楊邦禎打招呼。事後，林某得知楊邦禎到歐洲考察，送給楊邦禎人民幣 1 萬元現金。

楊邦禎在法庭上辯解，收受的這些錢財中有 4 萬元屬於正常的朋友人情往來，而退還的購房款數額是否為 5 萬元則搞不清楚。對於楊邦禎的辯解，公訴人當庭一一舉證進行了反駁。法院認為，被告人楊邦禎身為國家工作人員，利用職務之便為他人謀取利益，非法收受他人財物，其行為已構成受賄罪。由於被告人楊邦禎有立功表現，且已退部分贓款，可從輕處罰。

葉小青 辭職下海后再受賄

2005 年 4 月 29 日上午，楊秀珠十大系列腐敗案件之一的葉小青受賄案，在溫州市鹿城區人民法院公開開庭審理。被告人葉小青收受涉案的人民幣 50 萬元財物時已辭去公職，其行為是否仍構成受賄罪？庭審期間，控辯雙方就此展開了激烈的辯論。

今年 43 歲的被告人葉小青，曾擔任市規劃局用地管理處處長、市市政公用局副局長，兼任車站大道和城南大道建設開發辦公室主任等職務，於 2001 年 10 月辭職下海，捕前系上海凱潤房地產開發有限公司總經理。2003 年 11 月，他因與楊秀珠腐敗案有染，被紀檢部門"雙規"，2004 年 7 月被逮捕。

葉小青的受賄行為，都發生在他辭職下海以後。

起訴書指控，1995 年間，葉小青利用擔任市規劃局用地管理處處長的職務之便，應東海石油溫州房地產開發有限公司經理方某的請托，為該公司上報審批的鹿城區黎明鄉黎二村勞力安置用地規劃許可證手續提供幫助。2003 年春節，方某為表感謝，以拜年名義送給葉小青人民幣 10 萬元。

2000 年 5 月，葉小青利用兼任溫州市車站大道、城南大道工程建設開發管理辦公室（簡稱"兩道辦"）主任的職務之便，應小學同學朱某的請托，以該辦名義起草《請示》，並報經市市政公用事業管理局同意，向市政府要求將鹿城區車站大道 5－1 號地塊的使用權，落實給國貿大廈有限公司。後該地塊使用權由朱某等人合股成立的國貿大廈配套有限公司取得。2002 年 12 月，朱某為表感謝委託其妹妹送給葉小青人民幣 40 萬元。2003 年 6 月，因楊秀珠腐敗案發，葉小青害怕受牽連而將 40 萬元退回給朱某。

2003 年 11 月，有關部門審查葉小青時，葉小青主動交待上述事實，退出全部贓款，並有檢舉立功表現。庭審期間，葉小青對起訴書指控事實基本供認不諱，但辯稱收受方某的 10 萬元為拜年財物、收受朱某的 40 萬元是幫其在上海投資購店面的。其辯護人認為，被告人葉小青收受財物時已經離職，不屬公職人員了，不能再以受賄罪追究其刑事責任。

公訴人在法庭上認爲，這種"事後受賄"的被告人是否構成受賄罪主體，主要看其對收受財物有無進行事先約定，而葉小青收受的這50萬元並非"天上掉下的餡餅"，此前他已默許方某、朱某的這一行爲，其行爲應當以受賄罪追究刑事責任。

2005年5月20日，鹿城區人民法院依法作出一審判決。法院認爲，被告人葉小青身爲國家工作人員期間，利用職務之便爲請托人謀取利益，並與請托人約定離職後收受財物，其行爲已構成受賄罪。鑒於葉小青在有關部門審查期間，能主動交代自己的罪行，可視爲自首，其歸案後積極揭發他人犯罪行爲，屬立功表現，且已退出全部贓款，對其可依法減輕處罰。法院以受賄罪依法判處被告人葉小青有期徒刑五年。

虞建華　年輕總工倒在腐敗路上

今年40歲的虞建華，碩士文化程度，被捕前是溫州市市政園林局總工程師、黨委委員（副縣級）。2004年1月份，紀委部門在查辦楊秀珠的親信——原市政園林局副局長葉小青的案件時，挖出了虞建華的受賄案。

據檢察機關指控，1998年上半年，虞建華在擔任溫州市江濱路東段指揮部指揮時，負責選購江濱路東段建設中所需的污水管材。商人林某多次向他推薦鹿城大豐水泥製品廠供應這批污水管材，虞表示予以考慮，並向指揮部領導彙報並推薦該廠產品。當年8月，江濱路指揮部與該廠簽訂了總額爲470餘萬元的污水管供貨合同。從1998年下半年至2002年間，虞建華還將總額爲40多萬元的市三橋路西山隧道大粒徑洞渣外運業務交給林某承包施工。爲感謝虞建華的關照，林某於 1998 年下半年至 2002 年先後三次送給虞建華 24 萬元人民幣，虞建華全部予以收受。

1998 年至 1999 年期間，沈某等人掛靠的溫州市市政工程建設開發公司先後承接了市三橋路中段有關工程。爲使工程順利進行，沈某多次找到時任市三橋路工程建設指揮部副指揮的虞建華要求幫忙及時解決施工中遇到的問題。1999 年下半年的一天，沈某爲感謝虞建華的關照，送給他 10 萬元人民幣現金。1999 年 9 月，市防腐裝飾工程公司從市城市道路橋樑建設處下屬的市成誠經貿有限公司承包了甌江三橋上山公路地面花崗岩材料供應業務，合同總價爲 333 萬元人民幣。2000 年春節前，該公司經理爲表示虞對材料款支付上的關照，送上 3 萬元。虞建華的辯護人認爲當事人屬投案自首，但法院查明虞建華的行爲不符合自首條件。案發後，虞建華的家屬已替其退清了全部贓款。在法庭上，虞建華對檢察機關的指控供認不諱，但表示所有的贓款已全部退還，要求從輕處罰。

2004 年 12 月 24 日，虞建華受賄案在樂清法院一審判決。法院以受賄罪判處虞建華有期徒刑 10 年 6 個月，所退贓款人民幣 37 萬元予以沒收，上繳國庫。

除了以上的 4 名副縣級外，還有陳玉生（原溫州市市政園林局排污工程建設指揮部常務副指揮），因受賄財物共計價值人民幣 8 萬元，被判處有期徒刑 6 年；陳壽星（原溫州市江濱路工程建設指揮部工程科科長），因受賄人民幣 6.9 萬元，被判處有期徒刑 3 年。

滕德壽：追隨楊秀珠難逃羅網

今年 57 歲的被告人滕德壽為永嘉人，楊秀珠在溫州任職的 1996 年至 1998 年間，滕德壽的職務調動了四次，從一名規劃局的中層幹部拔擢為溫州市規劃局副局長、市政公用局局長等職。案發時，滕德壽任溫州市人民防空辦公室主任。

1998 年楊秀珠調至浙江省建設廳後，仍欲將整個溫州城建控制在自己手中，於是在當年溫州市委換屆之時，楊專門從杭州回溫州進行策劃，欲將滕德壽推向主管建設的副市長一職。可見楊秀珠對滕德壽的青睞程度。但楊秀珠此時的影響力已遠不如她還在溫州時，雖經精心佈置，楊的算盤還是落空，滕德壽最終沒能當選，楊秀珠鎩羽而歸。

楊秀珠出逃後，一心追隨楊秀珠的滕德壽也難逃羅網。2004 年 11 月，滕德壽受賄案在杭州市下城區法院作出一審判決。法院以受賄罪判處滕德壽有期徒刑 10 年。

1992 年，溫州市海壇工業供銷公司葉某為翻建市高田路的廠房，找時任市規劃局建築管理處處長的滕德壽幫忙。滕在明知該公司翻建廠房建築密度不符合規劃要求的情況下，仍簽字同意，從中得了人民幣 2 萬元好處費。1993 年 11 月，滕又因幫助鹿城區城郊鄉洪殿村延遲了村民聯建房城市建設配套費的繳費時間，收受該村幹部陳某的人民幣 5 萬元。

1996 年，溫州市長城減速機有限公司總經理虞某為了該公司廠房擴建規劃儘快得到審批，找時任溫州市規劃局副局長兼鹿城規劃分局局長的滕德壽幫忙。滕德壽遂幾次催促手下趕快辦理，該公司也很快辦好了規劃審批手續。爲此虞某送給滕德壽人民幣5萬元。

1997年12月，溫州市建築工程公司在市新陽罄水廠一工程招標資格初選中落選後，滕德壽的妹夫、該公司職工餘某，便請時任市政公用局局長的姐夫幫忙。經過滕德壽四處"工作"後，這家落選的公司得以參加投標並最終中標。該建築公司副總經理楊某此後送給滕德壽人民幣2萬元。

在庭審時，滕德壽除承認最後一筆在擔任市政公用局局長時收受的人民幣2萬元外，對其他三筆在規劃局任職時收受的賄賂當庭翻供。而下城區人民法院經審理認爲，滕德壽身爲國家工作人員，利用職務之便爲他人謀取利益，先後多次收受他人財物共計人民幣14萬元，其行爲構成受賄罪，決定判處其有期徒刑10年。

趙憲進：在審計中落馬

2004年12月，原溫州市平陽縣副縣長、縣人大副主任趙憲進因犯受賄罪一審被判刑10年。這是專案組在查處楊秀珠案件中查出來的又一個縣處級領導幹部。值得一提的是，在這起案件中，審計部門發揮了較大的作用，並且得到了前來調研的國家審計署審計長李金華的表揚。

2004年9月29日，國家審計署審計長李金華在溫州調研時，揮動著右手說："這是考驗每個審計長政治敏感性強弱的題目，答案是審計要有重點，群衆反映強烈的，當地領導關注的，社會各界關心的，這就是審計重點。在平陽縣原副縣長趙憲進受賄、挪用公款一案中，審計工作就抓住了重點，是個很好的例子。溫州的審計符合我的思路，抓住了重點。"

今年 62 歲的趙憲進，文成縣人，曾任平陽縣副縣長、縣人大常委會副主任，捕前系平陽縣國華引供水有限公司董事長。1995年至 1998 年間，趙憲進利用擔任平陽縣副縣長分管土地、城建、規劃的職務便利，爲方培聰（另案處理）投資建設的"浙江南方皮革城市場"、"方方大廈"等項目在土地審批、補償地塊轉讓、規費減免等方面給予照顧。爲此，方培聰此後九年每年均以拜年名義送給趙憲進賄賂款共計人民幣 18 萬元。

2000 年上半年的一天，爲感謝趙憲進在土地分割糾紛一事上的幫助，平陽縣南膠包裝有限公司經理侯某通過銀行彙上人民幣 2 萬元，趙予以收受。

1999 年 7 月，趙憲進被委派到平陽國華引供水公司擔任董事長，作爲股東公司之一的新紀元公司董事長、國華公司法定代表人尤建華，於當月的一天晚上，送給趙憲進人民幣 20 萬元，趙收受該錢款。之後不久，尤建華因其平陽縣毛紡織廠基建資金緊張，要求趙憲進從國華公司出借資金，趙予以同意。同年 7、8 月間，趙憲進利用職務便利，挪用國華公司資金 200 萬元人民幣給尤建華，該款至今尚未歸還。據透露，趙憲進就是在該筆資金的審計中落馬的。

公訴機關認爲，被告人趙憲進身爲國家工作人員，利用職務便利非法收受他人錢款 40 萬元人民幣，爲他人謀取利益；利用國家工作人員的職務便利，挪用公款 200 萬元人民幣給個人使用，數額巨大不退還，其行爲已分別構成受賄罪與挪用公款罪。

　　楊龍光是本書截稿以前最後一個被宣判的案犯，作爲楊秀珠窩案十宗大案之一，楊龍光案件經過將近兩年的查處，日前終于宣判。溫州市鹿城區人民法院以受賄罪對這位市建設局房地產開發處原處長判處有期徒刑 3 年。

　　法院審理查明，1997 年 2 月至 2003 年 3 月，楊龍光在擔任溫州市建設局房地產開發處處長期間，利用負責全市房地產開發企業行業管理和企業資質管理的職務便利，在審核辦理房地產企業資質等級等事項過程中，共非法收受一些房地產企業負責人送的財物 4 萬餘元人民幣。這些財物包括：樂清市東方房地產實業有限公司總經理陳某送的浴亭和坐便器以及現金 8000 元；樂清遠大房地產開發有限公司經理王某送的海爾櫃式空調；浙江天瑞房地產開發股份有限公司董事長姜某送的西門子 6688 型手機。

　　除了上述已經宣判的貪官外，莊耀光、楊龍翔、潘琛、潘兵等一大批已經在審或還沒有落網的楊系貪官，都將陸續站到被告席上。

　　曾經風光一時的楊秀珠，如今成了一個可怕的腐敗漩渦。一度與她靠得近的人，有的捲進去了，有的還暫時躲在外面，惶惶不安地唯恐末日來臨。更有一些與楊秀珠有著千絲萬縷關係的人，整日裏提心吊膽地害怕楊秀珠被緝拿歸案。因爲，楊秀珠被緝拿之日，很可能就是他們腐敗行爲暴露之時。

　　我們有理由相信，隨著楊秀珠案件查處的進一步深入，戰果還將進一步擴大。同時，隨著國際反腐合作的進一步加強，藏身海外的楊秀珠將被緝拿歸案，她必將接受正義的審判！

楊秀珠參加"城市應急工程"引水典禮。前左深色
T恤者爲陳文憲，陳文憲右側爲楊秀珠，中淺色T恤
胸佩紅花者爲張友余。　　　　　　　　　佚名

楊秀珠考察溫州火車站。　余日邊/攝

楊秀珠講解溫州城市總體規劃，這張照片
是楊秀珠最喜歡的單人工作照。　　佚名

1995年的楊秀珠擔任溫州市副市長，
這是她初期最喜歡的一張發言照片。佚名

楊秀珠在溫州當地一家房地產公司考察。佚名

楊秀珠視察煤氣公司。佚名

楊秀珠的副市長任命
書："任命楊秀珠溫
州市副市長，免去連
正德的溫州市副市長
職務"。據說這張任
命書是被一個網友從
廢紙堆裏意外發現的。
　　　　　　佚名

楊秀珠赴港學術交流
的信函。在1993年，
像她這樣的局長級別
的官員，赴港考察是
很難申請到的。 佚名

母校溫二中建校六十五周年志慶

曾承春風沾雨露
更看桃李盡英才

楊秀珠

楊秀珠親筆題字。1996年，溫二
中建校65周年校慶，時任溫州市
副市長的楊秀珠為母校題字：
"曾承春風沾雨露，更看桃李盡
英才"。

● 在溫州市，楊秀珠是一個極有爭議的人物－－賞識她的人對她重用有加、一路提拔升遷；反對與控告她的人認爲她是"溫州巨貪"。楊秀珠當了四五年市長助理、副市長，溫州市的一些老幹部告狀告了四五年。

第三章

楊秀珠發家史

楊秀珠是個什麼樣的人？且看溫州官方(《2004 溫州年鑒‧人物》) 給出的評價：

楊秀珠，女，1946 年出生，溫州市鹿城區人。1961 年，楊秀珠以初中畢業生身份，被分配在溫州飲食服務公司小南糧站工作。上世紀六十年代"文革"中參加"聯總"造反派。從 1977 年 10 月開始，楊秀珠先後任溫州市西城區婦聯主任、副區長、溫州市規劃局副局長、局長、市長助理。1995 年 2 月 11 日，被任命為溫州市副市長。分管城市建設。1998 年 4 月，調任浙江省建設廳副廳長，兼任浙江省城市化辦公室主任。

在溫州市，楊秀珠是一個極有爭議的人物——賞識她的人認為其幹勁足、能力強，對她重用有加、一路提拔升遷；反對與控告她的人認為其"獨霸土地審批和房地產開發大權，以權謀私、貪污受賄，大肆侵吞揮霍國家資產，是溫州巨貪"。楊秀珠當了四五年市長助理、副市長，溫州市的一些老幹部告狀告了四五年。

2003 年 4 月 20 日，楊秀珠攜家人突然從上海出境潛逃。5 月 23 日，中央政法委機關報《法制日報》刊登《女廳長失蹤之謎》一文，首次披露了楊秀珠因預感經濟犯罪行為即將敗露，攜家人潛逃國外的詳細經過，引起了浙江省委書記習近平等領導的高度重視。6 月 13 日，浙江省檢察機關依法對楊秀珠立案偵查並決定逮捕。

6 月 23 日，浙江省紀委、監察廳作出決定：鑒於浙江省建設廳副廳長楊秀珠涉嫌嚴重職務犯罪、並且潛逃境外，根據《中國共產黨紀律處分條例（試行）》的有關規定，經浙江省紀委常委會研究，並報省委批准，決定給予楊秀珠開除黨籍處分；根據《國家公務員暫行條例》的有關規定，經浙江省監察廳廳長辦公會議研究，並報省政府批准，決定給予楊秀珠行政開除處分。

　　2004 年 2 月 12 日，浙江省人民檢察院檢察長朱孝清在省十屆人大二次會議的工作報告中透露，浙江省檢察機關已通過國際刑警組織，向涉嫌特大貪污受賄的楊秀珠發佈"紅色通緝令"，有關部門正全力對楊秀珠進行追捕。

　　　楊秀珠案是近年來溫州市影響最為廣泛的腐敗案件，至 2003 年底，浙江省、溫州市已至少有 10 名處級以上幹部，因與楊秀珠腐敗案有牽連，而被紀檢、檢察機關審查。

第一節　認識楊秀珠

　　這是刊登在 2004 年溫州年鑒上的官方資料，這樣一個初中結業，文革中造反起家的"極有爭議的人物"，是怎樣一步步從糧站員工爬到副廳長的位置上的？為什麼她當了四五年市長助理、副市長，溫州市的一些老幹部告狀告了她四五年，她卻巋然不動？筆者通過翻閱大量資料，結合知情人的介紹，考證出楊秀珠較為詳細的官場發跡史：

1945 年，楊秀珠出生在溫州市區（官方資料上楊秀珠的出生日期爲 1946 年，據楊秀珠的前夫李松坤說，楊秀珠屬雞，應是出生於 1945 年。民間有說法稱，楊秀珠爲了適應仕途的需要，曾經改小過自己的年齡，此說應比較可信。）原籍永嘉縣。

1953 年 9 月—1958 年 7 月，溫州市育英小學讀書至畢業。

1958 年 9 月—1960 年？月，溫州二中初中部 58 丙班讀書，未畢業。1960 年 9 月，溫州二中響應大辦農業的方針，清退農村戶口超齡學生，不清楚楊秀珠是不是在這次清退中輟學的。

1961 年，參加工作。楊秀珠是在溫州市商業局下屬的飲食公司工作，最初是在小南糧站飲食店做開票員，後又調到了賣包子和饅頭的中心店做助理會計，楊出身“賣饅頭”說法就是從這裏來的。

1967 年（？）（資料缺失，暫無法考證），楊秀珠參加“聯總”造反派。1967 年夏，溫州發生大規模武鬥，“工總司”在“支左部隊”支持下將“溫聯總”趕出溫州城。1971 年林彪事件後“聯總”得勢，1973 年至 1974 年，開展“批林批孔”運動，“聯總”又失勢，再次發生武鬥，至 1976 年 9 月毛主席逝世，“工總”自行解散。

1976 年 10 月，文化大革命結束，“聯總”作爲“保皇派”取得勝利，楊秀珠才正式有了在政壇崛起的機會。

1977 年 10 月—1981 年 10 月，任溫州市婦聯第五屆執行委員會副主任。第五屆婦聯成立於 1976 年 10 月，楊秀珠是第二年增補進去的，1981 年 11 月，溫州地區婦聯和原溫州市婦聯合併爲新的溫州市婦聯，在合併之前，楊已經另謀出路了。

1981 年 12 月—1984 年 1 月，任溫州市西城區人民政府副區長。1981 年 4 月，撤消西城區革委會，建立溫州市西城區人民政府，為縣級建制（當時還是地市兩級制，市一級相當於現在的縣一級，縣級相當於現在的鎮一級）。同年 6 月召開區人大，選擇產生區長、副區長，楊秀珠不在其中，楊秀珠是在當年的 12 月份增補進去的。1983 年 9 月 5 日，經省人民政府批准，溫州市區的東城、南城、西城 3 個區合併為城區。經過 4 個月籌備，1984 年 1 月，建立溫州市城區人民政府。同年 5 月，召開區人大，12 月改名為鹿城區。所以楊秀珠在西城區副區長任上是任期屆滿。

1984 年 3 月—1985 年 4 月，任溫州市城市建設局副局長。1983 年 4 月，溫州市第六屆人大一次會議選舉產生新的政府，4 月下旬開始市級機關機構改革，按幹部四化要求，啓用年輕幹部，楊秀珠在 1984 年 3 月走馬上任，當上了城建局副局長。1985 年 4 月，根據政企分開、簡政放權原則，建設局也劃歸鹿城區領導。

（根據鹿城區組織史資料，1984 年 3 月，市人民政府決定，將市城建局劃歸鹿城區，楊秀珠任副局長至 1985 年 5 月，1985 年 5 月，市城建局改為區城市建設委員會）

1984 年 4 月—1985 年 5 月，楊秀珠兼任鹿城區愛國衛生運動委員會委員，未至屆滿。

1984 年 10 月—1986 年 9 月，任溫州市規劃處副處長。1984 年 10 月，成立溫州市規劃處，1986 年 9 月，經省裏批准，溫州市規劃處升為溫州市規劃局。

這段時間，楊還參加了同濟大學三個月的短期進修，雖然大部分時間沒去上過課，但她此後一直打著"同濟大學畢業"的旗號，最後學歷爲同濟大學碩士（進修研究生），其最高職稱爲註冊規劃師。

1986 年 9 月—1989 年 9 月，任溫州市規劃局副局長。

1989 年 9 月—1993 年 5 月，任溫州市規劃局局長。1989 年 9 月 19 日，在溫州市的七屆九次人大常委會上，楊被推選爲市規劃局局長。

1993 年 6 月—1995 年 2 月，任溫州市市長助理，出任金溫鐵路副指揮長（指揮長由市長兼任），這樣，她實際上是副市級級別。1992 年 12 月 18 日，金溫鐵路開工。

1995 年 2 月—1998 年 4 月，任溫州市副市長。1995 年 2 月 11 日，在溫州市八屆十二次人大常委會上，通過了楊出任副市長的決議。分管城市建設工作，兼任金溫鐵路副指揮、溫州舊城改造指揮部指揮。

1998 年 4 月，浙江省委提議，免去楊秀珠的溫州市副市長職務。4 月 16 日，市八屆人大常委會第 35 次會議通過了這一決定。

1998 年 4 月—2003 年 4 月，任浙江省建設廳副廳長。期間兼任浙江省城市化辦公室主任。

2003 年 4 月 20 日，楊秀珠攜女兒、女婿、外孫一行四人，從上海機場途經新加坡逃往美國。

2003 年 5 月 13 日，浙江省對楊秀珠立案偵查。

2003 年 6 月 16 日，經浙江省紀委常委會研究，並報省委批准，決定給予楊秀珠開除黨籍處分；經浙江省監察廳廳長辦公會議研究，並報省政府批准，決定給予楊秀珠行政開除處分。浙江省檢察機關已依法對其立案偵查，並決定逮捕。

2005 年 5 月 20 日，楊秀珠被荷蘭警方抓獲，罪名不詳。

> 楊秀珠的名言是："當官有什麼不好，至少不會被別人欺負。"這是她信奉的信條，她是這麼想的，也是這麼做的。

第二節　造反起家　一心要當官

楊秀珠的仕途簡直可以算是一部傳奇——溫州人都知道，她是"賣饅頭起家"的。初中結業，十五六歲就分配到正式單位上班，不用上山下鄉支邊，這對當時的很多女人而言，已經是很幸福的事情了。

"文革"開始後，饅頭店開票員楊秀珠也開始了造反起家的"革命歷程"，她的前夫李松坤回憶說："她喜歡熱鬧的場合，一天不出去，就憋得慌。"不甘寂寞的楊秀珠加入了紅衛兵，她以其潑辣與積極，還有此後一直當到副廳長都沒丟棄的標誌性"口號"（溫州方言中稱罵人話為"帶口號"），成了溫州市造反聯合總司令部（簡稱聯總）的一個小頭目。

在那個年代，一個姑娘家"口號"經常掛在嘴邊那可是件很驚世駭俗的事，所以楊秀珠當時就以出口成"髒"聞名，很是風光了一陣子。

所謂人怕出名豬怕壯，在“聯總”被另一造反派“工總”打敗後，據說楊秀珠很是吃了些苦頭，比如被關在飲食公司的一個小黑屋中勒令坦白從寬，又比如被抓到溫州戲院被人當眾按著頭開批鬥大會，楊秀珠倒也強硬，都一一熬了過來。

林彪倒臺後，“聯總”重新得勢，此後，溫州發生大規模武鬥。文革結束後，雖說造反派被各打五十大板，但相對溫和的“聯總”總歸是“保皇”的，也就是保老幹部的，因此老幹部得道，自然“保皇”的也是要升天的。楊秀珠從這時開始了她從政的道路，一路青雲直上，從一個普通女子逐漸變為官場的明星。

“是不是有政治野心不大好講，但她確實喜歡場面大一點，權力大一點，鏡頭多一點。”楊秀珠的前夫李松坤這麼總結自己的前妻。有一次，兩人不知道因為什麼吵起來了，李對楊說：“咱們做人老老實實算了，組織讓我們幹什麼就幹什麼。”楊秀珠回答：“當官有什麼不好，至少不會被別人欺負。”這是她信奉的信條，她是這麼想的，也是這麼做的。

> 從一開始，楊秀珠選擇結交對象，就表現出強
> 烈的價值取向。有利用價值，就是"革命姐妹"，
> "乾爹乾媽"，沒利用價值了，就過河拆橋，翻臉
> 不認人。

第三節　初入仕途 從婦聯副主任到副區長

從 1975 年到 1978 年，"官迷"楊秀珠開始利用一切機會，
開始接近省委高層，爲此她採取了各種各樣的手法。可以說，這
三年的鑽營，對楊秀珠此後的仕途發展十分重要，沒有這段時間
的苦心經營，楊秀珠根本不可能從一名婦聯副主任開始，一步步
爬上政治舞臺，直到副廳長；也不可能最終成爲一名全球皆知的
女巨貪。

在那個特殊年代，溫州曾湧現出一個"政治明星"，當年，
根據海島女民兵的事蹟，拍攝過一部著名的電影《海霞》，影片中
的女民兵連長"海霞"，人物原型就是當時溫州洞頭縣的一位基
層女子民兵連連長汪月霞（後曾任溫州市人大常委會副主任），受
到過毛澤東主席的接見和表彰，是全國的先進典型，深得各級領
導厚愛。楊秀珠便瞄上了她，主動接近她，天天跟她一塊混，很
快就混成了"革命姐妹"，並建立起"深厚的革命姐妹般的階級
感情"。在交往中，楊表露出想通過汪月霞的關係認識當時的省
委領導和他的夫人（原省婦聯領導），汪月霞起初並沒有意識到自

己被楊所利用，通過她的關係，楊秀珠如願以償。大概在 1975 前後，作爲紅衛兵的楊秀珠隨"聯總"頭頭一起到杭州串聯，結識了這名省委領導以及他的夫人。此後，楊秀珠一逮著機會就往杭城跑，曾在飲食公司工作過的楊秀珠的老同事回憶，當時楊秀珠一有機會去杭州，都會帶東西送給這位領導。很快，拜"乾爹"的項目就上來了，楊秀珠施展手段，認這名省委領導做了乾爹。不久以後，楊秀珠就當上了溫州市西城區婦聯副主任。隨即升任溫州市婦聯第五屆執委會副主任。

汪月霞回憶說，楊秀珠和她交往不久，就向她表露出自己想進婦聯的渴望。知情人表示，楊秀珠的走馬上任，既沒有組織推薦，也沒有經過群眾選舉，而是由市領導直接安排進去的。她能當上婦聯副主任，主要還是"乾爹乾媽"的影響。在中國現實政治格局中，婦聯雖說只是個群眾性團體，但往往能夠成爲一部分人特別是女性向上走的階梯。楊秀珠終於從這裏踏進了她的政途之門。

爲了進婦聯做主任，楊秀珠連女兒都利用上了。她與李松坤結婚後，因不能生育，就抱養了一個女兒，取名李瑩（在楊秀珠與李松坤離婚後，養女判給楊秀珠撫養，楊秀珠將女兒改爲跟自己姓，改名楊潔，2003 年 4 月 20 日，楊秀珠帶著這個養女、女婿、外孫一起出逃）。她的鄰居說，楊秀珠對這個女兒疼愛有加，她曾親口對女兒說"我誰都不怕，就怕你"。但爲了接近任省婦聯領導的省委領導夫人，楊秀珠利用女兒施了回"苦肉計"。據汪月霞回憶，有一天，楊秀珠帶女兒到杭州開會，故意把幼小的女兒"丟"在領導夫人家門口，然後走開，躲在邊上等著領導夫人收留孩子。然後，楊秀珠便登堂入室，跟這位領導夫人拉上了關係。事後，楊秀珠還很得意地把這件事情告訴汪月霞，向她炫耀自己的小聰明。就這樣，楊秀珠通過種種手段，達到了進入省委高層領導視野的目的，如願以償當上了她覬覦很久的婦聯副主任。

從一開始，楊秀珠選擇結交對象，就表現出強烈的價值取向。有利用價值，就是"革命姐妹"，"乾爹乾媽"，沒利用價值了，就過河拆橋，翻臉不認人。一個具體的例子就是，後來楊秀珠飛黃騰達了，汪月霞有事求她，提著海鮮上門了。可楊秀珠連門都不讓進，把海鮮直接從窗戶裏扔出去了。所以汪月霞一說起楊秀珠，簡直是咬牙切齒。可是，楊秀珠就是通過這種手段，不斷拆舊橋搭新橋，用送好處換取權利，又把權力轉換成更大的好處，到最後，她的權力越來越大，獲得的好處自然也越來越多。

雖然當上了婦聯主任，但卻是個副的，楊秀珠一上任的第一件事，就是發揮造反派的餘威，逼走當時的婦聯主任。

1981 年前後，溫州開始地市合併，省婦聯開會研究地區婦聯和市婦聯合併後的人事安排等問題。楊秀珠顯然是瞄準了更高的位子，在省婦聯會議上，楊秀珠"委婉"地提出："張愉同志（時任溫州地區婦聯主任）年紀大，從事婦聯工作經驗豐富，工作能力突出，建議另行重用。"張愉回憶說，在省婦聯開會那段時間，"她像貼身保鏢一樣，我走到哪兒，她跟到哪兒。"她事後回憶，認為楊的這種"零距離"方式是別有企圖。

而在這之後的一次小型會議上，張愉也談了自己的看法。"選拔年輕人擔任領導幹部的原則很對，但楊秀珠不適合做婦聯工作。第一，楊說粗話，群眾反映有作風問題，這不符合婦聯幹部的標準；第二，楊並不熱愛婦女工作，婦聯只是她爭取更高權力的跳板。"

在雙方意見僵持不下的情況下，楊秀珠"活動能力強"的特點開始顯現出來。那位省婦聯的領導開始找張愉談話，要求張支持楊秀珠的工作。張愉說，她是部隊出身，也比較敢說話。她直接提醒這位省婦聯領導，在這個問題上一定要謹慎。張愉的根據是，楊秀珠曾經公開講，經常到這位領導家裏做客，還時不時把自己的小孩送去住上幾天。

1981 年 11 月，溫州地區婦聯和原溫州市婦聯合併為新的溫州市婦聯，楊秀珠沒能如願成為地市合併後的溫州市婦聯主任，但她在杭州的四處活動也不無收穫，過了沒多少天，她的任命書下來了，楊副主任當上了溫州市西城區副區長（副科級），從婦聯這個"群眾性團體"擠進了"衙門"。

80 年代初期，與全國各地一樣，溫州進行了大規模的地、市級機關機構改革。舊的部門合併，新的部門設立，給了楊秀珠充分的空間，讓她能夠從容施展騰挪術，從一個位置跳到另一個位置。

溫州市西城區人民政府是 1981 年 4 月成立的，其前身是西城區革委會。同年 6 月，召開區人大，產生區長、副區長，楊秀珠當時不在其中，楊秀珠是在當年的 12 月份增補進去的。她在西城區副區長的位子上坐了兩年。1983 年 9 月 5 日，經省人民政府批准，溫州市區的東城、南城、西城 3 個區合併為城區。經過 4 個月籌備，1984 年 1 月，建立溫州市城區人民政府。同年 5 月，召開區人大，12月改名爲鹿城區。楊秀珠沒有在鹿城區人民政府留任，她又一次選擇跳離，她瞄準了新位子。就在一年前的1983年4月，溫州市第六屆人大一次會議選舉產生新的政府，4月下旬開始市級機關機構改革，按幹部"四化"要求，"年輕幹部"楊秀珠符合選拔條件，1984年的3月，楊秀珠鑽進了當時的溫州市城市建設局，當上了副局長。過了整整一年，根據政企分開、簡政放權原則，建設局劃歸鹿城區領導，1985年5月，市城建局改爲區城市建設委員會。所以實際上，當時楊秀珠任職的市城建局副局長，相當於現在的鹿城區建設局副局長。

楊秀珠有句名言："不會拍，不會拉，怎能做官？"，這是她在公開場合說的，她也是這麼做的。爲了往上爬，她不放過任何一個可能的"拍"和"拉"的機會。

1984至1985年之間，楊秀珠無意中發現，自己碰巧與時任溫州市委副書記的劉錫榮做鄰居。發覺這點後，楊秀珠極力想巴結上這位領導，無奈劉錫榮爲人正派，楊秀珠給他送禮，他連門都根本不讓楊秀珠進。萬般無奈之下的楊秀珠觀察到一個細節：那時，該位領導的母親丁魁梅（時任浙江日報黨委書記，是共產黨在浙南地區的早期領導人劉英烈士的遺孀）正在溫州休養，楊秀珠知道劉錫榮是個孝子，就瞅准這個機會，主動上門，給劉錫榮的老母親做免費保姆，梳頭洗腳，洗衣服做家務，問寒問暖，關懷備致。當然，護理工作是假，攀高枝是真。沒幾天，她又使出"拜乾娘"的那招了。此後一段時間，她有意無意散佈消息，說領導的老母親認自己做幹女兒，並在各種不同場合，稱市委副書記爲"兄弟"，稱其母爲"親娘"。希望能借巴結領導母親，拉近與市委副書記的距離。不過這次，楊的"拜乾娘"沒起到作用。爲官清廉的劉錫榮對楊秀珠的這套舉動非常厭惡，多次在不同場合批評她的這種做法，自此，楊秀珠想"巴結"市委領導的希望徹底破滅。

> "這個人很有手腕。"多年以後，在接受記者的訪問時，婁式番、李知白不約而同做出了相同的評價。在排擠婁式番、李知白兩位元老的過程中，楊秀珠使出了十八般武藝。

第四節　從規劃處到規劃局

1984 年，爲了適應改革開放和城市快速發展需要，城市規劃這個概念開始進入部分沿海開放城市的視野。當年 10 月，爲了適應新形勢，市建設局成立了一個新的部門——規劃處。楊秀珠作爲籌建者，參與了規劃處的籌建工作。

最初籌建規劃處的有三個人，處長婁式番、副處長楊秀珠、黨委副書記李知白。科班出身的婁式番作爲技術型幹部，被上級安排主持日常工作，李知白主管黨務，而楊秀珠因爲不懂規劃，起初式分管行政勤務工作，但在這三人小組裏邊，楊秀珠很快顯示出她的弄權天賦，不久以後，她就將財務抓在自己手裏，並在規劃處升格成規劃局後，一直把持規劃局財政大權將近十年，直到 1993 年她出任金溫鐵路溫州段副指揮長。

1986 年 9 月，經省裏批准，溫州市規劃處升級成溫州市規劃局，楊秀珠也順理成章當上了規劃局副局長。

"這個人很有手腕。"多年以後，在接受記者的訪問時，婁式番、李知白不約而同做出了相同的評價。在排擠婁式番、李知白兩位元老的過程中，楊秀珠使出了十八般武藝。

有一天下班前，楊秀珠主動邀請婁式番到她家吃晚飯，當時楊秀珠已經與其前夫分居，而且此前有傳言說她生活作風不好，婁式番覺得不便單獨赴會，有點猶豫，楊秀珠顯然看出他的隱憂，馬上就說，她已經請了李知白作陪。婁式番礙於情面，就去了。後來，婁式番跟李知白無意中談起這件事情才知道，楊秀珠對李知白是另一套說辭，講的是請李吃飯，婁式番作陪。

李知白平時不喜歡欠人情，過了幾天，他生病請假在家，就借婁式番和楊秀珠去看他的機會，請他們吃飯作為答謝。後來，他又回請了楊秀珠一次。

不料沒多久，規劃局裏就謠言四起，傳說李知白在在單位裏拉幫結派，背地裏拉攏楊秀珠，想當局長；又傳說李知白撥弄楊與婁式番"亂搞男女關係"，等等。本來同事之間相互信任的關係搞得很緊張。後來，在李知白被調離規劃局後，真相才慢慢顯露出來，是楊秀珠向上級打報告，說李有意拉攏自己想當局長。但在當時，誰也不會想到是她搞的鬼。因為楊秀珠很善於做表面文章，有一次李知白腿傷發病，楊秀珠馬上領著一大批幹部來他家裏慰問。長期搞黨務的李知白，怎麼玩得過武鬥出身的楊秀珠呢？

趕走了李知白，楊秀珠"再接再厲"，沒費多大工夫，又"擺平"了一心鑽研業務的婁式番，慢慢掌握了規劃局的實權。在規劃局這一畝三分地裏，她把持財政人事大權，儼然一人之下，萬人之上。並借助規劃局副局長這個平臺，與當時的市里高層建立了良好關係，爲自己以後的政治道路打下了很好的基礎。

從楊秀珠整個發展經歷來看，她初登政治舞臺並逐漸發力、躍升更高政治層面的起點應該從她在規劃局當政時期開始。一位規劃局老幹部告訴筆者，楊剛任副局長時已顯現其能量之大。當時楊曾有綽號"跳蚤"，形容其超強的活動能力──"什麼別人進不去的部門，她都能跳進去！"

{ 坐上了"封疆大吏"寶座的楊秀珠，開始在規劃局內部大肆提拔親信，廣插黨羽，把規劃局變成了"楊家店"。 }

第五節　當上規劃局長

楊秀珠顯然不滿足於僅僅當個規劃局副局長。每年的人代會期間，她都會四處活動希望扶正，但溫州市人大連續三年否決了任命其爲規劃局長的議案。

　　婁式番回憶說：“（楊秀珠）當局長的願望太強烈了，一刻都等不得的感覺。”在離自己任滿（1989 年）還有一年多之前，楊秀珠就主動提議，自己當局長，讓婁做舊城改造的總工程師。與楊秀珠相比，同濟大學學規劃出身的婁式番是個業務型的領導，不善弄權，只能應允。從 1988 年開始，楊儼然自己已是局長，開始大肆提拔親信。

　　任規劃局副局長的楊秀珠，已經顯露出她後來的“貪”和“黑”的本色。她曾經因爲在規劃局中私設小金庫而被上級部門調查。當時，企業、個人違規建房，被規劃局處罰時領到的收據都是一張白條，在規劃局掌管財政大權的楊秀珠通過對罰款不入賬的辦法，掌握了一筆可觀的資金供自己調配使用。據調查過這次私設小金庫事件的人稱，“這筆數目不菲的資金沒有人能說得清去向”。稍後，楊秀珠再次被查，這次查出她把外甥安排進規劃局工作，並通過假進修方式獲取溫州師範學院的大專學歷的問題。當時的市委書記（即前面楊秀珠拜“乾媽”時碰釘子的那位領導劉錫榮）在調查核實後，直接指示溫州師範學院的負責人取回了證書。

　　或許正因爲這些原因，楊秀珠雖然每年活動，但總是無法如願。然而被同事形容爲“能量巨大”的楊秀珠並未就此雌伏，隨著溫州市主要負責人的更迭，她仍然抓住某些隱秘的機會繼續著她的升遷之路。

　　1989 年，婁式番在規劃局任滿，將肯定不會再繼續擔任局長。當了多年副職的楊秀珠，覺得自己的機會來了，她開始頻頻活動，一心一意要在規劃局“轉正”，但各種意見卻隨之而來。

當時的情況是，隨著改革開放的深入，各級政府開始重視起城市規劃，溫州市規劃局也由原本不被人重視的二級局升爲一級局。規劃局的地拉提高了，關注的目光也開始多起來，局長的位子由誰來坐，當時溫州市領導也曾猶豫過。

在楊秀珠是否當局長的問題上，有關部門研究了多次，都沒有通過。時任溫州市委組織部部長的韓文德說，當時綜合起來好像有 8 點意見。爲了確保公正性，由 6 個部門組成了聯合調查組，對楊秀珠的情況進行了調查。調查以後，聯合調查組向人大作了彙報。總結下來，認爲楊秀珠這個人形象是差一點，口碑也不好，但工作還是比較積極肯幹的。於是當時的市里某領導根據這個彙報中的"工作還是比較積極肯幹"的總結，親自給人大常委們打電話，一個個打招呼，一個個做工作，在這位高層領導的"親切關照"下，因爲"要看主流"，所以儘管當時很多人反對，楊秀珠最終還是如願以償。

歷任婦聯副主任、西城區副區長、建設局副局長、規劃處副處長、規劃局副局長的楊秀珠，費盡了心機，使盡了手段，終於當上了正職。

坐上了"封疆大吏"寶座的楊秀珠，開始在規劃局內部大肆提拔親信，廣插黨羽，把規劃局變成了"楊家店"。在當時，楊秀珠籠絡人的辦法，一方面是"一房子，二電話，三呼機"，用分房、安裝電話、購買傳呼機等手段籠絡手下；另一方面，積極推薦他們升遷。在楊做規劃局局長的時候，一年之內居然推薦了 17 個人，後來都被提拔到了副縣（處）級。但她帶出來的人多半跟她沆瀣一氣，主要是因爲她太強勢，容不得不同意見，在她把持的部門裏，凡是她不喜歡的人，與她作對的人，基本上沒有出頭之日，這造成了下屬對她超強的服從，只要聽她的話，跟著她走，就能升官發財。有人形象地把楊秀珠提拔親信比喻成"武大郎招夥計——容不得高人"。在楊秀珠出逃前，這 17 個官員中，差不多有半數出了問題。有一個判了 3 年刑；高雲光因參與巨額賭博，被黨內嚴重警告；林素華因在"三講"中被幹部群眾檢舉，紀檢部門調查證實其存在瞞報已分住房面積參與集資建房、兼職取酬重複領取工資等問題，而被免去副縣級職務，並受到撤銷黨內職務處分；另有一人因到上海嫖娼被當場抓獲受到處分，還有兩個忽然從溫州消失得無影無蹤。楊秀珠出逃後，"楊系"的人幾乎全部被她的案件拖下水，範圍涉及楊秀珠掌管的城建系統各個部門，如土地、規劃、園林、房產開發公司等紛紛有人落馬。

對溫州的土地，楊秀珠有著別樣的感情，這並不是說她熱愛這片生養她的故土，而是她看到了這片土地裏邊蘊藏著她能攫取到的巨大財富。

為了達到自己的目的，楊秀珠不惜動用每一點滴的關係，她超強的"公關手段"讓人咋舌。楊秀珠的職位在她自己精心的佈局下一步步提升，伴隨而來的就是手中的權利逐步膨脹。原市人大副主任胡顯欽回憶說，在爭權奪利上，楊可謂"功力非凡"，有一個細節或許特別值得深思，在楊剛任規劃局局長時，規劃局本沒有審批土地的權限，這一權限歷來是歸土地局的。但由於楊與當時的市委領導關係甚"鐵"，市委決定把審批土地的權限從土地局"劃歸"規劃局。這種現象在全國也是少有的。

掌握了土地的楊秀珠，就如同老鼠掉進了米缸裏，想不肥也難了。

楊秀珠1989年接任規劃局長之時，正是溫州市城市建設啓動之初。爲瞭解決老城人口急速增長、住房條件差、道路狹窄交通不便的問題，溫州啓動了大規模的舊城改造工程。1988年，水心住宅區作爲溫州第一批連片商品房推向市場，此後，陸續開發了十多個大型的住宅區。道路改造則以市區人民路改建爲發端，1992年舊城八條主要街道改造，則是大規模啓動的開始。在有償出讓城市國有土地使用權上，溫州領風氣之先，是國家土地使用制度全面改革的試點城市。

1992年5月，溫州市舊城改建指揮部成立，楊秀珠任副總指揮。指揮部下設項目洽談辦公室，成員有三個有關局的副局長，而由楊秀珠直接領導。該辦公室權力很大，負責溫州市對外土地出讓中的測算、談判、出讓。該辦公室約存在了三年左右，其間完成了約20個地塊的出讓。1995年，楊秀珠被溫州市人大常委會任命爲副市長，繼續分管城建。項目洽談辦公室隨後取消，土地出讓工作轉由溫州市土地局用地處負責。而楊秀珠則以分管城建的副市長身份，通過遙控其親信，繼續把持著土地出讓大權。從規劃局局長調任舊城改建指揮部擔任總工程師的婁式番回憶說，對於舊城改造中的地塊出讓，楊秀珠自己組織了一套班子，根本不讓舊城改建指揮部的人插手，指揮部成了空架子，只是負責拆遷和安置。

現在我們已經知道，楊秀珠主持的土地出讓，相當多都是有問題的。在她手裏批出去的這些地塊，多是通過協議出讓或者假投標的方式，打著吸引外資的旗號，給了所謂的"外商"。這些外商，大部分都是在國外做生意又回來投資的溫州人。她在土地出讓過程中大肆收受華僑開發商的賄賂，也正是從這個時候開始的。通過大肆索賄受賄，楊秀珠積累了大量的腐敗資金。她在美國買的第一幢豪宅，也就是在她通過非法轉讓地皮獲取巨額好處以後。

　　　　　｛　坐上"總指揮"、"市長助理"寶座的楊
　秀珠，手握溫州土地規劃審批大權，溫州寸土寸金
　的土地成為了她手上任意擺佈的棋子。　｝

第六節　金溫鐵路副總指揮+市長助理

　　1993 年，楊秀珠在規劃局已經呆到了第十個年頭（包括規劃局的前身規劃處）。離她的首任規劃局局長任期也即將屆滿，歷史又一次給了她往上爬的機會。1992 年底開工的金溫鐵路（起點浙江省金華市，終點溫州市），給了她躍上更高平臺的契機。根據省裏總體規劃，金溫鐵路經過的每個地區，都要成立建設指揮部，由一名副市長來具體負責。市委某主要領導提議，由楊秀珠出任金溫鐵路溫州段副總指揮，為了便於更好地"指揮"，該主要領導還提議讓楊兼任市長助理。在他的"極力關照"下，1993 年 6 月，楊秀珠從規劃局局長升為金溫鐵路溫州段副總指揮，並兼任

市長助理，分管城市建設，完成了從市局級幹部到副市級幹部的重要一躍。

因爲市長助理一職可以直接由市里決定，討論就是在市委內部進行。一名親歷者回憶說，在討論楊秀珠的任命時，溫州市委內部曾發生十分尖銳的分歧。市委書記、市長、另 3 位市委副書記共 5 人參加了內部討論會，市委書記、市長投了贊成票，3 位副書記則認爲楊秀珠不勝任此職，都投了反對票，雖然從數量上看，3 張反對票大於 2 張贊成票，但"在這種情況下，你也懂的，主要領導的意見是第一位的"。3 位副書記只好讓步，一位副書記說，鐵路要上是大局，爲了便於指揮，把作爲鐵路總指揮的楊秀珠放在市長助理位置上，也可以理解，同時他又提出"制約條件"：楊秀珠只能做金溫鐵路溫州段副總指揮，不能再兼管市里其它工作。作爲對反對派"妥協"的回應，兩位主要領導在小會上表示接受這個意見，雙方各讓一步達成協議。

按照當時參與會議的 3 位副書記的理解，由於副總指揮一職一般要由副市長擔任（總指揮由市長兼任），既然任命楊秀珠爲副總指揮，因此只能給她一個市長助理的"虛銜"。"當時看來（領導）是下決心讓她做市長助理了。他們要重用她，我們也沒話可說，但對她的人品、素質確實不太放心，所以提出了這個條件。"那位親歷者回憶說。楊可以做市長助理、但不能插手市里工作的意見，拿到市委常委會上討論，多數常委也都贊同此意見。

但在楊走馬上任後，不正常的事情發生了。反對派們驚訝地發現，主要領導並沒有遵守當初的"君子協定"：楊秀珠不僅全盤負責溫州段鐵路建設工作，而且又以"市長助理"的身份，分管土地規劃、城市建設、環保等，凡是涉及到城市建設的環節，她絕對大權獨攬，不止是土地出讓，連一支建築隊伍能否進溫州，都由她一個人說了算。寫著"楊助理"分工的白紙黑字的文件就這樣發到溫州市各級機關中。"協議"被撕毀，反對派們心知肚明但又沒法開口。借此機會，楊秀珠在政治上躍上了一個更高的平臺上。

對於這個決定，時任溫州市市長的陳文憲後來也曾對別人說，他心裏是反對的，但礙於市委書記的堅決"挺楊"，他也只能表示支持。

"金溫鐵路副總指揮"＋"市長助理"這一步在楊秀珠的個人發家史上佔有重要一頁。在楊秀珠之前，溫州市從未設立過市長助理一職，這一職務可以說是為楊專設的。知情者透露，當時如果不是反對聲音太響，楊秀珠很可能直接就升任副市長了。市長助理是市委主要領導跟反對提拔楊秀珠的其他領導們妥協的產物，他專設這一職務，還是為楊秀珠升任副市長做鋪墊。

如果說在規劃局長的位子上的楊秀珠，還只能以房子作為拉關係、作交易的砝碼，在這個階段，坐上"總指揮"、"市長助理"寶座的楊秀珠，手握溫州土地規劃審批大權，溫州寸土寸金的土地成為了她手上任意擺佈的棋子。她的貪婪本性顯露無遺，她開始瘋狂地刮地三尺，恨不得把溫州所有的土地，都轉變成她口袋裏的財富。以開發土地名義，成立"楊家店"，在土地開發過程中中飽私囊，是她這一階段的一項"高明之舉"。與楊秀珠案有關的著名的"兩鐵"公司之一的溫州鐵路房地產開發公司，就是在這段時間內成立的。鐵路房開以及此後衍生出的鐵龍房開，伴隨著楊秀珠的飛黃騰達而一榮俱榮，也爲她的東窗事發埋下伏筆。

1993 年 9 月 3 日，以"爲金溫鐵路建設籌集資金"爲由，溫州市成立了溫州鐵路房地產開發公司，歸口金溫鐵路溫州段指揮部。從 1993 年至 1998 年 4 月調離溫州之前，楊秀珠一直擔任該公司董事長。楊秀珠出逃後歸案的多名她的親信，都有在鐵路房開任職的經歷。而她的弟弟楊光榮，是鐵路房開的副總經理。知情者多次向筆者透露，楊光榮之所以能坐上鐵路房開副總的位置，就是楊秀珠一手策劃和安排的。當然，其用意也不言而喻。

一位前溫州市政府官員說：當時溫州建鐵路的思路是，由浙江省、鐵道部與香港方面三方共同出資，化解鐵路建設資金不足的難題。當時溫州市面臨的資金壓力很大，政府就考慮通過土地有償轉讓籌資。政府出讓土地，建房地產，掙的錢再返還到鐵路建設上。爲籌集資金，成立了以市政府爲背景的"溫州鐵路房地產公司"，對一些地段，政府採取不收地價或減免的政策。當時的本意是開發房地產，用於鐵路建設資金。但是後來整個公司的性質變了。楊秀珠無形當中被賦予了很大權力，幾乎是她想要哪塊地就能拿到那塊地。溫州的土地就像成了她一個人的財富，她想給誰就給誰，想賣多少錢就賣多少錢。

鐵路房開名爲支持金溫鐵路建設，市政府對鐵路房開給予了最大限度的優惠政策，鐵路房開陸續開發了市區多處房產，獲利數億元之巨，卻無分文用於鐵路建設。錢去了哪里？現在已經難於查證。一份舉報信稱，1998 年楊秀珠臨調動時，鐵路房開的所有賬本均被銷毀。

由鐵路房開衍生出的溫州鐵龍房地產開發有限公司則是在 1997 年下半年成立的，這是一個項目公司，從成立到 2001 年註銷四年間，只做了車站大道 21 號地塊一個項目的開發。鐵龍公司成立後，楊秀珠安排自己的外甥潘琛擔任董事長兼總經理，弟弟楊進軍擔任副總，其餘要害崗位也儘是楊秀珠的親信。據稱，鐵龍房開無需招投標就能夠獲得最好的地塊，而開發這些地塊的利潤在 2 億元以上。鐵龍公司在楊秀珠的直接操縱下，成了橫行溫州市區的"官倒公司"。

舉報材料顯示，鐵路房開、鐵龍房開這"兩鐵"，是一個由楊秀珠親友和親信狼狽為奸，集團腐敗的典型。"兩鐵"公司"兩塊牌子，一套人馬"，實際上成了楊秀珠的私人銀行。從楊秀珠系列案第一案披露出來的冰山一角看，僅在這一個案子中，她就能侵吞國家資產 1100 多萬。將來有一天，楊秀珠的"黑冰山"大白於天下時，將是怎樣一個驚人的數字？真的無法想像！

> 楊秀珠其權勢之大，甚至被人稱其為當時市委市政府四套班子的"總導演"。一位溫州當地記者曾親眼見到楊當面訓斥市委書記："以後土地政策這方面你不懂就不要亂講。"

第七節　楊副市長當面呵斥市委書記

1995 年，連溫州街頭開出租車的的哥都在傳，說楊秀珠要做副市長。

一位前任溫州市領導向筆者披露了楊秀珠當上副市長的過程。儘管事隔 10 年，但回憶起當時的情景，這位前溫州市領導仍然不能平靜，話音也提高了幾度。

這位前領導告訴筆者："那時就有人告訴我，安排楊當市長助理的目的，就是為了副市長，我不相信，說楊秀珠這樣的人在市裏面口碑不佳，當初任用她當市長助理，就有很大爭議，讓她當副市長，是絕對不可能的。"但結果否定了"不可能"。1995 年年初，沒有經過任何集體討論，在一次班子會上，時任市委書記告訴成員，"楊秀珠要做副市長，是省裏的意見"。同年 2 月，根據"省裏的意見"，該領導要市裏"根據省裏的意見"打報告，"既然上級決定了，下級只能服從上級。究竟是不是省裏的意見，我們覺得奇怪，但也不好多問"。2 月底，根據"省裏的意見"，沒有經過人大選舉，在人大常委會上通過了楊秀珠當副市長的決議。過了一段時間，在私下場合，他曾向一位在省裏分管此事的領導求證此事，該領導表示，省裏從未向溫州市領導傳達過讓楊當副市長的意見，如果省裏有這樣的意見，應該會有正式文件，但根本沒有這樣的文件。

原溫州市人大副主任胡顯欽則披露了楊秀珠任命過程中的一個玄機，熟悉幹部人事任免過程的他告訴筆者："1995 年 3 月溫州要開人代會，照正常程序，副市長任命要經過人代會選舉，楊秀珠的提拔實際上就是搶在人代會前的突擊提幹。按照當時楊的實際能力和工作表現，最主要是以她的人品而言，提拔這樣一個有很大爭議的人當副市長，放在人代會上選舉是肯定通不過的，之前，她從副局長升任局長、市長助理就遭到人大代表兩次否決。

爲使楊秀珠順利進入市領導行列，避免再次出現被人大代表否決的‘前車之鑒’，當時兼任市人大主任的前溫州市委主要領導親自出馬做工作，並決定提前一個月避開人代會選舉，召集人大常委直接通過，突擊提拔了楊秀珠爲溫州市副市長。”

透過他們的描述，我們已經可以看到楊秀珠升任副市長的過程中暴露出來的某些極不正常的東西。楊秀珠當選後，一些反對楊秀珠的幹部就已經懷疑這是支持楊的某高層領導自導自演，玩了一個高明的策略——以“省裏意見”爲名，讓市里打讓楊秀珠當副市長的報告，市里某領導再把報告拿到省裏，稱讓楊秀珠當副市長，是市里領導幹部的意見。但在溫州市主要領導全力支持楊秀珠的大環境下，這種懷疑乃至憤怒只能是私下裏的一種情緒。10 年以後，筆者看到的很多針對楊秀珠的舉報材料上，赫然羅列當初楊秀珠當選副市長過程中的種種疑點，直指當時的溫州市委主要領導。

爲了當副市長，“土地奶奶”楊秀珠還使上了賄選的招數。那段時間，楊也開始頻頻揣摩要害人士的心思，多到幾個有發言權的領導辦公室和家裏串串門，問寒問暖，哪裏家具舊了需要換換，天氣熱了，要裝裝空調。那時，空調還是稀罕物，而這些對她這個要害部門是小荣一碟。通過這些小手段，楊給領導的印象變好了，不再那麼跋扈了，於是也有少數市委常委在裏面做工作。溫州市紀委一名官員介紹，已經得到監察部門確認的關於楊賄選的事實是：在人大沒有通過她升任副市長時期，她和當時的市領導一起給人大常委會做工作，40 多名人大常委她挨個做工作，答應給他們解決住房問題。市政府的一名官員說：“楊秀珠專門爲市人大蓋了一幢新樓，分給各個常委。此舉深入人心，很多原先不投她票的人都被她擺平了。"

別人進不去的門她能進去，別人做不到的事情她能做到，爲了步步升遷，楊秀珠真是動足了腦筋，使盡了手段，她終於當上了溫州市副市長。1995 年 2 月至 1998 年 4 月之間，是楊秀珠手中攬著空前巨大權力的一段時間。時正值溫州市城市建設興盛，楊秀珠作爲主管城市建設的副市長，集土地出讓、城市規劃等大權於一身，再加上其與省、市領導的關係和眾多已培植起來的鐵杆下屬，可謂要風得風，要雨得雨。楊秀珠其權勢之大，甚至被人稱其爲當時市委市政府四套班子的"總導演"。一位溫州當地記者曾親眼見到楊當面訓斥市委書記："以後土地政策這方面你不懂就不要亂講。"

1998 年 12 月份，溫州市人大常委會組織部分人大常委會委員和市人大代表對市區執行《建築法》情況進行檢查時發現，位於溫州市區公園路 132 地塊的東南大廈存在嚴重違法問題。這個於 1997 年下半年開工的工程已建至二層樓以上，但該工程不僅在開工前沒有依法進行招投標，而且連議標手續也沒有辦理，更沒有領取施工許可證。1998 年 9 月至 11 月間，溫州市城建監察大隊曾先後 4 次分別向該工程施工單位和業主單位發出談話通知書，並於 11 月 20 日發出了整改通知書，然而該工程的施工和業主單位卻置若罔聞，不於理睬。眾所周知，工程的主人是業主單位，那麼，是哪家公司吃了豹子膽，"牛"得竟敢公然抗法，唯我獨行？它的背後究竟是怎樣一座靠山？答案很快擺在了城建管理部門的案頭——這座大廈的業主正是溫州市鐵路房地產開發公司。就是他們，居然在這樣一個總投資達 9000 多萬元的大項目上，敢在眾目睽睽之下如此公然抗法，其膽大妄爲到了令人超乎想像的程度。

從東南大廈施工中的目無法紀和囂張氣焰中不難看出，它的堅強後盾其實就是楊秀珠。這也正是當時的城建監察部門敢怒不敢言的原因。楊秀珠在規劃局任職多年，當時又擔任溫州市主管城建的副市長，她不可能不知道有關工程建設所牽涉到的法律程序和必須辦理的法定手續，但爲何視若無睹地拒不辦理有關施工手續？工程之中是否存在見不得人的勾當，也只有楊秀珠本人和其旗下的黨羽心知肚明。

另一個例子也能夠說明楊著力編織關係網的程度。據溫州市人大秘書長杜玉生回憶，1998 年，他在任溫州市建委副主任時，根據群眾舉報，曾經調查過溫州市垟兒路的違章建築。經過調查，違章建築爲兩幢樓房，由溫州鐵路房地產開發公司出資 100 萬元，由垟兒路房開公司建造。這兩棟樓分別被稱爲“市長樓”和“底細樓”。“市長樓”的房子分給市政府和市委的高層領導，而楊秀珠最親信、最得力的助手如高雲光、林素華、楊光榮等則多住進“底細樓”，該樓也因此得名（“底細”實則爲溫州話“嫡系”的諧音）。杜玉生在調查中發現，當時業已竣工的這兩座樓房和東南大廈一樣，既沒有在開工前辦理工程報建手續，也沒有依法進行招投標，更沒有申領施工許可證。此外還有資金來源不正當等嚴重違法違紀問題。檢查組在檢查時發現，樓房已進入裝修階段，而部分手續仍未辦理。檢查組經調查還發現，這兩幢樓房還存在著其他問題。名爲住宅微利房，而其設計、面積等卻不亞於別墅。原來，這是楊秀珠爲了籠絡人心，打著"微利"的名號授意鐵路房開公司建設，"特殊照顧"給部分市領導的，是她手中的一塊利用權力拉攏他人的王牌。在建委的調查過程中，楊秀珠曾親自出面打電話給建委領導，要求不要插手，同時又打電話對杜玉生說，"市領導對你很關心，垟兒路的房子給你一套。"杜不理會楊的意圖，還是繼續追查。楊就威脅杜說："一周內叫你下臺。"果然，一周之內，組織部門找杜玉生談話，讓他去政協或人大，杜玉生說，"我簡直不相信自己的耳朵"，隨後他被調去政協當秘書長，調查也不了了之。建委當時是權力很大的部門，主管各相關的局，此後被變成建設管理局，由從前的主要權力部門變成一個只能管理建築施工的具體職能單位。

楊秀珠和當時的溫州市委主要領導調離溫州後，在溫州市人大常委會組織的《建築法》執行情況檢查中，垟兒路的這兩幢樓房再次露出了馬腳。對這樣一個棘手的問題，是堅決查處、一查到底，還是睜隻眼閉只眼、假裝糊塗？儘管當時出面說情者和施加壓力者甚眾，但後在溫州市委的重視和溫州市人大常委會的堅決監督下，這兩幢無償或低價分給部分市領導的樓房以被公開拍賣而告終，其餘超標的也都按房改政策要求補交了房款。這件事情當時在溫州引起了一場不小的震動，群眾拍手稱快。

1999 年，一起由楊秀珠操縱和主使的溫州市區某地塊的土地出讓款去向不明問題，直接導致了溫州市九屆人大常委會的首起質詢。1998 年底，溫州市人大常委會組織部分市人大代表調查預算外資金時，發現 1996 年出讓的位於溫州市區城南大道某地塊應上繳國庫的一筆 1084 萬元的國有土地地價款去向存在問題，該地價款與溫州市市政公用事業局和市現代城市建設發展有限公司有關。在進一步深入調查中，又發現市政公用局虛開收據以應付檢查，違反了《會計法》和《浙江省會計工作管理辦法》。調查組在市九屆人大常委會第六次會議的調查報告中指出了這一問題，但有關部門一直未能作出合理解釋。1999 年 3 月 17 日上午，15 位人大常委會委員聯名質詢市政公用事業局，要求該局負責人就這筆地價款問題作出答復。一步調查表明，這又是楊副市長一手遮天的"傑作"。最後，這筆款項雖已在有關部門的監督下被追回，但由於楊早已升遷省建設廳副廳長，有關責任的追究也就不了了之。

據說，在 1998 年楊秀珠離開溫州之前，還曾經有領導建議讓其當溫州市長。只不過她激起民怨太大，這樣的建議最終被來自上上下下的反對聲駁回。

> 楊秀珠不但成功地"過渡"到副廳長，而且直接排名第一副廳長。建設廳上上下下再一次領教楊的"運作能力"。

第八節　溫州呆不下，跑省城當副廳長

1998 年 5 月，溫州市召開人大會議，進行換屆選舉。副市長

楊秀珠面臨著連任的考驗，但她通不過人大選舉幾乎已是溫州上下心知肚明之事，楊與其背後力量又在為她下一步的去處"運作"。

楊秀珠自己心裏也十分清楚，若要連任，就必須通過人大全體選舉。以她在溫州官場的口碑，幾乎肯定是選不上的。此時，欣賞楊秀珠的某領導調往省城杭州，楊秀珠在官場的上升曲線才終於沒有終結。於是楊順理成章調往省建設廳，主管的領域和在溫州差不多，還是建設系統。

據一些溫州市的高層幹部分析，不到萬不得已之時，楊秀珠其實是不會心甘情願離開她經營多年的溫州的，採取主動離開的姿態，是因為"在溫州實在呆不下去了"。當時省建設廳有位副廳長差幾個月到退休年齡，於是"找來找去"，找到這個位子上。據說楊秀珠起初並不願意平調擔任副廳長，曾放言"不當廳長我不來"。

從後來筆者瞭解到的情況來分析，楊秀珠離開溫州到省城杭州就任建設廳副廳長之初，並不像在她在溫州那樣呼風喚雨。建設廳的一位老領導說，廳裏對楊秀珠的為人早已領教，"千萬不要讓她來，來了之後會讓我們雞犬不寧"，省建設廳廳長代表建設廳裏其他幾位副廳長向省委組織部遞交了一份材料，提出不歡迎楊秀珠到建設廳，抵制楊秀珠就任。組織部門當時也允諾不再安排，廳長興高采烈地回來通知大家"放心，她不來了"，豈知沒高興幾天，組織部門便又宣佈楊的就任。

楊秀珠到建設廳報到的時間是在 1998 年二三月間。但是，楊秀珠匆匆報到後，隨即返回溫州。她以溫州市副市長的身份，策劃了最後兩起倒賣地皮的活動。一是以 1994 年的土地轉讓規則將車站大道 2－2 號地塊（原溫州電線廠）批給堂妹楊海燕夫婦，出讓地價只有 700 萬人民幣。而這塊地拆遷安置費支出就要 2000 萬元，楊秀珠親自主持有關溫州電線廠拆遷安置的協調會。她極盡騰挪，把 2000 多萬人民幣的拆遷費用轉嫁給了財政局。結果政府賣這塊地時賠錢 1300 萬人民幣；另一起是她主持的在溫州雪山飯店舉行的土地出讓投標會，對像是車站大道 3－3 號地塊，結果楊秀珠的老相識陳其躍戲劇性地以"封頂價" 2880 萬元贏得競標。

1998 年五六月間，楊秀珠方才離開溫州，正式赴任省建設廳副廳長一職。

省建設廳除了一個正廳長之外，還有 6 個副廳長。按照常規，最後到任的副廳長排名最後，誰知楊秀珠不但成功地"過渡"到副廳長，而且直接排名第一副廳長。楊分管的是規劃和房產兩塊，按知情人的說法，這是建設廳最大的兩塊，也是"最肥"的，建設廳上上下下再一次領教楊的"運作能力"。"來之前所有廳長都知道她的底細，對她很警惕"。一位知情者說，建設廳的領導對楊的名聲早已領教，生怕自己不在時又被楊秀珠攪得天翻地覆，這位領導"爲了鬥她，五年沒有出國"。知情者說，楊秀珠初到建設廳時的市場並不大，但她對溫州仍有絕對的控制力，又憑藉自己的能量，將經濟活動擴展到了杭州。

之後，楊秀珠傳奇般的"活動能力"再顯現威力。到了廳裏沒多久，一些幹部對楊的態度就發生了轉變。一位知情者告訴筆者，楊秀珠對建設廳幹部"非常關懷"，"非常關心幹部子女的工作，關心幹部的房子和生活等等"。如此"關心"了一圈之後，很多幹部對她的態度也發生了好轉。

2000 年，浙江省頭號重點工程省人民大會堂遷建工程開工。楊秀珠不會忘記金溫鐵路對自己仕途的關鍵影響，她希望出任該工程副總指揮。

此時的楊秀珠雖已能在省廳中立足，但要掌控這樣一個重大工程還是受到了很大的阻力。紀檢機關仍然不斷收到對楊的舉報材料，這些舉報材料中往往又都會提到楊在當金溫鐵路副總指揮期間所玩的貓膩。

但是，楊秀珠再次如願。

楊秀珠在出任這一總投資達 5 億人民幣的工程的總指揮"肥差"時，有沒有在溫州那般大肆盤剝，很多與楊相識已久的官員認為，"以楊秀珠的作風，這個工程中她百分之百有問題"。人們這麼猜測，也有人向上級部門舉報。

但直到 2004 年浙江省的審計報告出臺後，才終於揭開了楊秀珠在這個工程中的黑幕。在浙江省人大常委會第十三次會議上，省審計廳提交的報告卻顯示，楊秀珠在杭州也並沒有收斂。報告中，兩處審計結果與楊有關：挪用建設廳公款以及省人民大會堂遷建工程中的貓膩。審計報告裏說，該項目施工單位高估冒算，審計核減工程價款 6357.12 萬元人民幣。其中最典型的是施工單位弄虛作假，以次充好。楊秀珠還存在挪用建設資金出國考察和貪汙公款的事實。

　　黃粱美夢總有醒來時，楊秀珠的發家史終於在
2003 年的春天戛然而止。

第九節　幻滅・出逃

　　對於把土地、工程、項目視作禁臠的楊秀珠來說，省人民大
會堂遷建項目應該是她最後的晚宴。在省城杭州官場上左右逢源
春風得意的楊秀珠怎麼也不曾料到，就在這不久之後，她只手興
建起來的權力和金錢的大廈將要分崩傾塌了。

　　黃粱美夢總有醒來時，楊秀珠的發家史終於在 2003 年的春天
戛然而止。

　　2003 年初，楊秀珠的弟弟楊光榮、法籍溫州商人陳其躍相繼
落網，鐵路房開的帳冊被查封並調往省檢察院，楊副廳長苦心經
營的腐敗大廈在瞬間分崩瓦解。她在杭州、溫州兩地頻繁活動，
試圖力挽狂瀾，但未見其效。

　　2003 年 4 月 20 日，楊秀珠踏上了精心設計的逃亡之路，兩年
零一個月以後，她在荷蘭鹿特丹被荷蘭警方拘留。

　　不知道現在一夢醒來的楊秀珠，有沒有莊周當年身在何處的
感歎？她想起的是在荷蘭的地下室，還是紐約的豪宅，還是兒時
溫州的舊宅？自稱篤信菩薩的楊秀珠，有沒有想到因果報應四個
字？

　　這些，我們現在都無法知道，我們只知道，楊秀珠必將受到
歷史和正義的審判。

楊秀珠在建設系統
浪跡多年，但也被
認爲作風果斷、潑
辣之人。　　佚名

浙江省建設廳副廳
長楊秀珠出席一次
會議。　　　佚名

省建設廳副廳長、
省推進城市化工作
協調指導小組辦公
室主任楊秀珠在省
人民大會堂開工典
禮上講話。　佚名

楊秀珠向人大作房改情況匯報。莊嚴的國徽下，楊秀珠還裝模作樣。 佚名

2002年11月25日，楊秀珠以省建設廳副廳長身份出席中國（杭州）杭州第三屆最佳人居環境展覽會並致開幕詞。 浙江在線記者 馮靜

楊秀珠陪同原浙江省委書記李澤民（左二）和原溫州市委書記張友余（左一）視察。 佚名

● 儘管楊秀珠出逃已經兩年，但她的溫州編制的關係網影響無處不在，滲透到溫州的各個角落。

第四章
楊秀珠衝擊波

拜倫說過："一個人的性格決定一個人的命運。"在兄弟姐妹和她的親信眼裏，楊秀珠都是不折不扣的"大姐"作風。楊秀珠出生在一個多子女的家庭，她是家中的長女。不知道是不是因爲這個，使楊秀珠從小就養成了"男兒"的脾氣。很多熟悉楊秀珠的人都說她表面上大大咧咧，好出風頭，講粗話，行事粗魯，給人感覺不大像女人。但她同時又心思隱秘，善於溝通交際且魄力十足，天生就是個喜歡追逐權欲的人。

在楊秀珠發跡後，她更加熱衷於結黨營私，牟取私利。她的"大姐"作風讓她一次次拿著手中權力，慷國家之慨，爲自己的親屬、親信搞權錢交易、撈取好處。

{ "一人得道，雞犬升天"，溫州百姓曾如此形容楊秀珠及其親信、親戚。而今，當年楊秀珠提拔起來的人紛紛入獄。 }

第一節　一人得道雞犬升天

楊秀珠有四個弟弟和兩個妹妹，知情人透露，他們兄弟姐妹之間感情還是很深的。楊秀珠發跡後，她的兄弟姐妹跟著飛黃騰達。和很多腐敗案件一樣，楊秀珠的腐敗嫌疑發端於親情。等到楊大權在握之後，其家人的腐敗就一發不可收拾了。有舉報材料多次提及，楊秀珠曾多次利用手中權力爲其女兒、女婿、四個弟弟兩個妹妹，以及其他親戚牟取私利。兩個弟弟（楊壽弟、楊進軍）先後在她的資助下去了美國，後以歸國華僑的名義回溫州發展。還有一個弟弟楊龍翔被安排進市檢察院，擔任後勤處處長。她最疼愛的小弟楊光榮被她安排進鐵路房開當副總經理。兩個妹妹中一個在鹿城區工作，一個在公司裏當副經理。

在楊秀珠部署的精密棋局中，除溫州鐵路房地產開發公司之外，溫州鐵龍房地產開發公司、溫州鐵路房開物業公司、溫州市建設配套市政工程公司等，均是爲其撈錢而設置的項目公司，公司的重要職位均由楊的親戚或親信擔任。其中，除楊光榮外，楊秀珠的外甥潘琛爲鐵龍房地產開發公司、建設配套市政工程公司的董事長和法人；表弟林丐眉爲鐵龍房地產開發公司的股東；鐵路房開物業公司、綠城環境建設公司法人代表均由楊秀珠的親信高雲光擔任。

楊秀珠正式離婚後，一直單身，她與前夫抱養的女兒由她帶大。一位知情人說：“她對女兒非常好，給她選了一個非常優秀的女婿，女兒很早就不工作了。”楊秀珠在出逃的時候，也沒丟下女兒一家三口，帶著他們一起出逃。

楊秀珠的另一個外甥潘兵大學畢業後，被安排擔任溫州市某常務副市長的秘書，之後出任工商局黃龍管理所負責人。不久以後，潘兵在楊的安排下又進入溫州市規劃局，先後擔任道路工程處處長和建管處處長，集全市所有建築的審批權於一身。楊秀珠出逃後，潘兵被調至溫州市測繪局任副局長。

在楊秀珠權勢如日中天的時候，楊秀珠的弟弟妹妹和許多親戚紛紛打著她的旗號在溫州大肆斂財。1998 年年初，她的弟弟楊進軍曾向溫州市交通銀行貸款，銀行要求其出具擔保，但他口出狂言稱："我貸款，還要擔保？"後來，因爲楊進軍手續不齊，交通銀行拒絕了他的貸款申請。楊秀珠就下令由她的親信控制的安居工程指揮部，將存在交行的 3000 萬人民幣存款調出，轉存到浦發銀行，給了交行以報復性制裁。就是這位楊進軍，早在 1995年，就因走私和虛開 2000 萬人民幣增值稅發票而被溫州市龍灣區檢察院傳審。楊家拿出 20 萬元押金後，楊進軍被放走，案子也被永久擱置，如今案卷仍留在龍灣區檢察院。從檢察院放出來之後，楊進軍不僅沒有收斂，還繼續打著楊秀珠的旗號拉項目、攬工程。楊秀珠則繼續爲其撐腰，並公然違反國家土地管理法，將原價 30萬/畝的 18 畝土地，壓低爲 12 萬/畝批給楊進軍。

楊秀珠的小弟楊光榮，除了在鐵路房開大肆貪汙外，還以溫州雙龍塑料廠的名義，在溫州市雙橋村征得一塊 17 畝多的黃金地塊。這塊地位於該市過境公路 108 號，由時任溫州市副市長的楊秀珠親自批出。

該地塊曾爲當地雙橋村水田，由楊秀珠親自批給楊光榮。土地出讓合同上寫明，該地塊的用途是"建設工業廠房項目"，土地使用金每平方米僅爲 1 元人民幣。楊光榮在近乎無償地獲得上述 17 畝地塊後，長達七年時間內，沒有動過一磚一瓦，轉手出租給個體運輸戶辦托運部。當地租戶稱，該地塊的租金一直由人代收後交給楊光榮，在楊光榮被捕後，租金一度不知向誰繳納。

楊光榮被判刑後，浙江省國土廳執法局副局長鍾天明曾對外表示，國土部門將按法定程序對這 17 畝土地進行調查處理。

楊秀珠的堂妹楊海燕原為西城區房管所的業務員，後因楊秀珠支持而發跡，並遷居美國。楊海燕在美國的短短幾年間，從不名一文到在紐約皇后區法拉盛商場開設一家名為"大紐約皮草店"的商店，專賣服裝也兼做手機生意。此後她還曾擔任紐約江浙工商總會名譽會長，2001 年獲得克林頓總統夫人希拉里親自頒發美國眾議院亞裔傑出婦女獎，也經常作為紐約僑領訪問中國。1998 年 3 月，楊海燕和其夫繆德興回國時，楊秀珠將車站大道電線廠地塊批給楊海燕，出讓地價只有 700 萬人民幣。而這塊地拆遷安置費支出就要 2000 萬元，結果政府賣這塊地時賠錢 1300 萬。楊秀珠被美國媒體披露的豪宅，就是經楊海燕夫婦經手購買的。

新華社一名駐溫州的記者曾跟楊秀珠家族勢力掰過一次手腕，領教過"楊家將"的厲害。

在溫州市創建文明城市的過程中，市里決定，將市區主要幹道人民路沿線的綠化帶拆除，拓寬車行道。而這些綠化帶是楊秀珠弟弟的公司年初剛剛實施的。新華社駐溫州的記者張和平在多方調查的基礎上，寫出了一篇批評報道。稿子是在晚上向新華社浙江分社送審，還沒來得及發出，楊系的人就知道了，連夜施工，偷偷恢復綠化帶。另一方面，被蒙在鼓裏的張和平寫好稿後，無意中上街，忽然發現施工人員正在人民路緊張施工，大吃了一驚。打探消息之餘，趕緊打電話給浙江分社，主動把稿子撤了下來。事後，該記者感歎：楊秀珠家族的勢力太強大了。

儘管楊秀珠出逃已經兩年，但她在溫州編制的關係網影響無處不在，滲透到溫州的各個角落。她的手下市政局局長將市政工程全部承包給楊的弟弟的公司施工，一位不具名知情者指著遍佈街頭的不銹鋼欄杆說：這些全部是楊的弟弟的公司做的。僅此一項，收益近千萬元。

> "一人得道，雞犬升天"，溫州百姓曾如此形容楊秀珠及其親信、親戚。而今，當年楊秀珠提拔起來的人紛紛入獄。

第二節　翻手成雲覆手成雨

在溫州民間，楊秀珠另有一個綽號叫"大阿太"。

"阿太"在溫州民間也曾是一個"傳奇人物"，這個名叫陳仕松的目不識丁的普通農民，卻能操縱溫州下麵一個縣級市瑞安市的黨政機關，連瑞安市委書記都要圍著他團團轉。他通過抓住不法官員的隱私，要挾、控制這些官員，成爲他呼來喚去的"看門狗"，被稱爲瑞安市的"地下組織部長"，從而有了安排人事調動的"權力"。

而楊秀珠之所以也被稱爲"阿太"，是因爲在溫州一些百姓看來，阿太與楊秀珠的有兩個相似之處：一是，文化水平比較低；二是，可以操縱官員的人事安排。但瑞安"阿太"跟楊秀珠比起來，顯然是小巫見大巫，故爾，楊被稱作"大阿太"。

楊秀珠手中掌握的房子是她送禮的一個重要砝碼。一份舉報材料披露，為了在溫州建立龐大的關係網，結黨營私，楊秀珠利用分管城建的權力，曾將數百套微利房送給領導和心腹，僅一天之內將溫州下呂浦的安居房送出30餘套，橫河南的七局聯建房送出60多套，每套住房與市場差價至少15萬以上。1998年，楊親手送出去的住房就不下200套。並且，在沒有辦理任何手續的情況下，楊秀珠利用鐵路房開公司的100萬元違章蓋起兩幢"高幹樓"（即前面講到的"首長樓"和"底細樓"），一幢四層，每層一戶，每套面積約200平方米，另一幢10套，每套面積150平方米，全部由楊秀珠等領導私下瓜分。

溫州市一些官員的舉報材料認為，楊秀珠屢扳不倒，與她善於走上層路線不無關係。如此不難理解，在一群老幹部的舉報信的開頭就不無激憤地說，"無數的幹部、群眾揭露、控告楊秀珠的腐敗問題，終因她上面有人，而得不到應有的查處"。

楊秀珠既善於拍上也善於拉下。任職溫州市規劃局期間，總共提拔任命了超過17名處級幹部，至於一般幹部則不計其數。她積極推薦他們升遷，這些部門主要是她所管轄的溫州城市建設部門。按照她的精心策劃，她的親信幾乎散佈於城建的各個部門。溫州市歷年來的機構改革，都是精簡機構和人員，而在楊擔任副市長期間，其所分管的建設口卻增加了三個局，分別為市政園林局、市政公用局和城管局，並安插親信在其中擔任要職。目前，園林局的幾任局長均因為在城市建設和土地批租中受賄而被捕被判。

在溫州流傳著一個楊秀珠成立地下競選指揮部，替下屬拉票的故事：

1998 年楊秀珠調任浙江省建設廳後，仍欲將整個溫州城建控制在自己手中，於是在當年溫州市委換屆之時，楊秀珠專門從杭州跑回溫州，在溫州飯店成立了“地下競選指揮部”，欲將自己的一員幹將滕德壽推上主管城建的副市長一職。

滕德壽當時是溫州市規劃局局長，另一名競選副市長的有力人選是任溫州舊城改建指揮部副指揮長的吳權書。為了把滕推上去，在競選前夕，楊找了幾個手下去告吳受賄，並列出人證。吳權書“後院起火”，無暇專心競選，失去機會。楊秀珠雖然煞費苦心，精心佈置，但此時她已無法在溫州權力核心圈中施加影響，滕德壽又水平有限，最終也沒當選，楊秀珠的如意算盤還是落空了。人大選舉出來的結果是，滕吳兩人都沒上去，兩敗俱傷讓另一名姓冒的競選者坐收漁利。事後在溫州老百姓中間流傳出一個順口溜，其中兩句是“丟掉一個市長（在溫州方言中，丟與滕發音相同），冒出一個市長（一個姓冒的市長當選）”。

“一人得道，雞犬升天”，溫州百姓曾如此形容楊秀珠及其親信、親戚。而今，當年楊秀珠提拔起來的人紛紛入獄。

> 國家一級演員曾與楊"親密接觸"了近兩個
> 月，在談到楊秀珠的時候，她感歎說：這個角色太
> 生動了，"演技"比我高多了。

第三節 被當成"廉政"代表推薦給尉建行

在筆者的調查中，多名知情者在概括楊秀珠性格的時候，大多用到一個詞："自大"。楊秀珠是個以自我爲中心的人，愛出風頭，具有極度的權力欲和佔有欲。大到政府工作，小到生活小節，楊的一些怪異言行和跋扈秉性，經常成爲民間傳播的笑料——政府議事會議上，楊經常因他人與她意見相左而破口大罵；她主持的會議上，她會一屁股坐在桌子上，撩起裙子邊扇邊叫"熱死了"，毫不顧忌下屬異樣的眼光；一次楊內急，因女廁人已告滿，楊竟讓秘書把住男廁大門，自己進入方便；幾年前溫州某報一記者因誤闖楊在溫州景山賓館開會期間休息的房間，而遭到楊破口大罵……嚴重損害了領導幹部的形象。

浙江省建設廳一位老領導回憶說，有一年楊秀珠到北京參加全國性的規劃會議，建設部長邀請了國家某領導人到會講話。會後，部長陪同國家領導人在單獨的房間時吃飯，來自各省的廳長們則在一起就餐，楊秀珠沒有吃飯，一直坐在門口等了兩個小時，

看到領導人出來，馬上迎上前去自我介紹："我是溫州市副市長，歡迎您到溫州來作客！"領導們邊走邊禮貌地應了一下，楊秀珠猶不放棄，繼續跟在後面熱情洋溢地邀請領導人到溫州來。

楊秀珠愛出風頭，在同級的領導中，她在公共場所露面最多，曝光率最高。非但如此，與一般人在官場上的小心謹慎不同，她的很多行爲甚至可以說是官場大忌：溫州電視臺的許多記者都記得，每當看到攝像機對準自己的時候，楊秀珠會毫不客氣地推開左右身邊的人，搶在眾人前，唯恐他們遮住自己的"光輝形象"，搶了自己的鏡頭。有時候，連站在她邊上的市委書記都"不能倖免"。

楊秀珠在溫州市當政時，有一次，時任中紀委書記尉建行來溫州視察，楊秀珠被當地領導當成"廉政"代表推薦給尉建行，後來楊秀珠將自己與尉建行的合影放得大大的，掛在屋裏。

在金溫鐵路全線鋪通後，1997 年 8 月 7 日的浙江日報曾發表長篇通訊《寫在金溫鐵路全線鋪通之時》，其中提到楊秀珠，說她"溫州市副市長、溫州段指揮楊秀珠爲金溫鐵路哭過，笑過，病倒過，1994 年 17 號颱風襲來時，她差點因指揮抗台而被洪水淹沒在鐵路工地上"。

在一片反對罵聲和控告聲中，楊秀珠極力想在民眾中改變形象，溫州一些頗有影響的"文化雇傭軍"爲她創作了報告文學、電視劇本等，爲她歌功頌德，塑造出一名在舊城改造和金溫鐵路建設中、衝破阻力、大膽改革、無私奉獻的女副市長的"光輝形象"。楊秀珠曾還出錢，策劃創作了名爲《豐碑》的電視劇，反映她改革成績。她請一名劇作家以自己爲原型寫出劇本，請某製作班底來溫州完成拍攝，電視劇拍好後，在溫州大放特放扮。演楊秀珠的是省話劇團的國家一級演員王若荔，她在溫州體驗生活的過程中，曾與楊"親密接觸"了近兩個月，在談到楊秀珠的時候，她曾感歎說：這個角色太生動了，"演技"比我高多了。

溫州日報的一名女記者曾向筆者講述過楊秀珠對她進行百般打壓的故事。這名林姓女記者是跑經濟口的，由於工作原因，她經常要接觸溫州市前市長陳文憲。楊秀珠在擠走陳文憲後，對陳身邊的人進行報復，這名女記者被楊認為是親陳文憲的人，很無辜地被卷了進去。楊秀珠叫手下人打電話給這名記者的部門領導，明確表示，叫這名女記者不要跑採訪了，她不想再看到這個人。其時楊秀珠氣焰逼人，報社只好委曲求全，叫這名女記者暫避一下。一下子無所事事的這名女記者，只好靠看書和請大學生輔導外語打發了三個月時間。

1997 年，金溫鐵路全線通車，溫州日報派這名林姓女記者去採訪。當時楊秀珠作為金溫鐵路溫州段副總指揮出席通車慶典，她顯得很高興，告訴身邊的人，中午她要親自掌勺給大家炒幾個好菜慶祝一下。結果剛進入聚餐地點，冤家路窄，一眼就看到溫州日報的林姓女記者。楊秀珠勃然大怒，高聲質問身邊人，問是誰叫她來採訪的。隨即拂袖而去，聚餐也搞不成了。據知情人後來告訴林姓女記者，楊秀珠回去以後，還挨個打電話給當時在場的人，其中有楊邦禎、吳長柳等人，她逐個訓斥，問是誰叫這個記者去採訪的。她認為這名女記者是想通過她身邊的人牽線，向其示好。

> ｛ 楊秀珠對一些親信給予小恩小惠，封官許願，上
> 面則有高官撐腰，從而結成了一個盤根錯節的關係
> 網，致使揭露和審查楊的問題，阻力重重。 ｝

第四節　楊秀珠的背後力量

　　楊秀珠的"根子很深"，是溫州乃至浙江省有早已領教過的
事實。

　　現廣東省委書記張德江在剛到浙江任省委書記之初時，省內
不少反楊之人曾寄予希望，向他舉報過楊秀珠的種種違法犯罪事
實，但反映幾次，張德江最終"下不了決心"，有一種說法是張
德江要有所舉動時，曾接到來自更上層的意見，要他支持楊的工
作。

　　多份關於楊秀珠的舉報材料在提及楊秀珠背後力量的時候，
都指向一個人──前溫州市委書記、浙江省委常委、浙江省人大
副主任張友余。舉報材料稱，正是在張友余的強力運作下，楊秀
珠才能被一次次曲線突擊提拔，多次被人大否決後還能步步高升。

　　楊秀珠超強的運作能力，從她在建設廳的輾轉騰挪可見一
斑：1998 年楊到杭州後，在省建設廳副廳長中排名最後一位，但
她很快撈到了實處，分管規劃和房產兩塊。按知情人的說法是，
這是建設廳最大的兩塊，也是最肥的。楊秀珠在省城的關係網並

不很多，但僅僅兩三年時間，2001 年的一份建設廳通訊錄上，楊秀珠已經排在所有副廳長的前面，成爲省建設廳第一副廳長。

今年 11 月前後，關於張友余被雙規的傳言再次在溫州民間秘密流傳。這一次，連談話地點都有了：台州大陳島。兩年以前，楊秀珠出逃後不久，在溫州民間就流傳著張友余被雙規的小道消息。當年下半年，已經長久不到溫州的張友余特地跑到溫州，請舊日同僚下屬吃飯聊天，其意在於消除關於他的不實傳言。但這一次，在他被雙規的傳言再度流傳時，他沒有露面。

據多維時報報道，一份舉報材料指出，楊秀珠利用張友余的渠道，不斷地接近省裏一些領導幹部，並通過送禮行賄等慣用手段，與原省委書記李澤民、副書記劉楓拉上關係。李澤民自己說，楊秀珠向他送過禮。有一次，她和張友余送給劉楓一副潘天壽的國畫，價值就達 26 萬元。（有消息人士稱，此筆鉅款後來放在溫州鐵龍房地戶開發公司報銷）。楊又利用手中的權力，有意安排省電力局到溫州搞房地產開發，與省長柴松岳的老婆拉上關係。於是，很快便成了李、劉、柴面前的紅人。人稱楊秀珠同這幾位領導的關係是“說話如同家人，入出如同家門”。李澤民和劉楓、柴松嶽的“挺楊”，溫州市一些老幹部認爲原因有二，一是張友余爲楊秀珠在他們面前作了不少工作，二是楊秀珠介紹了不少他們和省裏其他高官的親屬到溫州經營房地產，手裏握有溫州土地大權的楊秀珠必然“慷慨”地給了不少優惠政策，賺到了錢，他們自然會念楊秀珠的好。

溫州市一位官員對多維時報說，楊秀珠對一些親信給予小恩小惠，封官許願，上面則有李澤民和劉楓、柴松岳等高官撐腰，從而結成了一個盤根錯節的關係網，致使揭露和審查楊的問題，阻力重重。比如，楊出國索款問題，"兩鐵"公司問題，規劃局小金庫問題等等，都很容易查清。但是，由於浙江省、溫州市主要領導與之同流合污，把蓋子捂得死死的，誰也無權去查楊以及她下屬的問題。

> 一家中央級媒體駐溫州記者站記者說，剛開始為進入官場，楊不惜與男人上床，後來發達後，又開始玩弄男人。老百姓總結她在前後兩個階段是——"男人上她與她上男人。"

第五節　　楊秀珠的權色交易

楊秀珠身材矮小，膚色較黑，嗓音低沉，語言粗魯，行事潑辣，毫無女人味可言。一般來說，正常的男人對這樣的女人只能產生厭惡感。但楊秀珠也有自己的一套手段，一是給領導幹活，她的前夫李松坤說，楊秀珠在家裏從來不幹活，但到了領導家裏，她是拼命地幹活。幹活幹多了，領導對她的感覺也就好起來了；另一殺手鐧是"作"，在給領導彙報的時候，楊秀珠很做作，喜歡貼近身子，還動手動腳。某些領導可能喜歡這個調調，在笑納楊秀珠的送禮幹活的同時，也就笑納了楊秀珠。

　　一家中央級媒體駐溫州記者站記者說，剛開始爲進入官場，楊不惜與男人上床，後來發達後，又開始玩弄男人。老百姓總結她在前後兩個階段是——"男人上她與她上男人。"

　　前溫州市婦聯一位老幹部透露，1981 年，已是婦聯幹部的楊秀珠在杭州湖濱公園和她的"相好"溫州某醫院的醫生"現場直播"被當地公安捉姦羈押，之後由一位溫州前領導出面保釋，才算了了。

　　楊在溫州時，曾對現已上調到省裏的一個年輕幹部情有獨鍾。有一次，他與溫州幾個幹部一起出國考察，即將上飛機，忽然接到楊的電話：這麼重要的事也不通知我，寧可這趟航班不飛，我要爲你送行。結果還是讓楊的心血來潮如願。

　　溫州市一些幹部近年持續不斷向中紀委舉報楊秀珠。稱楊秀珠不擇手段，拉攏、腐蝕一些領導幹部。早在上世紀 80 年代初，楊便與某領導有了勾搭，兩人長期保持不正當關係。在該名領導升任浙江省委常委後，爲實現楊秀珠的野心提供了條件。

　　一份舉報材料指出，楊秀珠爲了追求個人生活享受，竟目無法紀，不經辦理基建列項計劃，違反工程審批程序，擅自在景山建造專供自己和這名領導私人享受的高檔健身遊樂場所，該所占地 600 平米，內有網球場，游泳池以及更衣、按摩、休息三用的健身房。據所內管理人員稱：只對他們二人服務，不對外開放。他(她)二人經常專車上山、打球、游泳，並有專門氣功師爲二人推拿、按摩。該所從建成到投入使用，溫州市委市府其他領導無人知曉。工程造價不詳，資金來源不清。

{ 對許多告楊秀珠告了十多年的溫州老領導、老幹部而言，聽到楊秀珠落網的消息，其興奮是不言而喻的，一位老幹部甚至形容自己是"除了四人幫倒臺之後就沒有那麼高興過"。 }

第六節　民間"倒楊"力量

在楊秀珠不斷的升遷過程中，一直伴隨著不斷的告狀聲。她當了四五年市長助理、副市長，溫州市的一些老領導、老幹部告狀告了四五年。檢舉信不斷飛到省市紀委甚至中紀委。就在這樣的不斷告狀聲中，民怨極大的楊秀珠還是沒有停止往上爬的腳步。

一位老幹部不無尖刻地說："在溫州，和她作對的人幾乎沒有，誰敢和她作對？"有人形容楊秀珠是"上有靠山下有網"，"對溫州市民來說，並不怕楊秀珠，而是怕楊背後的人。"對上會巴結，對下會結網是楊秀珠公認的本領。

但在溫州民間，從來不缺乏正義的力量。

溫州市民對楊秀珠的公開非議最初出現在 1997 年，這年 7 月 18 日《溫州日報》"甌江南北"的一篇報道耐人尋味。報道原文如下：

"本報訊：前天早晨，市區五馬街口出現一張小字報，引起過往群眾圍觀和不少群眾議論，說街頭貼小字報進行人身攻擊，是法律所不允許的。

　　據瞭解，這張署名的小字報系一偏執性精神病患者所為，該患者在前幾年對其它領導人，也曾有過類似行為。"署名為本報記者。

　　針對這一"小字報"事件，市委專門為此在溫州大戲院召開幹部大會，楊秀珠更是借機上下其手，教育幹部不要偏信謠傳，並對小字報問題上升為"政治事件"，叫大家引以為戒。

　　時至今日，很多人還清晰記得當時轟動溫州的小字報"政治事件"。據溫州日報的一位知情記者透露，這張貼在新華書店門牆上的小字報內容就是針對時任溫州市副市長楊秀珠的，小字報明確提出要求市委主要領導查處楊的問題，署名是"一位老紅軍戰士"。公安部門對此曾進行調查，以為有政治背景，結果是一位老工人所寫，沒有任何政治背景。

　　"所謂精神病患者貼小字報事件，事實上根本不是什麼政治事件，這位當年被迫害的老人根本不是精神病患者，而是原浙南遊擊縱隊第三支隊支隊長的警衛員，是溫州日用陶瓷廠的老職工。他是因家居只有 11 平方米，向市里要求解決住房問題，落實政策。"溫州日報的這名知情記者一語道破天機。據他講，當時公安局是奉市委之命抓的人，並做了一份法醫鑒定，確認為"偏執性精神病患者"，以市委名義通過公安局轉給民政局強行關押在溫州精神病院達半年之久。在他被抓後，他的女兒通過一些渠道向公安局要人時，得到的答復是：沒有市委指示不能放人。

　　楊秀珠在溫州長期從事土地審批工作，後又主持大規模的舊城改造。她在拆遷工作中的粗暴作風使她在拆遷戶中的評價極差。溫州大南門人民路一帶，是楊秀珠主管規劃建設時對城市破壞的重災區，在這裏的拆遷戶談到楊秀珠，無不咬牙切齒。

退休老教師婁文清談起當初與楊秀珠的過節，還是抑制不住極度的憤怒。他說："我就從來沒看見過這樣的幹部，這樣的領導。張口就罵，簡直就是潑婦罵街，那話都不好學。"他回憶說，一天，楊秀珠帶領一幫政府工作人員和新聞記者來到溫州老城區大南門，給拆遷戶做現場動員工作。在動員現場，一拆遷戶思想上有抵觸情緒，不理解政府的拆遷政策和意圖。此時，身爲副市長的楊秀珠不是對該拆遷戶進行耐心的勸導和做思想工作，竟然當街扯開嗓門用溫州方言破口大罵拆遷戶，一時引得眾多市民駐足圍觀，造成了極壞的影響。這個事件，使部分拆遷戶對政府的抵觸情緒加深並失去信任感，直接引發了大南門轄區拆遷戶的大規模上訪。不久，拆遷戶紛紛打出大標語，"打倒楊秀珠"、"讓楊秀珠下臺"的口號鋪天蓋地。爲了不使局面進一步惡化，溫州市政府不得不動用大批警力，才使局面得到了控制。

"多少祖傳私宅、古民居被強拆，多少夫婦一生辛辛苦苦創下的家業化爲烏有，多少家庭風雨飄搖，多少父母痛不欲生，多少失財染病喪命悲劇發生，多少居民從此要爲日後生計犯愁。因房子被拆除而造成無家可歸的人們，日日夜夜地爲房子相思生畏，茹泣吞悲。"一份大南門拆遷戶的聯名信上如是說。

作爲該事件的導火索，"楊副市長當街開罵"的醜惡行徑，深深地傷害了溫州市民的感情。從此，"潑婦市長"的罵名便成了溫州市民對楊秀珠的稱謂。在溫州舊城的大南門區域，由於部分拆遷戶利益得不到保障，拆遷後數年得不到安置，很容易把積怨發洩到沖到最前面上房帶頭揭瓦的楊秀珠頭上。在以民本經濟為特色的溫州，私有觀念非常濃重，不管你在領導眼中如何能幹，你侵犯了我的財產，我就要告你。據知情者稱，大南門區域十個居民區的民眾曾有過被迫多次大規模上訪及數百次信訪的歷程。

楊秀珠落網的消息在溫州大街小巷遍傳的時候，有拆遷戶自發複印刊登有楊秀珠落網消息的報紙，奔走相告進行傳閱，並燃放鞭炮以示慶祝。2005 年 5 月許，大南門菜市場一批經營戶遷入新建成的菜場（該市場原為馬路市場，經營戶以批發為主，承擔大部分溫州市區水產批發業務）。業主單位以創建文明城市和衛生條件不許可為由，要求經營戶推遲到早上 6 點營業，但經營戶原來營業時間都為凌晨 2 點左右，6 點的營業時間，使廣大經營戶喪失最主要的批發業務，經營戶與業主單位由此產生矛盾，經營戶們自發集會，要求將營業時間恢復到凌晨 2 點。9 月 14 日夜，大批經營戶在市區解放街掛出橫幅，表達不滿。集會引來很多圍觀者，越來越多的圍觀者使交通受阻。出動維持秩序的警方苦於警力不足，有警察就"計上心來"，搞了一個大喇叭，滾動播放"楊秀珠被抓後得了癌症"的消息，這下，鬧事者也不鬧了，紛紛相約去附近的火鍋城喝一杯慶祝，圍觀人群也慢慢散去。事後，有經營戶表示，儘管後來知道這是警察的"緩兵之計"，但哪怕是假消息，只要是楊秀珠倒黴的事，聽著也舒服。由此可見，楊秀珠在民眾心目中是何等形象。"我們總說什麼民憤極大，什麼是民憤？我看這就是民憤！"一位被訪者這麼告訴筆者。

今年 6 月 1 日，楊秀珠被抓的消息傳出後，溫州雙嶼中學的一位教師朱定中舉著牌子去街上慶祝，朱定中在慶祝楊秀珠被抓的同時，還把矛頭指向溫州的一位現任領導，說這位領導和楊秀珠案有關係，應該下臺。很快他也被送到了康寧醫院精神病院部。"他的話並不都是不對的，但是該講的他講，不該講的他也講。"朱定中的主治醫生這樣說，他這種是屬於情感型躁狂症，對社會無任何危害，可以不需要住院，"但上面說這幾天中央有個大人物要來，一定不要讓他出去。"這也許可以看出朱定中的入院和當下溫州官場之間微妙的關係。

1998 年，楊秀珠調離溫州，到杭州去做她的建設廳副廳長。多名在她淫威下不敢告狀的老幹部紛紛提筆上書，要求省委、省紀委查處楊秀珠腐敗問題。據筆者瞭解到的情況，即有三份由多名老幹部和溫州市部分人大代表簽名的檢舉材料，分別上呈前中紀委副書記劉麗英、前浙江省委書記張德江和現任的浙江省委書記習近平。時間分別是楊秀珠調離溫州前後的 1998 年 7 月 20 日（11 月 21 日署名再報）、1998 年 9 月 25 日和 2003 年 5 月 12 日；內容毫不隱晦直入主題："楊秀珠的'問題'關乎民憤，她是溫州最大的'巨貪'"。

一份由兩位溫州人大前常委利用人大預算外資金調查成文的材料，顯示了楊秀珠涉嫌在溫州期間利用她精心編織的親友網絡，將國家財產據為己有的罪證。

材料顯示，楊秀珠在擔任金溫鐵路副總指揮時成立的溫州鐵路房地產開發公司其實是一個由其親友狼狽為奸，集團腐敗的典型。鐵路房開由楊秀珠一批親信集資參股，為股份制企業。楊秀珠自任董事長，副董事長兼總經理為高雲光，副總經理為楊秀珠之弟楊光榮，總會計為林素華，他們全是楊秀珠的親信。

該公司名為支持鐵路建設，但開發房產獲利 2 億多元人民幣後，無分文用於鐵路。錢去了哪里？有材料稱：在 1996 年底，鐵路房開一般參股者投入 1 萬元，分紅就有 5 萬多，領導分紅就更多。

1997 年下半年成立的溫州鐵龍房地產開發公司，則在楊秀珠的直接操縱下，成了橫行溫州市區的"官倒公司"。鐵龍公司董事長兼總經理是楊秀珠的外甥潘琛、副總經理是楊秀珠之弟楊進軍，其餘也儘是楊秀珠的親信。據稱，鐵龍房開無需招投標就能夠獲得最好的地塊，而開發這些地塊的利潤在 2 億元人民幣以上。

材料認為，"兩鐵"公司"兩塊牌子，一套人馬"，實際上成了楊秀珠的私人銀行。

對許多告楊秀珠告了十多來的溫州老領導、老幹部而言，聽到楊秀珠落網的消息，其興奮是不言而喻的，一位老幹部甚至形容自己是"除了四人幫倒臺之後就沒有那麼高興過"。得知楊秀珠出逃後，部分浙江省和溫州市人大代表及離退休老幹部於當年 5 月 12 日再次上書有關部門，希望"深挖腐敗團夥，以取信於民"。

溫州公園路上的東南大廈是最早溫州有身份的人和富豪的首選住宅,系張姚宏影女士投資。安用/攝

"城開天橋" 當年在楊秀珠一意孤行下建成,但建成後實用性極差,亦被認為破壞了景觀。安用/攝

大南門農貿市場由於舊城拆遷遺留問題,至今未解決妥當。

安用/攝

從大南門一間咖啡室裏看溫
州著名的白馬殿，大南門改
建的反響巨大，至今老百姓
怨聲未歇。　　　安用/攝

大南門一景。這個地塊是
楊秀珠任上溫州舊城改造
的最大工程。　　安用/攝

溫州世紀廣場上的觀光塔，這個造型和"烏紗帽"式的新市
政府大樓也被老百姓所議論。　　　　　安用/攝

一次大型群眾活動在世紀廣場舉行，後為市政府行政大樓。

安用/攝

溫州世紀廣場夜景。

安用/攝

米莉莎花苑俯看。位於溫州市區華蓋山東麓的米莉沙花苑是楊秀珠在溫州任職時建設。當時存在開挖山體和定向低價出讓兩方面違規。　安用/攝

米莉莎花苑正面。這
片由法籍溫州商人陳
其躍開發的商住樓備
受爭議，楊秀珠姐弟
從中獲利巨大。

安用/攝

溫州垟兒路的“底細
樓”“底細”是“嫡
系”的意思。

安用/攝

溫州地標“物華天寶”。

安用/攝

金溫鐵路一景。楊秀珠曾任金溫鐵路溫州段副總指揮。
安用/攝

金溫鐵路沿線。安用/攝

溫州規劃局正面。由於楊秀珠在溫州規劃局浸淫多年，大肆提拔任用親信。在她出逃後，她的親信一個個相繼落網，一時間溫州市規劃局人人自危。
安用/攝

中銀爛尾樓，建7年而未建成，因質量問題最終還是被整體爆破。　安用/攝

中銀爛尾樓觸目驚心，前爲溫州展覽館，後爲溫州建設銀行大樓。　安用/攝

溫州中銀爛尾樓被爆破後成一片廢墟。　安用/攝

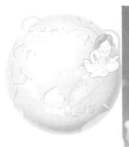

破爛不堪的中銀爛尾樓與前面的 "與時俱進，
開拓創新" 的大幅標語非常不協調。 安用/攝

車站大道21號地塊（康迪錦園）原為南塘村拆遷戶安
置用地，但1998年被協議出讓給溫州鐵龍房地產開發
公司，成為鐵龍房地產開發公司開發的唯一專案。
安用/攝

● 楊秀珠案的核心問題是土地問題。在
她的把持下，將本屬國有的土地資源
掌握在以她爲首少數人手中，致使國
有土地被賤賣，坑了百姓，損了國
家，肥了楊家。

第五章

楊秀珠的"政績"及產生的影響

"在過去的幾年裏，楊女士主持、參與了許多她值得驕傲的工程和項目。她最值得驕傲的是她為市場經濟下的房地產規劃和經營所做的貢獻。她所在的城市是作為全國第一個開展這方面工作的先導者，而向其他地方推廣這方面的經驗。同時，她也為城市的房地產發展、規範做了很多工作。另外她在市貌、住宅和鐵路建設方面盡了很多力。楊女士本人認為，她為市政府做的最多的貢獻就是在城市建設方面。她認為，她在市政府取得的成就和（或）工作風格與她的男性同事不同。她有著女人獨有的細心和細緻，還有著男性所有的堅強、堅決和大膽。"

這是筆者找到的一份關於楊秀珠的英文簡介中的一段中文翻譯，從文中分析，原稿很可能是楊秀珠授意，她身邊那批"御用文人"完成的，從內容上可以推斷，這份簡介出爐的時間應該在 1994 到 1995 年前後，正是楊秀珠在溫州把持土地規劃審批大權，要風得風要雨有雨的時候。從簡介來看，楊秀珠對她主導的溫州舊城改造和金溫鐵路建設是很引以為自豪的。這兩大"政績"也是她在規劃城建部門步步高升，直至建設廳副廳長的兩大籌碼。可以這麼說，如果楊秀珠對溫州人民還有什麼貢獻的話，也只能從這兩個地方找找了。

在楊秀珠出逃後，她在溫州的兩大"政績"也搖身一變成了"垃圾"，尤其是她曾經主持過的溫州城市規劃和舊城改造工程，成了被攻擊得最厲害的"建築垃圾"。部分媒體在報道楊秀珠系列案時，把溫州的某些負面東西都往楊秀珠身上推，一提到貪污腐敗，就是楊秀珠；一提到規劃失誤土地黑幕，還是楊秀珠。楊秀珠幾乎成了溫州的反面典型，成了溫州官場腐敗的總設計師。

在好幾篇報道楊秀珠的文章中，作者都用了大量的篇幅引證一些規劃方面專家的描述，認為現在溫州市執行的規劃是經過楊秀珠隨意刪改的"犯有常識性錯誤"的"垃圾"，溫州規劃局在楊秀珠手裏成了"腐敗後花園"，是"鬼畫"局，等等，把溫州幾十年來的城市建設評價得一文不值，把楊秀珠一個人的腐敗擴大到對溫州城市建設的全盤否定，把楊秀珠手裏幾個地塊的違規操作說成是溫州整個舊城改造的失敗，在社會上引起很大的反響。不難看出，隱藏在這些報道背後的一個潛臺詞是，反正她已經暴露了，黑鍋都讓她一個人背好了。

對待楊秀珠，應該客觀評價，她在溫州城市規劃執行過程中隨意篡改，大搞權錢交易和熟人關係是實；她在溫州刮地三尺，在國有土地出讓過程中大肆收受賄賂，使國有資產流失也是實；在她手裏成立的"兩鐵"公司，最終成為她的"家"公司，侵吞了大量國有資產，這也是實。但從楊秀珠1984年涉足溫州城市建設始，到1998年她調離溫州的14年間，溫州從一個交通不便、城市建設落後的小城市，一躍發展成初具規模的現代化大城市。回顧九十年代初溫州的城市建設和城市規劃，在國家基本沒有投資的情況下，溫州市委市府充分利用民間資金闖出了一條城市建設的新路，溫州交通網絡和城市建設方面所取得的成就得到全國公認和業界的高度評價。在這過程中，楊秀珠一直是參與其中，即便她沒有做出突出貢獻，也應該是發揮了一定的作用。至少，她在溫州任職的初期和中期，沒有成為溫州城市交通和城市建設的阻礙力量。她主張大規模發展溫州城市建設，也有為自己謀私利的目的，但在客觀上，改革開放後溫州經濟高速發展，人口急劇增長，城市規模需要與之相適應，城市建設需要與之相配套，人民群眾也需要一個優美舒適的居住環境，從這點上來說，楊秀珠還是間接推動了溫州城市建設發展。溫州老百姓對她意見最大的兩點，一是她的損公肥私，結黨營私；二是她在工作中態度粗暴，野蠻拆遷，造成廣大拆遷戶對她的惡評。

　　楊秀珠案的核心問題是土地問題。在她的把持下，將本屬國有的土地資源掌握在以她為首少數人手中，土地出讓本應公開招標進行，但楊秀珠均以行政審批的形式協議出讓，加上政府對她缺乏有效的監督機制，致使國有土地被賤賣，坑了百姓，損了國家，肥了楊家。

　　　｛　楊秀珠掌握著溫州規劃和城建大權，道路的走向，房屋的拆與不拆，當年全憑楊秀珠一句話。　｝

第一節　規劃變成 "鬼畫"

　　按照溫州民間的說法，本來早期的溫州城市規劃是很好的，但楊秀珠上任後，老百姓紛紛說她沒整體規劃，像鬼畫符一樣亂來，說她把"規劃"搞成了"鬼畫"（溫州話中"規劃"與"鬼畫"音近）。很長一段時間，老百姓稱楊秀珠控制下的規劃局稱爲"鬼畫局"。

　　說楊秀珠搞的規劃是鬼畫，倒也有民間的道理。城市規劃、舊城改建中如果有房子擋住道路規劃設計方案，走走楊的關係，道路的伸展就繞開了。溫州是典型的熟人社會，碰到什麼事情喜歡拉關係，就算沒有跟楊秀珠有很鐵很直接的關係，跟她親戚親信有關係也能走得通，就算都沒關係，還有權和錢這兩招殺手鐧。關係多了的後果是，車行在溫州的街道上，經常會發現道路前出現一座樓房堵住前行方向，好好的大道成了斷頭路；或者爲了繞開某座樓房，道路不得不繞了個 S 形，這些樓房，很多都跟楊秀珠的"關係"有關係，它們都是在舊城拆遷中修改了原先規劃被保留下來的，不拆意味著在不斷升值的地面上繼續保持升值，能帶來更大的收入。楊秀珠掌握著溫州規劃和城建大權，道路的走向、房屋的拆與不拆，當年全憑楊秀珠一句話。

　　在楊秀珠主持大規模的舊城改造和城市規劃前，溫州城歷經1600 多年，一直保持著典型的江南水鄉佈局。據明朝嘉靖年間《溫州府志》記載，溫州在東晉明帝太甯元年（公元 323 年）決定修建郡城時，請訓詁學家、文學家郭璞主持，建永嘉郡城於甌江南岸，相傳建城時有白鹿銜花而過，因之取名白鹿城。此後歷經各朝各代，直至民國，一直沿用郭璞建城時的天人合一、山水城市的概念，按倚江、負水、東廟、西居、南市、北埠的格局建設。直到解放初期，溫州城裏仍保留了河網密佈、前街後河的典型水鄉風貌，只是在 20 世紀 60 年代以後，由於人口急劇增長，城市規模沒有相應擴大，加之生活垃圾激增，河道污染嚴重，城內小河大多被逐步填塞，築路建房。溫州才逐步失去江南水鄉的特色。

現代城市規劃的概念是在改革開放以來，爲適應城市規模大幅度擴大，而從國外引進的。當時城市規劃還是個新詞，不是特別受重視，隨著改革開放的深入，各級政府才開始重視起來。由於國內在這方面長期是空白，在城市發展過程中，盲目照搬國外部分新城市規劃方案，在舊城開發過程中沒有注意對城市歷史遺跡、文化街區進行保護性開發，也沒有兼顧城市特色，千篇一律都是鋼筋混凝土森林。可以說，不止是溫州，當時國內大部分城市都在激進快速地改造城市，城市規劃都是邊摸索邊上馬邊修補，帶有明顯的時代特徵。

在溫州規劃局內部，儘管楊秀珠是個不願意被人提起的名字，但規劃方面的專家仍然對楊秀珠在位其間的溫州市總體規劃予以正面的評價，"有規劃總比沒有好"。

從 1984 年 3 月當上溫州市城市建設局副局長算起，到 1998 年 3 月調任浙江省建設廳副廳長，楊秀珠一直在溫州的城建、規劃部門呆了 14 年，這樣長的時間。足以把一個門外漢薰陶成半瓶醋，更何況熟識楊秀珠的人，都認爲她很聰明，"說話很快，腦子動得也很快"。原溫州市規劃局局長婁式番回憶說，規劃局成立不久，要給底下的人開個培訓班。同濟大學科班出身的婁式番先給局裏的人進行培訓，教授了一些專業知識，再由他們給底下人講。他發現，一點撥之後的楊秀珠馬上就能像模像樣地給他人講課了。

很多人說楊不懂規劃，但楊秀珠不至於在當那麼多年規劃局長後仍茫然無知，原溫州市體改委副主任馬津龍回憶說，楊秀珠主持的規劃方面的會議並不是"亂來的會"，聽她講講，有時候也會覺得，"這婆娘倒是很有思路的"。但是，楊秀珠顯然不願意被自己制定的規劃方案牽著鼻子走。在她的心目中，溫州市的規劃乃至城市建設就是她的家天下。哪怕拿出規劃來，執行的時候，還不是她說了算。

與楊秀珠打了十年交道的省建設廳原副廳長、規劃方面的專家胡理琛透露，當年由楊秀珠親自找人"捉刀"，策劃並報建設部參加評優的《溫州市舊城控制性詳細規劃》方案，被分管規劃的他發現存在一些常識性問題。胡理琛於是建議溫州方面從方案的科學性、邏輯性、藝術性三方面考慮，按程序修改後先報省建設廳審批，再上報建設部。楊秀珠執意不改，胡理琛就執意不批，這份有問題的方案在他手裏整整壓了三年，最後由省裏出面逼他一定要支持楊的工作，叫他別的不要管，只管簽字就行。在楊的運作下，這份有問題的《溫州市舊城控制性詳細規劃》方案居然被建設部評為優秀方案。如今溫州百姓看到的城市規劃就出於這個方案，是被楊秀珠隨意篡改過的"領導工程"。

設計了方案以後，楊秀珠也就同時取得了對下屬項目的主導權，此後楊在相關的人民路沿線、動物園、大士門、馬鞍池、府前街、黎明路、總商會俱樂部、大南門等八個舊城地塊拆遷上大動手腳，把這些土地以低於市場價格一半出讓給有海外背景、並無資金實力和房地產開發資質的溫州華僑。此舉引發溫州老百姓的極大不滿，上述地塊出讓過程中的貓膩成了溫州老百姓和老幹部檢舉揭發楊秀珠問題的主要猛料。

　　楊的規劃和破壞基本上是同時進行的，她給溫州城區的規劃建設留下了許多敗筆之作，最大的敗筆就是舊城改建期間不注意保護文物古跡，致使溫州老城部分文物古跡被毀。這讓眾多市民和學者專家痛心疾首，至今耿耿於懷。

　　溫州本是水鄉，城區內原本河網密佈，有眾多小橋流水景觀，環境優美，極具江南水鄉特色，知情人說，在楊秀珠主管城建時期，不曾考慮保護這些景觀，導致不少河流被填，許多景觀被毀。被楊秀珠炫耀為"政府一毛不拔，事業興旺發達"的得意之作——人民路改造工程，楊秀珠借機搜刮民脂不提，就工程本身而言，破壞了環境，改變了沿河兩岸生態，阻擋了視覺美感，由於縮小了河道，並在河的旁邊建房，規劃方面無法建造綠地，也沒有為道路拓寬預留空地，現在，人民路已經成為了溫州城市幹道的瓶頸，造成交通擁堵，遺害甚遠。

　　在城市道路建設上，楊秀珠同樣有許多敗筆。以溫州市區南站天橋為例，該天橋要求所有的行人和自行車上橋而行，而汽車從橋身下通過。對此許多市民發出質疑：自行車為人力推動，人們上下橋很不方便，尤其是老年人更是力不從心，為何不設計成讓動力大的汽車上橋呢？該工程完工後，立即遭到了市民的猛烈抨擊。

　　楊秀珠從國內一些大城市考察回來後，心血來潮要求將溫州老城商業區的人行道上全部安裝上了隔道鐵柵欄，這樣一來，原本就不暢通的道路就更顯小了，行人走路不方便，沿街許多商店生意受到很大影響，遭到眾多商戶的強烈抗議。後來在新一屆政府的幹預下，人行道鐵柵欄全部予以拆除，還道路以原貌，商戶們當天就打出標語，對政府的明智做法表示歡迎。

人民路是溫州市區最繁華的商業街，人民路兩旁的樓房與樓房之間，座座人行天橋把它們連在一起。很多人都記得，這是楊秀珠的傑作，她看到上海在南京路上搞了個步行街，"敢爲人先"的她要把溫州的"步行街"建在二樓，於是她把人民路的樓房兩旁打通，開了門，搭起橋，在二樓開商鋪，讓人們可以在二樓從人民路的這頭一直走到另一頭。但她的想法沒有成功，溫州人還是喜歡把商鋪開在一樓。二樓被打開的門如今用鐵閘門封住，人們取笑說，那是高樓的褲子拉鏈。而那些橋，則被用來放置空調或者雜物。

再比如，有段時間，她要求新建道路行道樹一律種椰樹，而不用溫州街頭經常採用的法國梧桐。沒幾天這批種下去的樹全部死了，於是她又換了一種。一位知情者透露，楊秀珠其實也知道溫州的氣候種椰樹長不活，她堅持這麼做的原因，無非是看中了當時承包商給她的巨額賄賂。

原先沒有在規劃方案裏的溫州市華蓋山東麓動物園地塊更是楊秀珠隨意篡改的項目，在當年溫州市城市規劃中，動物園地塊本來是作爲綠地規劃的。但在楊秀珠的主持下，該地塊轉讓給陳其躍開發米莉莎花苑，爲了更大限度利用空間，陳其躍將華蓋山開出一大塊，山體被削了，植被受到嚴重破壞，開發的結果是毀了一座山，溫州的綠肺也被砍掉一塊。令溫州市民非常痛惜，稱之爲對歷史的褻瀆和犯罪。

但就是這樣一項在執行過程中大幅度走樣，導致民怨百出的舊城改造規劃方案，不但獲得建設部優秀方案，還成爲楊秀珠升任浙江省建設廳副廳長的"主要政績"。

某報曾對楊秀珠做過一篇專訪,在這篇標題爲《規劃的尷尬與奮爭》的文章中,楊秀珠談起城市規劃來頭頭是道。記者問她,在某個時候、某個環節上,當"權與法"、"情與法"發生矛盾時,無法回避,這時候該怎麼辦?楊秀珠說,那規劃局長就要站起來說話,執法者首先要自己廉政,要知法守法。規劃工作人員要不徇私情就表現在這裏,這是規劃局長必須具備的素質。……法律都有規定,如果違反規定就會受到社會輿論的譴責和法律的制裁。……造成多少經濟損失,就可以按照損失數額大小對你進行處罰,直至追究刑事責任。

記者又問,那麼怎樣才能增強規劃的透明度,加強社會監督,同時維護公眾自身的利益,現在有沒有做這方面的工作?

楊秀珠回答說,關於土地的使用過去是以協議爲主,現在都改成了以招標拍賣爲主。要求通過嚴格的法律手續進行,這也是爲社會創造一個更公平的競爭環境。而不是像過去那樣,哪個領導說了就行了。現在一個地方進行整體改造,規劃方案事先都要徵求老百姓的意見。搞建築也同樣,都要進行方案展示和群眾評議。群眾有什麼想法,他可以當面提出來,有不滿,可以去有關部門投訴,政府都是歡迎的。規劃工作一定要不斷增強透明度。如果老百姓不瞭解我們所做的工作,就不會也無法支持我們。

顯然,楊秀珠嘴上說的是一套,做的是另一套。她最愛說的名言是:"規劃就是錢,土地審批就是錢,容積率就是錢。"口頭上她說土地是進行公開招標的,但是有很多都沒有進行招標,有的乾脆就直接暗箱操作。這些規劃以外的土地出讓問題幾乎都成了"楊家工程"，難怪溫州老百姓指責政府官商勾結，貪汙腐敗。在這一過程中，溫州有關方面相應的監督監管機制嚴重缺失，導致了楊秀珠權力無限擴大，欲望也無限膨脹，披著規劃的合法外衣，大肆撈錢，最終在欲望的深淵越滑越深。

香港城市大學客座教授龍應台曾說，政治不透明的城市，它的城市也是不透明的，因爲缺少強有力的監督機制，權力在握者使用土地可以無限地擴大，土地歸屬可以任意決定，結果，小市民永遠只認識自己半個城市，因爲另一半根本是個"看不見的城市"。

"溫州這麼小的一個城市，房價卻與上海相當，而且因爲亂規劃，老城區景觀破壞嚴重，這些都是楊秀珠時期給溫州房地產市場留下的後遺症。"溫州市某房開公司董事長說。

楊秀珠留給溫州的與其說是破壞，不如說更多的是一種警戒：針對當年的做法，現在溫州市規劃局已著力實行"陽光規劃"，實施公開招投標，並實行公示制度，各項規劃均廣泛聽取市民意見，因爲楊的後遺症太重。楊秀珠案發後，溫州市紀委組織有關部門清查了市區自 1992 年以來 230 個地塊的出讓情況。查出至少有 5 個地塊涉及漏交、少交、欠交地價款和城市基礎設施配套費。此外，還查處了濱海大道、南塘大道等工程建設領域中的違法違紀案件，查處了串標案件 7 起，涉案金額 2 億多元人民幣。

> ﹛ 客觀地講，在金溫鐵路建設過程中，擔任溫州段
> 副指揮的她，基本上是還是兢兢業業的。但她打著為
> 鐵路建設籌資的目的，權力被無限擴大，大肆侵吞所
> 得效益。﹜

第二節　金溫鐵路建設工程

沒有哪個地方的人像溫州人這樣對金溫鐵路傾注了那麼多的心血和期待。

在過去的很長一段時間裏，地處甌江入海口的溫州，東面朝海，南西北三面環山，通往內陸的交通十分不便。多少年來，走南闖北的溫州人，離開家鄉的第一夜是枕著溫滬客輪海上的濤聲入眠。船小人多，為買一張船票要排好幾天隊，天氣多變，多少外出遊子飽受海上風浪顛簸之苦。受不住暈船之苦的人或許會選擇從公路出行，但在甌江大橋建成前，溫州到金華的唯一一條砂石路還被甌江隔斷，等著擺渡的汽車排成的長龍經常綿延數公里，一等就要好幾天。飽受旅途之苦的溫州人感歎：什麼時候咱們才能有自己的鐵路！鐵路，成了六百萬溫州人民朝思暮想日夜期盼的百年夢想。

早在90年前，孫中山先生在其所著《建國方略》中，就提出了要興建溫辰（今湖南辰溪縣）鐵路的設想，以溝通閩、浙、贛、川等省腹地。然而在風雨如盤的舊中國，這只能是個空想。

新中國成立以後，金溫鐵路建設又經歷了兩上兩下的艱難歷

程：1958年，10萬鐵道兵和數萬民工在金溫鐵路全線拉開築路戰場，然而，由於國家遇上經濟困難，金溫鐵路匆匆下馬，留下了幾公里長路基和三座已動工的大橋。到了1984年，金溫鐵路再次被提上議事日程，省裏專門成立了金溫鐵路建設指揮部，完成了全線勘測工程和從金華到麗水施工圖紙設計，但因資金問題，又被再度擱置。

金溫鐵路遲遲建不起來，溫州人民心急如焚。造路的錢從哪里來？得市場經濟風氣之先的溫州人率先提出了一條新的思路：能不能廣泛發動社會各界的力量，包括借鑒中外合資辦廠的經驗，到海外籌資？這個想法一提出，立即得到了省領導的肯定和支持。

就在這時，祖籍溫州樂清、在港臺地區有著廣泛影響的國學大師南懷瑾先生有意投資內地，爲家鄉建設作出貢獻。時任溫州市委書記劉錫榮聽到這個消息後，敏感地意識到：合資建設金溫鐵路的時機到了。經過接洽，南懷瑾先生表示願意投資金溫鐵路。省委、省政府立刻召開專題會議討論，派人數次與南懷瑾先生具體協商。

最初的意向終於變成了可行的方案。1992年1月，時任副省長柴松嶽率團赴香港，與聯盈興業有限公司簽訂了《合資興建金溫鐵路合同》。同年8月，國家外經貿部批准頒發了合資企業批准證書。同年12月18日，當時的省長葛洪升在縉雲仙都嶺隧道前按動電鈕，金溫鐵路響起了驚天動地的開工炮聲。

1994年5月，鐵道部決定參股建設金溫鐵路，使這條鐵路的合資格局演變爲三方合資：浙江省占45%，鐵道部占30%，港方占 25%。這使金溫鐵路在投資體制改革上又邁出了新的一步，不但解決了加大建設投資的問題，而且更有利於將這條路納入全國鐵路網，發揮其最大效益。

金溫鐵路設金華段、麗水段、溫州段三段分別施工，各段均設立了指揮部，由各地市市長兼任總指揮，副指揮一般由副市長擔任。1993 年，溫州段開工在即，需要成立指揮部，當時的溫州市委某主要領導提議，由楊秀珠出任金溫鐵路溫州段副總指揮，爲了便於更好地“指揮”，該主要領導還提議讓楊兼任市長助理。在他的多方努力下，1993 年 6 月，楊秀珠從規劃局局長升任金溫鐵路溫州段副總指揮，並兼任市長助理，分管城市建設，取得了金溫鐵路建設的指揮權。

客觀地講，在金溫鐵路建設過程中，擔任溫州段副指揮的她，基本上是還是兢兢業業的。她雷厲風行的行事風格和鮮明的個性讓她在與相關部門的協調中能夠儘快解決部門扯皮現象，她會跑各個相關部門，籌措一筆筆建設資金，她會在正月初一親自下工地給鐵路建設者燒大鍋菜，給他們鼓舞士氣。“楊秀珠爲金溫鐵路哭過，笑過，病倒過。”（浙江日報報關於金溫鐵路的一篇報道中的原文）應該說，楊秀珠對金溫鐵路的建設，還是發揮了應有的作用。

金溫鐵路上馬之初，是依據 1983 年鐵路工程概預算來核算工程總投資的。隨著工程的展開，各地普遍感到建設資金壓力越來越大。特別是溫州段，需投入 10 億元左右。怎麼辦？溫州市委市政府的領導同志幾經商討，決心充分發揮溫州的優勢，運用市場機制做好爲鐵路建設籌資這篇文章。依照這一思路，溫州段鐵路建設指揮部很快拿出了具體的方案：開發城區四個地塊，公開拍賣火車站附近土地的使用權，由於搭准了溫州民間資金雄厚的脈搏，又看准了房地產開發這一溫州資金流向的特點，上述辦法一經推出，便很快見效。先後籌資近 3 億元人民幣，全部用於鐵路有關建設。

楊秀珠開始涉足土地也是從興建溫州鐵路開始的。為籌集金溫鐵路建設資金，以市政府為背景的溫州鐵路房地產開發公司成立，對一些地段，市政府採取不收地價或減免的政策。一份溫州市人民政府辦公室 1994 年 8 月 19 日的批復證實了鐵路房開的特殊地位。該批復結尾為："對政府通過各種優惠政策投入的所得效益全部收歸國有，直接由你公司用於支付金溫鐵路溫州段工程建設所需款項。"當時的本意是開發房地產，用於鐵路建設資金。但是後來整個公司的性質變了。楊秀珠通過安插親屬親信，控制了這個國有的房開公司，她的權力被無限擴大，幾乎是她想要哪塊地就能拿到哪塊地。溫州的土地就像成了她一個人的財富，她想給誰就給誰，想給多少就多少。

由於鐵路房開打著為金溫鐵路籌資的旗號，溫州市政府在鐵路房開開發房地產時，給予了政策上的巨大傾斜和扶植，減免了相應的土地出讓費和配套設施費等，鐵路房開相當於是免費獲得土地，再加上其開發房地產時，正是溫州房地產高速發展時期，獲利十分可觀。但由於這個公司實際上被楊秀珠的親屬和親信把持，財務監督和審計嚴重缺失，許多政策優惠明明帶來巨額利潤，在公司賬面上卻一點也看不到，像掉進了一個無底洞，消失得無影無蹤。

{ 楊秀珠的一些"名言"至今仍被人們記起："土
地就是錢，規劃審批就是錢，容積率就是錢！" }

第三節　溫州舊城改造工程

1992 年到 1997 年期間，溫州進行了最大規模的舊城改造工
程，涉及 8 條街道，20 多個黃金地塊。溫州的舊城改造與全國其
他地方不同，因爲缺乏政府投入，基本上全靠民間資金來解決。
溫州在缺乏國家投入的情況下，不等不靠，大型公共建設均由民
間資金解決，像溫州機場、金溫鐵路、高速公路等等。這也是走
在全國改革開放前沿的溫州市多年形成的一套經驗。

在一次記者會上，國家建設部副部長劉志峰明確表示，在上
世紀 80 年代末到 90 年代初，我們國家在土地開發、房地產開發
和房屋拆遷中，包括城市規劃建設中，確實有大量腐敗問題，而
其中動遷中的不公平不公正不公開，是百姓上訪較多的問題。

上世紀 80 年代後期，牢牢控制規劃局的楊秀珠，不但取得溫
州城市規劃的主導權和土地出讓的審批權，還將貪婪的手伸向了
舊城改造的第一線，她直接兼任溫州舊城改造指揮部的負責人。
由於權力的高度集中，拆與不拆，全憑她一句話說了算，這給她
留下了很大的利益空間。在楊秀珠的發跡史中，最早廣爲人知的
段子就源自她在溫州舊城改造中所扮演的角色。

　　在當時的溫州，舊城改造中的碰到的拆遷難問題也是全國普遍的問題。但楊秀珠在面對這些"燙手活"，面對一些"釘子戶"時，充分顯示了其潑辣強硬大膽的工作作風。面對溫州那些態度強硬的拆遷戶，楊秀珠做得更加強硬：她會親自爬上房頂去拆房。"她穿著汗衫，不戴胸罩，破口大罵，那些居民都被這樣的領導嚇壞了。"一位原規劃局的工作人員這麼回憶。據他說，在拆遷中碰到難拆的房子時，楊秀珠不止一次親自爬上房頂去拆房。客觀地講，部分群眾對楊秀珠有意見也正緣於她粗暴的工作方式。

　　有些時候，楊秀珠的潑辣作風也能讓她小有收穫。座落在葡萄棚的溫州味精廠，原來的廠門口出路是一條又小又窄彎彎曲曲的小弄堂，兩邊是村民房子，隨著兩邊不斷的造房子，這條路是又小又黑又高低不平，因為地處城郊結合處，情況相當複雜，治安環境很差，很多該廠的女工上夜班都不敢走廠前這一段夜路，廠領導打了很多報告，要求市里解決征地問題，讓廠門能打通直接通到 104 國道上，但在征地拆遷過程中受到了當地村民的阻擾，市長陳文憲去現場協調也解決不了，後來楊秀珠一去，該拆的拆，該砸的砸，不多久，味精廠的征地拆遷問題就解決了，當地村民和味精廠上下對楊秀珠是佩服得五體投地，一下子這事兒就成了溫州企業界的美談。

　　但更多的時候，楊秀珠的野蠻拆遷使她在廣大拆遷戶中飽受惡評，加劇了群眾與政府的對立情緒，釀成了事故。有一次，在龍灣區的拆遷過程中，拆遷部門遇到老百姓的阻力，楊秀珠就親自帶隊去拆房，一般拆房子是從上往下，她圖快捷方便，要求從下往上拆，結果壓死了兩個人。為這事，楊秀珠與時任龍灣區區長的王成雲產生了矛盾。王認爲，楊野蠻拆遷，出了事故，卻要龍灣方面承擔責任。而楊的說法是：是因爲你這邊執行不力，所以我才親自動手的。

在大南門片區舊城改造過程中，部分拆遷戶因補償面積爭議，拒絕搬遷，楊秀珠就指示拆遷部門強行拆遷，有拆遷戶用貼大字報等方式表達不滿，並與拆遷部門對抗，楊就通過公安部門逮捕了幾名帶頭"鬧事"者，後對其中兩人判了刑。致使大南門一帶拆遷戶一提起楊秀珠就恨之入骨。

但楊秀珠粗暴作風在某些領導眼中卻是別樣的評價。當時溫州市委的主要領導十分賞識她雷厲風行的風格，認爲她有魄力。該領導還就關於她的爭議表態：我們就是需要這樣的女幹部。在這樣的背景下，反楊的聲音只能在民間傳播，楊秀珠還是巋然不倒，她照樣能夠把溫州舊城的地一塊塊批出去。據瞭解，在楊秀珠當權期間，溫州老城區裏的土地批租數量達 400 餘塊。就是在她調離溫州前，還突擊把市區 8 塊地塊批給"華僑開發商"給下屆政府留下一個幾乎無地可批、無地可進行規劃的爛攤子。另外，她當時欠下的動遷費用到現在還沒有付清，而且，動遷費用在逐年增加，"到現在已經欠了六七億了"。市政府一位知情人說。

2004 年 11 月 8 日，溫州市土地招投標中心舉行了一次土地招標會，以 7.7 億元人民幣起拍的江濱路原東方造船廠地塊最終以 15.3333 億元人民幣成交。

招標會後，溫州市房地產管理局產權處瞿處長曾向當地媒體表示，溫州本地土地資源稀缺，東方造船廠地塊之後，可能今後再也拿不出一塊像樣的地塊了。

　　楊秀珠當政時主持的舊城改造項目的直接後果是，造成了溫州房地產價格的直線飆升，並為溫州市未來數十年的城市規劃和開發帶來種種隱患。舊城的土地本來就十分緊缺，楊秀珠通過持續不斷地一塊塊批地，人為加劇土地升值，另一方面，在拆遷過程中，她沒有考慮居民回遷的要求，沒有辟地安置動遷居民，居民要回遷，只能用高價買房，這進一步加劇了房價的飆升。

　　從1988年水心住宅區作為溫州第一個成熟的商品房小區推向市場以來，十幾年間，溫州的房價飆升了20來倍，這在全國也是極為少見的。1988年，水心住宅區作為溫州第一批商品房推向市場，緊接著的是1990年推出的上陡門小區；每平方米售價僅為500元人民幣。

　　1993年為了人民路的拆遷安置工作而開發了下呂浦一、二期工程和黃龍安居工程，價格均在每平方米1000元左右。從1993年到1995年的兩年間，隨著水心住宅區配套設施逐漸成熟和人民路舊城拆遷工作的促動，溫州樓市迎來了它的第一個高潮期。水心的房價已經上漲到每平方米3000元。

　　1995年，受全國房地產市場週期波動的影響，溫州樓市也曾短暫下跌，但到1997年，市政府為加快溫州的城市化建設，提出了東移、西擴、北聯、南接的建設口號，大力發展溫州新城，還打算將市政府遷到新城。溫州的樓市從此步入一個快速發展的時期。

　　1999年7月份後，溫州房價開始高位突破，普遍上揚，下呂浦、黃龍、新城等住宅區異常火爆，大南門一帶樓盤每平方米售價平均高達6000元左右，最高達到8000元。

2002 年，溫州樓市在房地產泡沫聲中仍然堅挺上揚。由於央行實行第 8 次降息以及溫州炒家的大量參與哄抬，在短短 3 個月時間內，新城樓盤價格每平方米整整上漲 600 元，同時也間接帶動了其它區域的市場價格，就連上陡門一帶 90 年代初開發的老房，其價格每平方米也上漲 200 元有餘。SARS 過後，新城每平方米的房價又從 4000 元左右漲到了 5000 多元。

2003 年、2004 年，在全國控聲一片的情況下，溫州的房價還在持續上升，尤其是在 2004 年 9 月至 10 月的一個月中，溫州樓市經歷了最後的瘋漲，一天一個價，每天都在漲。最厲害的時候，居然達到一天三變，早中晚三個價，同一套房子，一天之內上漲好幾萬。那一個月市區房價平均上漲 1000 多元。大南門一帶樓盤賣到 15000 元左右，江濱路、下呂浦一帶均突破萬元，新城大自然房價漲到 12000 元以上。一時間，人們驚呼：溫州房價漲瘋了！好在 2004 年的下半年以後，隨著國家出臺一系列宏觀調控政策，溫州房價的高速增長才算給抑止住了。

溫州房產的大幅度飆升，當然不是楊秀珠造成的，溫州民間蘊藏著巨額資金，投資房產又是溫州人最普遍的選擇，所以溫州房地產行業自然興旺。如果要說楊秀珠對溫州房價的影響，主要是她對當時溫州房地產過熱起了推波助瀾的作用。楊秀珠的一些"名言"至今仍被人們記起："土地就是錢，規劃審批就是錢，容積率就是錢！"在溫州房價猛漲，"虛火上升"的時候，溫州有關方面沒有採取措施抑止房價，反而不斷推出新地塊，間接助長了房價的"虛火上升"。

纽约包租婆杨秀珠奶奶

楊秀珠被稱爲"紐約包租婆楊奶奶"。

楊秀珠正宗網站

紐約市曼哈頓中城西29街102號是一幢五層大樓（圖中左邊位置），該公寓於1996年8月由楊秀珠堂妹夫繆德興名下的紐約國際進出口貿易公司買下，並於當年 12月10日轉至楊秀珠名下。

多維社

楊秀珠在紐約購買的大
樓正面。　　　多維社

樓上4層出租給溫州移
民，底層出租給一家手
提包店。　　　多維社

楊秀珠在紐約的房產
底層被出租經營手提
包生意，生意十分興
隆。　　　多維社

楊秀珠在紐約的親友
通過"紐約國際進出
口貿易公司"為她購
置地產的貸款檔案。
　　　　　多維社

SUPREME COURT OF THE STATE OF NEW YORK
COUNTY OF New York
　　　　　　　　　　　　　　　　　　　　X　Index No.
　　　　　　　　　　　　　　　　　　　　　Filing Da
NYCTL 1999-1 TRUST and The Bank of New York
as Collateral Agent and Custodian,

　　　　　　　Plaintiff,　　　　　　SUMMONS
　　　　　　　　　　　　　　　　　AND NOTIC
　　- against -

　　　　　　　　　　　　　　Plaintiff desi
　　　　　　　　　　　　　　New York Count
　　　　　　　　　　　　　　the place of t
　　　　　　　　　　　　　　Venue is based
　　　　　　　　　　　　　　the County in
　　　　　　　　　　　　　　the liened pre
　　　　　　　　　　　　　　is situated.
Xiu Zhu Yang; ▇▇▇▇▇▇▇▇▇nk; City of New
York Department of Transportation Parking
Violations Bureau; New York City

紐約郡法院因楊秀珠
欠稅向她發出的傳票。
　　　　　多維社

● 溫州市紀委初步查清楊秀珠案涉案
金額 2.532 億元人民幣，已追繳 4240
多萬元，凍結房產、資金 7000 多萬
元。但根據目前掌握的線索，這可能
只是觸及皮毛而已。

第六章
楊秀珠的腐敗資產

2004 年 12 月 7 日，溫州市紀委副書記、監察局局長劉陸彪，在溫州市政協八屆九次常委會上通報了關於楊秀珠案件涉及相關人員的查處情況，通報稱：市紀委一年來共立案查處 19 人，其中縣級幹部 9 人，科級幹部 7 人，移送司法機關 9 人。並對 100 多名相關證人進行調查取證。初步查清楊秀珠案涉案金額 2.532 億元人民幣，已追繳 4240 多萬元，凍結房產、資金 7000 多萬元。

與楊秀珠稱兄道弟的原溫州市鹿城公安分局局長王天義，巨額受賄案發後，有關媒體曾刊發過他的財物清單，真可謂是琳琅滿目蔚為壯觀。其中有營業房 4 套，住宅 10 套；人民幣、美元、法國法郎、德國馬克、港幣、荷蘭盾等合計近千萬；名人字畫、瓷器、各種文物數百件；金銀首飾、各種名表數十件；中外名酒 200 多瓶。這都是其當公安分局局長期間受賄所得，王天義最終被最高人民法院核准判處死緩。知情者稱，楊秀珠的腐敗資產，至少是王天義的十倍以上。僅就被查封的房產而言，楊秀珠在溫州期間批出去數十個地塊，每個地塊開發時她都要雁過拔毛，搞幾套給自己。在米莉莎花苑、垟兒路等地，都有楊秀珠名下的房產。

據悉，由於楊秀珠在上層關聯甚廣，楊案牽扯各級多名貪官，目前凡與楊秀珠本人密切相關的案子，均由浙江省檢察院直接調查，中紀委也有人常駐杭州。而凡涉及楊秀珠在溫州的相關案件，則由溫州當地紀委查辦。

溫州市紀委自 2003 年 11 月始抽調四十餘人，組成五個專案小組徹查“楊秀珠案”，溫州市監察局一位人士稱，現在只能說楊秀珠系列案在溫州市取得了階段性成果，目前查清的 2.532 億元人民幣的涉案金額都還只是楊案已被立案查處人等的貪污受賄金額。但根據目前掌握的線索，“這可能只是觸及皮毛而已。”

關於楊秀珠涉案兩億多的數字是浙江省檢察院在省人代會上公佈出來的，但很多溫州人認為實際肯定不止這些，因為楊秀珠主要貪汙腐敗情節都發生在溫州，而溫州經濟主要以民營為主，很多民營企業是沒有賬目的，現在公佈的數字只是有賬可查的部分。況且楊秀珠的大部分財產都在國外，僅其在美國的房產，目前已知的就多達五處，而這還只是在國內外媒體窮追猛打下現出來的冰山一角，楊秀珠腐敗資產到底有多少，恐怕除了楊秀珠自己，誰也說不清。

{ 多維時報調查出的楊秀珠在美五處房產皆在紐約市區，至於楊秀珠在美國究竟有多少資產，目前依然是一個謎。有人估計，楊秀珠帶入美國的錢財可能超過一億人民幣。 }

第一節　“包租婆”和她在紐約的房地產

楊秀珠在紐約的眾多房產被美國媒體曝光後，“楊秀珠正宗網站”改了一張圖，將周星馳主演的電影《功夫》中的“包租婆”

形象套用在楊秀珠頭上，把她命名為"紐約包租婆楊奶奶"。

楊秀珠出逃伊始，就有知情人士提供線索，說1996年有位姓繆的商人以他開設的貿易公司名義買下曼哈頓中城一處五層公寓大樓，首期付款就有55萬美元，總價據說以四、五百萬美元計。幾個月後，繆姓商人便將這處房產轉讓到與他關係密切的楊秀珠名下，當時楊秀珠剛剛上任溫州市副市長。美國多維時報的幾名記者經過多方調查採訪，不但證實了這一說法，還進一步發現，在紐約疑似楊秀珠所有的房產至少有五處。楊秀珠還曾因為欠稅，收到紐約郡法院向她發出的傳票。

據多維時報調查顯示，已經完全確認為楊秀珠所有的，是一處位在曼哈頓中城的五層樓房，靠近著名的帝國大廈和時代廣場，屬於寸土寸金之地。楊秀珠當初購買這座樓房時，首期款支付了55萬美元，一年的地產稅是45000美元。在美國置房產，每年均要繳納地產稅，稅率因地而異，曼哈頓的地產稅率大約相當於樓房市值的1%，由此可以推測這座樓房市值約為四五百萬美元。

消息人士說，楊秀珠的這處房產樓上公寓出租給溫州人居住，底層臨街開設店鋪。楊秀珠將有關樓房的一切法律事務交給一位華人律師王久鼎辦理，維修保養等雜事則由一個猶太人打點，她自己只是坐收房租。在紐約曼哈頓中城，一套兩室一廳的普通公寓房月租金至少兩三千美元，商業店面每平方米的月租金應該在五十至八十美元左右。僅靠這一處房產，楊秀珠在美國即可維持一種富豪的生活。

為了核查事實，多維時報記者兩度造訪紐約市政府財政局，那裏的數據庫存放了當地所有房地產交易記錄。記者查閱電腦數據庫發現，紐約市範圍內，至少有一處房產屬於 Yang Xiuzhu。如果按照世界通行的中國漢語拼音方案解讀，這個名字與"楊秀珠"同音。

根據多維時報記者查詢到的房產交易記錄，一家名為"紐約國際進出口貿易公司"（New York International I/E Trading Inc.）的機構於 1996 年 9 月 4 日向位於法拉盛的某銀行貸款 22 萬美元（未標明房產交易價，也未查到已付款金額），買下位於曼哈頓西 29 街的一處房產，隨後在 1997 年 1 月 29 日轉到 Yang Xiuzhu 名下。這份轉讓契約由"紐約國際進出口貿易公司"總裁 Miao Dexing（繆德興）簽署，並在法拉盛開業的華人 Daniel Wang（王久鼎）律師作法律公證。文件上並沒有 Yang Xiuzhu 的簽名。記錄還顯示，2002 年 12 月 13 日，"紐約國際進出口貿易公司"向銀行還清了貸款。

紐約市政廳房地產交易記錄顯示，"Yang Xiuzhu"所登記的地址的業主則為"Yang Haiyan"，與"楊海燕"的漢語拼音相符。

這個 Miao，Dexing 是誰？Yang Haiyan 又時誰？記者調查得知，楊海燕為楊秀珠的堂妹，原為溫州市西城區房管所職工，繆德興是楊海燕的丈夫，原為小南門菜場的燒鵝店老闆，因小名三豹，又被稱為"燒鵝豹"。楊海燕夫婦於上世紀 90 年代初赴美國定居。

至於購置房產並轉讓給楊秀珠的那個"紐約國際進出口貿易公司"，是在紐約州註冊的有限公司，簽署轉讓書時的總裁為繆德興，2000 年 9 月 6 日，央視國際網站播發《紐約通訊：風雨故人來》一文，其中提及楊海燕以紐約國際進出口公司總裁的身份，與眾多其他紐約華僑一起，迎接參加新千年國際首腦會議的中國領導人。說明在 2000 年 9 月的時候，紐約國際進出口公司總裁已經換成楊海燕了。但在 2003 年美國媒體記者到紐約州政府的數據庫中查詢時，已找不到這家公司的材料。

有專業人士分析說，通過設立空殼公司接收大筆來路不明的款項，購買房產後再轉至私人名下，或者通過拍賣房產獲得現金，使非法的髒錢變成合法的收入，這是典型的洗錢操作。如果聯邦政府細緻調查有關交易全過程的政府記錄和文件，就不難發現其中漏洞。

一位採訪對象告訴筆者，他在紐約的一位朋友曾告訴他，楊海燕夫婦去美國之初，因無專長，生活曾一度窘迫，到 1996 年也難稱富有。但在買下曼哈頓的房產時，一擲就是 55 萬美元，好像兩人突然發達了似的，所以，當年購置公寓樓一事在當地僑界傳得沸沸揚揚。"當時就有人說是幫楊秀珠買的。"這位華僑稱，中國駐紐約領事館還為此專門向他瞭解過情況。但該樓是否原本就是楊秀珠所買，通過堂妹夫繆德興轉手不過是遮人耳目，還是他們二人另有交易，還不得而知。

美國媒體記者訪問了租住楊秀珠名下公寓樓二樓一套公寓裏的田女士。她表示自己是從溫州來，剛到美國六個多月。她在溫州時曾經多次見到楊秀珠作為領導在臺上講話，也認識楊秀珠的弟弟楊壽弟。楊壽弟也曾經到意大利作生意，還遇到車禍，才由親戚們幫助到美國來。

田女士表示，自己也是到這裏租房後才知道這棟樓是楊秀珠的。她在紐約並沒有見到過楊秀珠，也不知道她現在何處。平時要繳房租，只是按照由 72 街某房產管理公司寄來的賬單寄支票。

公寓樓底層開設的凱雅進出口公司經營溫州產的手提包，生意相當繁忙。不願透露姓名的溫州人士向記者透露，楊秀珠在紐約有許多親屬，大多從事商業，經營手提包、服裝、飾物等溫州產的小件商品。

多維時報記者造訪楊秀珠的堂妹楊海燕，楊海燕說，1996 年楊秀珠的幾個兄弟姐妹和親戚們集資一半購房款，又向銀行借貸另一半房款，才把那棟樓買下來，當時總價是 55 萬美元。其中資金來源，購房手續，特別是楊秀珠出資多少，楊海燕則拒絕透露，只是說一切都合法。

楊海燕表示，她的生意與楊秀珠完全沒有關係。她現在皇后區法拉盛商場開設一家名爲"大紐約皮草店"的商店，專賣服裝也兼做手機生意。"我只管自己的事，有關楊秀珠的消息也是從網上看來的。國內的報導不是說她先到新加坡再來美國的嗎？我們也不知道她是怎麼到美國的。"楊海燕還對記者說，對於曼哈頓西 29 街那處房產，楊秀珠的幾個兄弟姐妹和親屬之間還有許多糾紛。楊壽弟的脾氣很不好，覺得是楊海燕走漏風聲，曾爲此和她爭吵過。現在房產都由楊家兄妹控制，她本人並沒有份，只顧自己的生意，並沒有介入其中任何交易。

楊海燕說這些話的時候，不知道是否忘了，1998 年 3 月，他們夫婦"衣錦還鄉"的時候，當時已經調任浙江省建設廳副廳長的楊秀珠，仍然以主管城建的溫州市副市長的身份，將車站大道 2－2 號地塊（原溫州電線廠）批給楊海燕，這是一塊面積爲 7 畝的黃金寶地，位於溫州市城市規劃的中心區，是重要的商業街。楊氏夫婦出價爲 700 萬元，平均每畝價格爲 100 萬元。這樁土地交易被普遍認爲存在貓膩。早在 1995 年 12 月底，溫州市政府即已規定土地使用權出讓均採用拍賣、招標的形式。楊海燕夫婦買下 2－2 號地的時間是在 1998 年，但未經拍賣或招標，仍然是協議轉讓。楊秀珠這麼做，除了可規避掉土地出讓招標的程序，地價亦可按 1994 年標準處理也是重要因素。知情人分析，按照當時市場行情，正常拍賣或招標的地價應該是楊海燕夫婦拿到的三倍。

除了極力幫助堂妹夫婦取得黃金地塊以外，楊秀珠還"不辭辛勞"地以溫州市副市長的身份主持有關溫州電線廠拆遷安置的協調會。繞了一大圈，把該地塊地拆遷安置費用轉嫁到市財政局頭上。這個地塊出讓價格爲 700 萬，但拆遷成本就要 2000 萬元，結果政府賣這塊地時賠錢 1300 萬，賺了大錢的是楊家人。

楊秀珠的房產並不止曼哈頓中城西 29 街這一處。紐約市財政局的房地產交易記錄同時顯示，紐約市範圍內至少還有二處房產屬於"Yang Xiuzhu"。

在查找楊秀珠名下的房產過程中，美國媒體記者還查到楊秀珠的兩個化名。據查證，楊秀珠在美國入境時，所持護照上的名字爲"Liu Xiuzhu"，紐約市財政局的房地產交易記錄顯示，在"Liu Xiuzhu"名下的房產也有兩處。而在紐約市政當局的電子繳費系統中，Yang Xiuzhu 名下的曼哈頓中城西 29 街這處房產由一位名叫 Liu Xuezhu 的人繳稅，該人報住的地址則與王久鼎律師在法拉盛的地址相同。美國媒體記者繼續查詢 Liu Xuezhu 的公開房產交易記錄，發現這個名字下面也有一處房產，爲 1998 年 11 月

20 日通過貸款購買的住房，目前市值在 60 萬美元左右。

熟悉美國簽證手續的人士稱，"Liu Xiuzhu"與"Liu Xuezhu"的拼讀雖有差異，但漢語拼法存在不一致現象也很正常，後者與臺灣的拼法接近。這種將名字拼法稍作變動換個新面孔的手法，在華人中很常見。

如果"Liu Xiuzhu"和"Liu Xuezhu"確實就是楊秀珠的化名，那麼至遲在 1998 年 11 月前，楊秀珠就已經準備好了出逃後的假身份和護照。

至於楊秀珠在美國究竟有多少資產，目前依然是一個謎。美國媒體調查出的五處房產皆在紐約市區，而新澤西州、長島以及華人彙聚的美國西海岸加州等地，有無楊秀珠的房產，皆無從查證。有人估計，楊秀珠帶入美國的錢財可能超過一億人民幣。

在楊秀珠落網後，據讀者反映的情況以及多維時報調查，楊秀珠在紐約曼哈頓中城西 29 街 102 號的五層商住樓宇目前正在尋求出售，預計成交價格在 200 到 300 萬美元之間。

紐約的溫州商界人士對多維時報說，這還只是楊秀珠在海外產業的一小部份。爲楊秀珠打理這棟樓房的法律、稅收手續的是法拉盛華人律師王久鼎。多維時報曾經與他聯絡查證，被王久鼎拒絕。

另據透露，爲楊秀珠代理銷售曼哈頓房產的是 C.B.Richard Ellis 地產公司莊姓華人經紀人，受律師王久鼎之托爲楊秀珠管理該樓宇的是位於曼哈頓西 72 街 200 號的 SCOTT PALE 地產公司。記者曾多次與之聯繫，都被其總裁 LEISNER 的秘書以不在或者沒有時間爲由推脫。

莊姓地產經紀人則說，公司只對購樓客戶在獲得樓宇貸款後，才提供樓宇信息。至於該處樓宇主人是否為楊秀珠，以及她目前身在何處，該地產經紀人拒絕透露。

據多維時報向紐約地產界人士查詢，任何買主都可以通過產權調查公司獲得樓宇產權所有者的信息，包括其在美國的社會安全號碼、駕駛執照號碼等身份信息。在紐約市財務部的地產交易數據庫中，該處樓宇的代號為BLOCK NO.804，LOT NO.43，其中還有由繆德興簽署的將樓宇轉到楊秀珠名下的房契文件影印件。

> ｛ 在楊秀珠掌管溫州城建十餘年間，溫州市政建設和房地產市場超常規發展。所謂"華僑開發商"及楊的眾多黨羽皆獲取了暴利，但整個城市和百姓卻為此付出了高額代價。｝

第二節　"土地奶奶"刮地三尺

楊秀珠撈錢的手段其實簡單而粗糙，甚至是赤裸裸的，說白了就是刮地皮。她有幾句"名言"："土地是第二收入"、"規劃指標就是錢"。在任職溫州市規劃局局長、市長助理和副市長期間，楊秀珠主持了多達幾十個地塊的轉讓，這些地塊大多批給了"華僑開發商"。僅就最著名的原溫州市動物園土地來說，超過人民幣一億元的地價，她用五千多萬元的低價強行批給陳其躍，陳其躍賺足了，楊秀珠的好處費自然不會少。

所謂"華僑開發商"，在溫州當地民間無人不知。知情人稱，與楊秀珠做生意的大多是華僑，有美籍、法籍、荷籍、奧籍等。熟悉楊秀珠的人都知道，她跟溫州僑商往來多年，發展出親密關係的不乏其人，部分與楊來往密切的僑商對楊的稱呼，當面爲"阿姨"，背後則爲"老闆"。

"阿姨"也好，"老闆"也罷，楊秀珠不會做虧本的買賣。這些"華僑開發商"大多以極低的價格從楊秀珠手裏拿到土地，用於開發房地產牟取暴利，同時也要高額"回報"楊秀珠。坑了的是國家資產，苦的的是百姓，肥了的是他們這幫碩鼠。

在分析楊秀珠出逃的原因時，一般認爲，弟弟楊光榮被抓，僑商陳其躍落網，鐵路房開帳冊被查封是三大誘因。其中陳其躍的落網被認爲是導致楊出逃的重要原因。

事實上，陳其躍不過是因爲落網才引起人們的重視，而多份舉報材料顯示，楊秀珠還與多位華僑外商關係曖昧。自1993年6月她當上市長助理開始，至1998年3月離任溫州市副市長，楊秀珠多次違背中央關於與外商談判、辦理土地使用權出讓和轉讓要集體研究的指示，獨斷獨行審批土地。

楊秀珠逃亡荷蘭，得到了幾個在荷蘭比較知名的溫州華僑的幫助。坊間傳言，她是在一名溫州僑領胡守錫家的地下室被捕的。胡是荷蘭溫商商會會長，在溫州有房產公司，是溫州江心西園工程的大老闆。這個廣受非議的江心西園開發項目，正是在楊秀珠在位時立項的，難怪他要在荷蘭爲楊秀珠提供保護。

在楊秀珠落網之前兩個月，已經有一個溫州華建房地產開發有限公司的老總戴華興被“控制”，這位老總也是荷蘭籍。

楊秀珠認台商張姚宏影爲“乾媽”，將市區多處好地塊批給張姚宏影及其兒子。

身爲紐約江浙工商總會名譽會長的楊海燕，是楊秀珠堂妹──正是她在紐約替楊秀珠打理位於曼哈頓的物業。

“楊秀珠就喜歡與外商打交道，特別喜歡跟某些華僑做生意。”溫州本地的一些房地產商，談起這些華僑開發商，不無醋意地說：“他們和楊秀珠有關係啊，我們想要都要不到。”

動物園地塊“假招標”揭秘

一份舉報材料專門針對溫州市動物園地塊的“營私舞弊案”，講述了楊秀珠如何尋找各項政策與法規的模糊縫隙，在當地政、商兩界騰挪閃轉，最終協助陳其躍得償所願的故事：

“1995 年夏，楊秀珠與溫州市土地局長、規劃局長、房管局長等赴歐洲考察，陳其躍陪同熱情接待。陳稱在溫州辦皮件廠 10 年未能賺錢，要求在市區黃金地段的地塊開發房地產，楊秀珠當即允諾。”

1996 年 1 月 10 日，溫州市中心環城東路動物園舊址公開拍賣，占地面積 20.6 畝，容積率 1.47，可建面積 2.1 萬平方米，底價爲 1.008 億元人民幣。溫州市新世紀房地產公司以 1.238 億元中人民幣標，但是該公司要求對規劃指標提出調整，楊秀珠堅決不同意。後新世紀房地產公司未按合同支付地價款，被取消了土地受讓權。在該公司退出之後，楊秀珠策劃由陳其躍協議受讓該地塊，陳則要求削減地價至 9000 萬元以下。

1996 年 5 月底，楊秀珠趁市長陳文憲在北京學習期間，明確授意規劃局重新測算削減動物園地價，以 8888 萬元的價格呈報市政府，並協議由陳其躍接盤。7 月 23 日，陳文憲回溫州後，認可了該地價，但明確要求登報公開招標。

楊秀珠早已估計到削減地價協議出讓的方案可能受挫，她同時準備了一套"假投標（拍賣）"的備選方案。據知情者透露，楊秀珠曾授意陳其躍："如果搞拍賣，我還是維持 2.1 萬平方米可建面積的指標，這樣別人就不敢投高價，即使被他投去，只要我指標不讓調，他也無法開發；你可比別人投高，中標後指標（可建面積）給你翻到 5.3 萬平方米，這樣樓面地價就下來了，你仍有大錢可賺。"

楊還曾經得意地對陳講述如此操作的玄機，"你這個傻瓜不懂，規劃指標就是錢，降地價引人注目，調高指標人家不注意。"

為了確保萬無一失，楊又策劃並邀請另兩位華僑作陪襯，一起出演這台"假投標"的戲。

1996 年 10 月 30 日，在沒有登報也沒有以任何公開形式發出招投標出讓公告的前提下，動物園地塊進行第二次招標，包括陳其躍在內的三名華僑參加動物園地塊的投標會。另兩位華僑黃某（法國籍）和金某（奧地利籍）分別報價 8918 萬元、8995 萬元，最終，陳其躍以 9000 萬元中標，最終得償所願。

僅就動物園地塊而言，陳其躍中標價 9000 萬比新世紀房地產公司中標時的 1.238 億元少了 3380 萬元，可建面積卻增加了 3.2 萬平方米，其樓面地價從新世紀房地產公司中標時的 5895 元/平方米一下子降至 1698 元/平方米，溫州一些官員認爲，陳其躍從動物園地塊預計利潤可達 2.11 億元，而楊秀珠從中獲得的好處可能是一個天文數字。

其他可疑土地轉讓

在土地轉讓上，楊秀珠主要與華僑背景的外商打交道，與內商幾乎沒有來往。楊秀珠在手握土地審批大權後，在動物園、馬鞍池、大士門、府前街、總商會俱樂部、大南門等多處舊城黃金地塊上大動手腳，把這些土地以低於市場價格一半以上出讓給有海外背景、並無資金實力和房地產開發資質的溫州華僑。這些規劃以外的土地出讓幾乎都成了"楊家工程"，此舉引發溫州老百姓的極大不滿。

筆者從一份舉報信中獲悉，爲了報答參與動物園地塊"招標"的華僑黃某和金某，楊又利用這三個人的"假投標組合"，將溫州另兩塊上等地塊分別轉讓他倆。據稱，"陳其躍、黃某、金某拿到的三塊上等土地，價格比溫州城郊邊遠地段還低 80%，能爲此三人提供開發利潤達 2 億元以上"。

除了動物園地塊，陳其躍在楊秀珠主持的另一起土地招標的中標過程也有很大嫌疑。1998 年 3 月，楊秀珠在已經調任省建設廳副廳長之後，仍以溫州市副市長的身份在溫州雪山飯店主持了一場土地出讓投標會。竟標的對像是車站大道"3－3 號地塊"，該地塊位於車站大道與學院路交叉口繁華地段。這次投標實行的是"封頂價"，競標者先將自己定的標價投入箱內，然後由楊秀珠宣佈"封頂價"，接著便逐一報出各家的投標價格，等於或低於但最接近封頂價者中標。

　　楊秀珠宣佈的封頂價爲 2880 萬元。當時競標者有幾十家，競標價逐一報出，與封頂價差距有高有低，當只剩四五家公司時，報出正益房地產開發有限公司的標價爲 2878 萬，與封頂價只相距 2 萬元。全場掌聲雷動，以爲此地非該公司莫屬。同行紛紛向該公司董事長趙秀娥祝賀，要求她請客。以爲勝券在握的趙也愉快地同意了。但是，最後一個即陳其躍的標價使全場震驚：就是 2880 萬元。在場參與投標的人都炸了，認爲投標裏頭有問題，紛紛喊起來："漏標，漏標！"

　　投得車站大道 3－3 號地塊後，1998 年三四月份，陳其躍在沒有投資開發、利用該地塊的情況下，直接將該地塊的土地使用權轉讓給市職工住房建設開發公司實際負責人侯某。1998 年 7 月，侯某支付給陳其躍 300 萬元，加上侯先前借給陳的 100 萬元，共計 400 萬元作爲 "轉讓費"。陳其躍及侯某爲掩蓋其土地使用權的買賣，與侯某商定註冊成立溫州鴻洲房地產開發有限公司開發該地塊，陳其躍名義上占 25% 股份，市職工住房建設開發公司名義上占 75% 股份，但陳其躍實際上不出資，亦不承擔任何風險。陳其躍用空手套白狼的手段，一轉手就賺進 400 萬元。

　　2004 年 11 月，陳其躍因犯單位行賄罪和非法轉讓土地使用權罪，被杭州市中級人民法院兩罪並罰，判處有期徒刑四年。

　　體現楊秀珠外商 "情結" 的另一事件發生在 1998 年初，已宣佈調離溫州的楊在正式離任前，將 4 個上等地塊以低價協議轉讓給了四位華僑：戴華興（荷籍）、潘金照（法籍）、楊明（法籍）、胡守錫（荷籍）。這四塊土地面積總計 19302.2 平方米，總建築面積達 12 萬平方米。

違規轉讓上述 4 地塊後，溫州當地房產公司意見極大，楊秀珠又以"假招標"模式，將解放南路另 4 個地塊穩穩送到既定對象手中，其平均樓面地價只有正常價格的一半。

知情者指出，上述 8 個上等地塊均為溫州市區寶地，但因為賣價太低，竟導致這 8 個地塊拆遷安置經濟虧損約達 3 億。

當然，楊秀珠對待外商也是有區別的。比如溫州市區新華印刷廠地塊出讓過程中，一名德國華僑曾出資 6000 萬人民幣，楊秀珠還是不給，卻以 3000 萬人民幣的價格給了她的"乾媽"台商張姚宏影。據張姚宏影之子張國祥私下透露，姚為此送給楊秀珠一套在美國的別墅。

除了"華僑開發商"外，楊秀珠的近親屬中，很多人都靠她手中的土地受益，前面章節已經提到過。在楊秀珠掌管溫州城建十餘年間，溫州市政建設和房地產市場超常規發展。在這塊土地上，所謂"華僑開發商"及楊的眾多黨羽皆獲取了暴利，但整個城市和百姓卻為此付出了高額代價。知情人稱，楊秀珠每年要出國幾次，這些華僑便將"傭金"直接匯入楊在國外的銀行賬戶，由她在國外的親屬替她打理，並負責將黑錢洗白。楊秀珠出逃以後，這些華僑都不再回國。

在出逃前，楊秀珠很喜歡鼓吹自己清廉，號稱自己是"自費鬧革命的"，說自己國外親戚很多，家裏很有錢的。有一次她在建設廳同事面前炫耀自己政績時，被另一位副廳長指著鼻子說得下不了臺："楊秀珠，你有什麼人我們還不清楚嗎？總說自己有錢表明你很廉正嗎？說多了會說出問題的。"

﹜楊秀珠她不但在批地時多次照顧這兩家"自家"的
公司，通過不正當手段牟取暴利，還把這"兩鐵"視作
自己的"私人銀行"，自己想怎麼拿就怎麼拿。﹜

第三節　"兩鐵"公司背後的黑手

2005 年 1 月 25 日，楊秀珠系列案中第一個大案在杭州市中級
人民法院進行了公開宣判，從這起案件披露的情況看，楊秀珠通
過預謀，一次即指使手下從鐵路房開侵吞公款達 1104.5155 萬元。

鐵路房開是楊秀珠唯一來往的內資公司，鐵龍房開則是鐵路
房開衍生出來的項目公司，兩個公司並稱"兩鐵"，這兩個公司
都由楊秀珠的親信把持，楊秀珠還自任鐵路房開的董事長。她不
但在批地時多次照顧這兩家"自家"的公司，通過不正當手段牟
取暴利，還把這"兩鐵"視作自己的私人銀行，自己想怎麼拿就
怎麼拿。

一封舉報信上稱，由於鐵路房開以籌集鐵路建設資金的名
義，以免地價的形式獲得了相當數量的土地。鐵路房開在其成立
之後所做的第一個項目水心北彙昌小區即獲得成功，利潤當在億
元以上。但是，到了三年之後，根據溫州市審計事務所出具的 1996
年度審計報告，鐵路房開的資產總額為 3.055 億元人民幣，淨資
產為 7250.17 萬元，而其中還有 1996 年度淨利潤 6070.17 萬元。
政策優惠帶來的巨額利潤到哪里去了？舉報材料稱：在 1996 年

底，鐵路房開一般參股者投入 1 萬元，分紅就有 5 萬多，領導分紅.就更多。

雖然號稱是國有控股的公司，但鐵路房開的大小事務基本上是楊秀珠說了算，現在知道的情況是，鐵路房開賬目混亂，很多账冊遺失，相當項目是通過白條子進項，資金出入無法追查。1998年楊秀珠調任省建設廳副廳長前，鐵路房開的账冊均被其授意銷毀。楊秀珠的親信林素華長期把持著鐵路房開的財務大權，她是楊秀珠貪污最重要的線索人，但她現在已經不能說話了。2003 年8 月14 日，在杭州市看守所拘押期間，她用一把剪刀刺入自己腹部，自殺身亡。做過現場勘查的溫州市檢察院一名檢察官私下向筆者透露，從發現林素華自戕到送其入院，期間有好幾個小時，她是個女人，剪刀刺腹時力氣不大，在腹部造成的創口很小，流血也很少，看守所沒有引起重視，及時送其去醫院，而是自行用紗布等替她包紮傷口，拖延了很長時間，直到她突然惡化才送醫院搶救。從自戕到搶救不治，林一直神智清醒。溫州市檢察院覺得該起自殺事件存在很多可疑點，但得到消息的時候，人已經死了。

林素華為什麼要自殺？真的是畏罪自殺，還是某些人不想她活著，對她施加了影響？真相已經隨著她的死亡永遠無法知道了。但是她的徹底閉嘴，讓鐵路房開的很多秘密隨之封緘。

溫州一些老幹部認為，楊秀珠一些行賄的開支，如送禮、拉關係的錢都在這“兩鐵”報銷。楊秀珠通過溫州市某前任領導的渠道，不斷地接近省裏一些領導幹部，並通過送禮行賄等慣用手段，與原省內高層拉上關係。上面有人下來，她會立刻在溫州的華僑飯店佈置一間房間，裏面掛滿各種名牌服飾，讓領導和領導夫人去挑選衣服。楊的小汽車經過改裝，裏面裝了冰箱，凡是進省城就給省裏領導帶名貴海鮮。她當了省建設廳廳長之後，並沒有停止送禮的步伐，"每次回溫州，都是一卡車一卡車地往省城帶禮物"。這些費用，相信都是在"兩鐵"報銷。

一份舉報材料指出，楊秀珠曾送給原浙江省政府某領導一幅潘天壽的國畫，價值達 26 萬元，該領導予以笑納。知情者稱，此筆鉅款就是放在溫州鐵龍房開裏報銷的。

楊秀珠對外宣稱自己是"同濟大學碩士"，在同濟大學校慶上，楊秀珠以溫州市校友會的名義捐了幾百萬，捐贈牌至今還立在同濟大學門口某處。楊秀珠是風光了，但這幾百萬的錢，還是"兩鐵"買單。

{ 楊秀珠居然有本事在建設廳這樣的清水衙門裏揩出 100 多萬的油水，其揩油能力之強，不能不讓人嘆服。 }

第四節　貪婪從溫州延伸到杭州

2004 年底，浙江省審計報告出臺後，人們再次領教了楊秀珠把貪婪從溫州延伸到杭州的手段。除了她在省人民大會堂遷建過程中的"疑似"腐敗問題外,審計報告查明了她在省建設廳任職期間貪汙公款的事實。

審計發現,楊秀珠利用職務之便,通過其分管的部門和下屬單位,以會議費名義將 70.75 萬元人民幣轉移到之江飯店,然後直接套現 35.01 萬元,轉入新花中城等單位 35.74 萬元。此外楊又採用各種手段從多家單位將公款打入其在新花中城大酒店的個人賬戶,供其消費,至其出逃時止,累計掛賬消費 51.99 萬元。同時,"精明"的楊秀珠又將從新花中城取得的餐飲發票到有關單位和個人處報銷,套取現金共計 24.52 萬元。

楊秀珠是 1998 年 5、6 月間才到建設廳任職的,到她 2003 年 4 月出逃。不滿 5 年時間,她又吃又拿,吃了 50 萬,還貪汙了近 60 萬人民幣公款。

當然,與在溫州的無法無天相比,調到建設廳這樣一個"清水衙門"裏,楊秀珠的權力已經削減了很多。但她居然有本事在建設廳這樣的清水衙門裏揩出 100 多萬的油水,其揩油能力之強,不能不讓人嘆服。

建設廳的油水是小頭,總投資達 5 億元的省人民大會堂遷建項目才是楊秀珠最眼饞的。她極力爭取到這一工程副總指揮的位子。當然不僅是為了給自己臉上貼金,搞點政績,從工程中大撈一筆可能是她更主要的目的。熟悉楊秀珠為人的一些官員都認為,"以楊秀珠的作風,這個工程中她百分之百有問題"。有知情者說,浙江某知名建築商作為承建人之一,即與楊秀珠有著不同尋常的關係。

果然,審計報告表明,在省人民大會堂遷建項目中,該項目的工程招投標、工程款支付、建材質量和設備採購等方面都存在問題。此外還存在建設資金被挪用於出國考察、施工單位和招標公司偷漏稅金等問題。審計發現，其中最嚴重的是項目施工單位高估冒算，多拿了 6357.12 萬元人民幣工程款。

原省人民大會堂遷建辦公室副主任谷遠松是這一項目中落馬的第一個廳級幹部。他在被"雙規"後，陸續交代了自己的犯罪事實：在擔任省人民大會堂遷建辦副主任期間，收受福建泉州宏星裝潢有限公司、浙江某園林工程有限公司、杭州某科技有限公司、浙江省某工程設備招標公司等單位的財務，並在承接工程、取得招標代理權、撥付工程進度款、協調施工糾紛、增加工程量、樟樹定價、簽署聯繫單等事項上為其提供幫助。比如，施工單位福建泉州宏星裝潢有限公司總經理余某向谷遠松行賄 4 萬美元，該公司在施工中大肆作假，以次充好，施工的三大門廳 11 盞裝飾吊燈，號稱"燈具垂飾選用奧地利施碧伽水晶珠，金屬表面電鍍 24K 金"，其實材質是玻璃，金屬件根本沒有金的成分。而且其中"水晶珠"數量嚴重短缺，合同總數為 208.25 萬顆，實際僅有 87.88 萬顆，僅此數量差異就導致虛增工程造價 260 萬元。施工單位、招標公司還有偷漏稅金行為。其中有施工單位利用虛假發票套取 202.35 萬人民幣工程款；更有招標公司通過另外五家單位，將 673.40 萬現金轉為賬外收入。

谷遠松僅僅是一個遷建辦副主任，在省人民大會堂遷建項目中就大肆受賄人民幣 24.45 萬元、港幣 5 萬元、美元 4 萬元，楊秀珠作為副總指揮，撈到的好處與谷遠松絕不會是在同一個數量級。

　　審計發現，獲得省人民大會堂這樣的重要工程招投標代理權的居然是一家資質並不高、信譽並不好的浙江省某招標公司。在招標過程中，不少項目招投標很不規範，決標時出現了第二、第三名候選人中標，第一名候選人被淘汰的意外情況。工程主會場燈光系統招標中出現串通，施工單位的負責人與項目招標負責人二人是夫妻。按規定，在評標委員會中，業主的參加人數不得超過三分之一，而在大會堂工程的評標中，有部分標的評標時，業主的人數明顯超過了三分之一。而這種種"假招標"手段，楊秀珠在溫州已經屢試不爽了。

　　審計機關還發現建設資金被挪用於出國考察的問題。大會堂遷建辦花費建設資金人民幣 54.1 萬元、美金 1.5 萬元，組織遷建辦及有關部門領導共計 15 人，以技術培訓等名義，在設計、監理、招標代理、施工單位人員的陪同下，分四批赴美國、德國、臺灣等國家和地區考察。而借出國考察之機受賄，是楊秀珠所慣用的手法。

　　陳毅曾寫過一首詩，其中有兩句是：莫伸手，伸手必被抓。當楊秀珠一次次把貪婪的黑手伸向她主管的土地，伸向她主管的工程，伸向巨額公款，伸向形形色色跟她權錢交易的人時，有沒有想到過"伸手必被抓"？

楊秀珠的微笑（改自達芬奇的名畫《蒙娜麗莎》）楊秀珠正宗網站

"同濟碩士"楊秀珠修改圖。楊秀珠正宗網站

楊秀珠落網在溫州民間反響巨大。　　　安用/攝

《歐華時報》對溫州荷蘭同鄉會的報導，這一屆溫州
同鄉會換屆時間就在楊秀珠被捕之後，引人注目。

- "楊秀珠"這三個字，逐漸與楊秀珠本人產生了分離，逐漸脫離開楊秀珠，成爲一個單獨存在的符號，成爲中國外逃貪官的代名詞，成爲了以"楊秀珠"命名的一種現象的概括。

第七章

"楊秀珠現象"探討

楊秀珠既沒有文化，人也並不漂亮，說話辦事還很粗魯，"嘴巴出口成髒"，但這名不漂亮又粗魯的女官員，在另一些人眼裏，卻是口才好、幹勁足、能力強的女能人，她從溫州市飲食服務公司一名開票據的服務員，通過在文革中造反起家，一路平步青雲。關於她的非議，一直伴隨著她每一步的升遷。對她的調查一直在持續，她的官卻一直在升，從 1986 年出任溫州規劃局副局長開始，她每隔五年升一級，1995 年 2 月變成主管城建的副市長後，三年間又上調省裏，任建設廳副廳長。人們把這種現象定名爲"楊秀珠現象"。

近十年間，楊秀珠由副處級累遷至副廳級，堪稱爭議越大，升遷越快。原溫州市一位領導幹部透露，楊爲求升遷，使用了"三找"手段，即上面找個靠山(省、市領導幹部)、下麵找批鐵杆(市、局實權幹部)、社會上找批勢力，在當地縝密佈局。正是由於楊秀珠多方編織關係網，其在溫州可謂一手遮天，順之者昌，逆之者亡。

2003 年 5 月 23 日，當天出版的《法制日報》發表記者陳東升署名的《浙江女廳長攜親人倉皇出境　警方揭開失蹤之謎》一文，首次披露楊秀珠出逃事件，一時間洛陽紙貴，很多溫州人專門到複印店複印這份報紙，在親朋好友中爭相傳遞。

這是傳統媒體對楊秀珠出逃的最早報道，此後的相當長時間內，各大媒體爭相報道，逐步揭開了楊秀珠出逃之謎。

在追逐"楊秀珠現象"的過程中，互聯網很快發揮了作用，發揮了傳統媒體無法替代的作用。兩年中，互聯網與傳統媒體互爲補充，正史野史層層遞進，將楊秀珠的底細翻了個底朝天。

這當中值得大書一筆的是，今年5月23日18時37分，一註冊名爲"公子"的網民在溫州當地一個論壇發帖，言之鑿鑿地說，"可靠消息，楊秀珠已經在荷蘭被基本控制住了。"此消息一夜間傳遍溫州民間。

敏銳的傳統媒體一下嗅到了這中間的新聞價值，很快通過各種渠道去證實這一消息，5月30日，《中國青年報》通過間接方式證實了楊秀珠被捕的消息，予以見報。其他報刊紛紛跟進，相對沉寂了近兩年的楊秀珠案再度掀起小高潮。這一次，互聯網跑到了傳統媒體的前面。

媒體爲什麼對楊秀珠如此感興趣？根本原因之一是楊秀珠本人極具新聞性和"觀賞性"。與別的貪官不同，楊秀珠出身草莽，她的大半生和主要仕途都在溫州度過，溫州民間對她比較瞭解，其"楊氏"笑話和段子在溫州民間酒桌茶肆上廣爲傳播，傳播她的各種信息，本身就具有一種親和力，容易拉近與被轉播對象的距離，在被轉播對象間引起共鳴。此外，她極富傳奇性和戲劇性的升遷史、腐敗史也是人們感興趣的焦點。相對於其他貪官，楊秀珠並不是職位最高的，也絕不會是貪汙數額最大的，但她卻是最有看頭的。人們津津樂道於她的各種消息，不管是來自正道還是小道。作爲中國貪官的一個略顯異類的"非典型代表"，人們熱衷於獲知有關楊秀珠的任何點滴信息，但由於楊秀珠遲遲無法歸案，官方長期保持緘默，人們無法從正常途徑獲知有關她的點滴信息，又急於瞭解，於是各種渠道各種來源的消息魚龍混雜，在傳播的過程中，考證消息源變得撲朔迷離。信息傳播渠道的不對稱，導致楊秀珠的本來面貌在傳播過程中被逐漸模糊，而"楊秀珠"這三個字，也逐漸與楊秀珠本人產生了分離，逐漸脫離開楊秀珠，成爲一個單獨存在的符號，成爲中國外逃貪官的代名詞，成爲了以"楊秀珠"命名的一種現象的概括。

當"楊秀珠"成爲符號後，一切都開始變得耐人尋味。

一個自稱"中國第一個為在逃貪官建立的獨立網站"——溫州巨貪楊秀珠正宗網站在溫州閃亮登場。

第一節　楊秀珠正宗網站現象

大量的腐敗外逃官員，尤其是楊秀珠以"裸奔"的形式出逃以後，引動和造就了中國互聯網使用歷史上的一個發明，就是當地群眾在網絡上建立了"民間研究腐敗官員外逃現象專題網站"——2003年7月份，一個自稱"中國第一個爲在逃貪官建立的獨立網站"——溫州巨貪楊秀珠正宗網站（http://www.yangxiuzhu.com）在溫州閃亮登場。"敢爲天下先"的溫州，又開創了一個全國第一，也許還是世界第一。

楊秀珠正宗網站創建人"楊研會"在談到創建這個網站的初

衷時說，其最初的出發點只是覺得好玩，純粹是一種娛樂心態。2003 年 5 月下旬，楊秀珠出逃的新聞見報後，聽到周圍的人對楊秀珠事件眾說紛紜，想到楊秀珠事件在溫州會很快成爲一個熱點話題，他就決定做一個楊秀珠的專門網站。一來是方便關心這件事的人查閱楊秀珠的信息，二來也提供了一個交流的平臺。這既不是"楊秀珠個人網站"，也不是"楊秀珠官方網站"，於是就取名"楊秀珠正宗網站"。

經過幾天的籌備，7 月 12 日網站開通，同時申請國際一級域名，13 日域名生效，14 日早上使用 yangxiuzhu.com 域名。網站內容的來源主要是國內公開媒體上發表的一些有關楊秀珠的新聞報道，還有整理出來的一些楊秀珠的論文、圖片、題字等等，另外還有一部分的網友原創文章，楊研會謙虛地表示，自己扮演的只是一個圖文資料收集的角色。真正是他原創的，只是加了網站的圖標和橫幅廣告條。

據"楊研會"介紹，他大學學的並非計算機專業，後來不知怎麼的就做起了網絡。他是溫州最早一批做網絡的人之一，平時主要做門戶網站和商業網站，還以私人名義做過幾個網站。他和楊秀珠沒有任何關係。對於做"楊秀珠正宗網站"，他的定位很明確：個人網站，文章轉載自公開媒體，反映民間心聲。

網站開通後，反應很大。很多論壇進行轉載、鏈接、推薦，主要的搜索引擎，像 google、百度、Yahoo、3721 等都可以找到這個網站。由於互聯網的全球性，很多海外華僑華人也能訪問，瞭解楊秀珠案件的來龍去脈。僅僅在開通一個月內，瀏覽人數已經超過 11 萬次。中間有一段時間，因爲某種壓力，網站關閉了鏈接，只保留首頁，在楊秀珠落網後，網站又恢復了鏈接。

民間研究腐敗官員外逃現象專題網站的出現是很有積極意義的。這個現象，是中國老百姓強烈義憤情緒與現代高科技技術相結合的產物。這個爲在逃貪官楊秀珠建立的網站，與“楊秀珠”一樣，也是具有符號意義的。

“楊秀珠正宗網站”的出現，至少說明以下幾點：1、在當地民間對這樣的腐敗官員外逃事件具有極大的仇恨，只有在強烈義憤情緒感染下，“專題網站”才能“聞”之而動；2、民眾對當地官場的反腐敗決心和作爲至少存在某種“不信任”，想從民間找到更多的、更有力的反腐敗線索；3、民間肯定相信，這樣的外逃官員的腐敗案遠遠沒有完，腐敗官員被緝拿回國，整個腐敗案將被揭示的“好戲”還在後頭等著，當地人們以“民間網站”形式等著腐敗官員的“歸來”。

楊秀珠落網與溫州論壇

在溫州當地，還有一個民間自發形成的溫州論壇，它以全球第一個公佈楊秀珠在荷蘭落網的消息而名噪一時。

但溫州論壇不僅僅局限於披露楊秀珠落網的驚人消息，事實上，在其“散講溫州”的版塊中，大量披露當前溫州一些要害部門不合法不合理的做法，以及個別公務員違法違紀行爲。僅就“沈X 事件”（溫州市鹿城區公安局一幹部，駕駛套牌車輛與一出租車司機發生交通事故逃逸，在當事司機報警後，該幹部叫人頂缸，還威脅當事司機，欲與其私了）而言，溫州論壇在刊登事故發生前後當事人口述、照片後,廣大網友紛紛跟貼,或另開新貼評論,形成了一股強大的民間力量。省內的一些傳統媒體從該網站獲知消息後,也對這一事件進行了曝光。鹿城區公安局紀委經過調查後,對該幹部作出黨內警告處分。此後,溫州市公安機關提出了民警"四個不發生"的工作目標,具體包括:民警不發生違反"五條禁令";不發生因民警違法違紀被媒體曝光、被網絡炒作;不發生因對信訪、投訴、議案處理不力而造成社會負面影響;不發生有違法律公正、有損公安形象而影響公安機關社會滿意度四大類行為,並將"四個不發生"作為年度單位考核和公務員考核工作的主要考核標準。因此,溫州論壇也成為了某些貪官污吏的眼中釘,論壇被不明黑客攻擊,託管服務器一換再換,域名也多次更換。但其尖銳的揭黑揭醜風格在艱難處境中一直堅持了下來。

據筆者瞭解,溫州論壇的常客,主要有這麼一批人,一是黨政機關一部分基層公務員,一是部分傳統媒體的青年新聞從業人員,還有就是活躍在各大論壇的網民。年輕、富有正義感,容易衝動、容易找到共同話題是他們的共性。他們追求理想和自由,追求和諧社會的民主和法制,渴望表達自己的想法和主張。

楊秀珠正宗網站和溫州論壇的出現,並不是偶然的。筆者認為,反貪反腐是一般老百姓都非常關注的一件事。有時候民間的信息渠道會更廣也更迅速。在中國的反腐敗鬥爭當中,互聯網肯定不僅僅起到表達民眾情緒的作用。由於互聯網的傳播的廣度和深度,以及傳播者的匿名性質,互聯網在中國的反腐敗鬥爭能發揮傳統媒體所無法替代的幾大功能:能打破地方腐敗保護主義的封鎖,一個地方行政長官可以用權力封鎖當地的震驚全國的腐敗案件，然而它封鎖不了超越時空的互聯網對腐敗的揭露功能、批判功能，從這一意義上看，互聯網彌補了當今體制中的一些缺陷和不足；民間中存在的一種潛伏著的、天然的、巨大的反腐敗能量會因某件腐敗案件的揭發而激發出來，因而在短時期內能迅速形成一股反腐敗的氣勢和力量，迅速形成一股爲腐敗分子恐懼的威懾力量；互聯網縮短了普通老百姓與最高層之間的距離，中央領導能從互聯網迅速瞭解到廣大人民對反腐敗的看法、意見，是另一種形式的“大參考”；能爲千萬個像“楊研會”這樣關心反腐敗鬥爭的“業餘反腐敗理論愛好者”提供一塊輿論平臺，將自己的聰明才智貢獻給中國的反腐敗事業；專門的反腐敗機構可以從千萬公民在網上表達的反腐敗聲音中，集思廣益，充分吸收全民的反腐敗智慧，及時地調整反腐敗政策。總之，互聯網在中國的反腐敗鬥爭中是可以大有作爲的。

鳳凰衛視《文濤拍案》

鳳凰衛視的《文濤拍案》欄目，一直以其犀利幽默著稱，楊秀珠案這樣離奇的情節，當然逃不過竇文濤的關注，《文濤拍案》在楊秀珠出逃及楊秀珠落網後，很短的時間內，趕出了兩期節目，播出後，廣受好評。好事網友將這兩期節目錄成音頻，轉成文字，在網上廣爲傳播。

2003 年 10 月 3 日《文濤拍案》：中國外逃貪官大限將至（節選楊秀珠部份）：

有一個人，很多人現在都在找她，這個人還是個女的，叫楊秀珠，原來浙江省建設廳的副廳長，原來溫州市的副市長。這楊秀珠是今年四月二十號，你看人家是怎麼逃的啊，打電話給單位裏，她說，我老母親病了，我要去看母親。實際上帶著女兒、女婿、外孫（不是外孫女），啊，你說，這可是整整齊齊、大搖大擺，從上海浦東國際機場逃了。在哪兒呢？很多消息來源證明，她現在在美國。

......

那剛才咱說了，說楊秀珠犯下如此罪行，導致溫州人民對她感情非常深，至今不能忘記她，以致於呢，專門在網上為楊秀珠設立了這個 "國際網站"，啊，把她當明星待候著。從這網站你可以瞭解老百姓的心情，你看這網站上這第一行就是："今天是 2003 年 9 月 27 日，星期六，距離 2003 年 4 月 20 日楊秀珠出逃已經 160 天！" 你說，這叫倒記時呢，把她當這奧運會來伺候著，倒記時呢。

然後你看下邊兒，有多幅楊秀珠這個明星照片，網友們還在上邊搞了個 "楊秀珠照片選"，這是 "一九九五年那會兒的楊秀珠"，這是她在任溫州市副市長初期最喜歡的一張發言照片；"楊秀珠最喜歡的單人工作照"，你瞧，這是溫州市跨世紀規劃的總設計師，噯，你瞧她這笑得，噯呀，合不攏嘴啊，沒眼睛了，笑得跟彌勒佛似的，她為什麼能笑成這樣呢？我估摸著啊，她把這溫州土地當她自家的土地來規劃，她才能笑成這樣呢，啊；噯，"楊秀珠在工地上擺 POSE"，擺姿勢，這下姿勢擺得不錯；然後再下邊兒，哦，原來楊秀珠她也有鬱悶的時候，噯，這個都記錄下來；再有，"害羞的楊秀珠"，她為什麼笑得這麼嫵媚呢？說不定是又一筆贓款又到手了；這是楊秀珠在參加"城市應急工程"引水典禮，她為什麼用毛巾捂著鼻子？是怕臭呢還是感冒了呢？還是鼻子冒汗了呢？嗳，這張威猛了啊，"蒙娜麗莎的微笑"，這個是符合這個國際潮流的，"楊秀珠撲克通輯令"，啊，下邊兒呢，還有這個，溫州話，這用普通話版就是：嘿嘿嘿，我在美國，你拿我沒辦法，你拿我沒辦法。注意沒有，這是黑桃皇后啊，這楊秀珠曾經也是一方皇后啊。

　　……

　　所以說啊，咱都說善有善報，惡有惡報，有些貪官是受到了報應，但有些貪官還沒看出受報的勢頭來，沒準兒啊，她是下輩子到地獄裏受報。

　　文濤拍案結語：今日用罪惡作結，事為道出，巧取豪奪，民之賊也，貪官汙吏，國之賊也。文濤拍案，本回書著落在此處，欲知大千世界，尚有何等傳奇，自然是請聽下回分解。

　　2005 年 5 月，在楊秀珠落網後，竇文濤又出來有話說了：

　　列位，告訴大家一個好消息，當然，對某些人來說可能是壞消息，甚至是致命的消息。那就是，楊秀珠在荷蘭落網了！

　　這個消息，在所有的媒體上嗡嗡嗡嗡嗡～～，可是呢，幾乎所有的官方機構，都沒有正式表態確認，即不確認抓著了，也不肯定沒抓著。所以我們判斷：抓著了！

　　……

　　所以，溫州的鄉親很念舊，一直沒忘了這位副市長。但是苦於見不著面，所以他們只能在網上通過想像描劃楊秀珠的生活。

你瞧，紐約包租婆楊秀珠奶奶。

奶奶很生氣，後果很嚴重。

今天咱知道，奶奶真的很生氣，因爲真的會很嚴重。而且我覺得，奶奶真的很生氣，可能還有一個原因，有可能咱們一直以來大家都表錯情了。

哎喲，一晃快兩年過去了，今天，我們再上這個網站，發現內容更新了，這可是與時俱進，你瞧，距離楊秀珠出逃已經 775 天，當年那撲克牌，蒙娜麗莎的微笑，也換了行頭換了背景，這博士帽是嘲笑楊秀珠那所謂同濟大學碩士研究生，她是假學歷，可文憑卻是真的。風車、鬱金香顯示，大家全知道了，楊秀珠奶奶在荷蘭。還有一個，輩份也變了，當年是秀珠妹啊秀珠妹，現在呢，改成了楊秀珠奶奶。這奶奶啊，咱聽了，這五十多歲的人了嘛，奶奶嘛，可是，每一個溫州人聽了，都會會心一笑。爲什麼呢？這就是說楊秀珠這人的性格。

......

所以，這一部楊秀珠傳奇，咱看到最後，說到底，還是"關係"，這外國人學中文，最難掌握的一個詞彙，中國人的"關係"。這張無形的網，源遠流長，永邊無際，把我們每個人，牽牽困在網中央。

文濤拍案，本回書著落在此，欲知大千世界尚有何等傳奇，自然是請聽下回分解。

很顯然，關於楊秀珠的話題，竇文濤還意猶未盡，楊秀珠還沒回來受審，關於楊秀珠的話題，竇文濤至少還要做第三期。

> ＿ 楊一直保持其底層特色，沒拿官場規則當回事。僅僅因為一言不合，她就抓起餐巾紙團成一團往市委書記臉上扔。 ＿

第二節　楊秀珠語錄與其趣聞軼事

楊秀珠以"出口成髒"聞名，官越當越大，但她標誌性的"口號"一直沒有丟棄。

楊之罵人能耐，無人不知。她自小出身草根，在飲食公司時早已以能跟客人吵架罵人出名，吵到性起時她會脫下拖鞋操起來直接朝對方扔去。從政為官後，秉性難移。有一次楊召集主管的城建、交通、規劃的職能部門負責人開會。一個局長因路遠，路上堵車，遲了 5 分鐘。剛踏進會議室，楊破口大罵："你個短命兒，還要老娘等你。"這個官員還是她一手提拔的。在溫州，"短命兒"是長輩訓斥晚輩的。這一局面讓在座眾人皆驚。

楊一直保持其底層特色，沒拿官場規則當回事。僅僅因為一言不合，她就抓起餐巾紙團成一團往市委書記臉上扔。另一次更重要的場合，楊也是如此表現，在其選舉副市長被多數人大代表反對，當時的市委書記還在努力為她拉票，沉著臉的她當眾大聲斥責書記："棺材都抬到清明橋了，還說什麼說。"

楊迷戀權力，有心機。給領導彙報的時候愛做作，喜歡貼近身子，甚至於動手動腳。

上面來人，楊會在華僑飯店佈置一間房間，裏面掛滿各種名牌服飾，讓領導和領導夫人去自行挑選。

溫州市前市委書記張友余曾在衢州市任市委書記，而地處浙西的衢州海鮮奇缺。楊秀珠注意到這個情況後，每次用大量的海鮮來討該領導的歡心。由於當時高速公路沒有開通，爲了避免海鮮在路上壞掉，楊秀珠叫司機將海鮮裝在一台台冰箱中轉運。一次，楊秀珠照常給在該名領導送去了大量海鮮。結果車子在經過麗水市（當時爲麗水地區）途中的青田縣時發生長時間堵車，冰箱裏的冰融化後，海鮮變質了，司機打電話給楊秀珠，楊秀珠就指示司機重新返回，再次購買新鮮海鮮裝運過去。

通過冰箱運海鮮是楊秀珠的一個發明，不但對該名溫州市前領導，她對省內的高官也用這招。爲了方便運輸，楊秀珠叫人把車子進行了改裝，在小汽車裏面裝了冰箱，凡是進省就給省裏高官帶名貴海鮮。她當了省建設廳副廳長之後，並沒有停止送禮的步伐，每次回溫州，都整車整車地往省城帶禮物。

雖然楊秀珠名片上的學歷是"同濟大學碩士研究生（註冊規劃師）"。但她的秘書最怕給她寫發言稿。秘書爲怕她念錯，就在下麵注上同音字，儘管秘書考慮周到，結果在1999年昆明世博會的新聞發佈會上，楊秀珠的致辭錯字連篇，有好事者粗粗統計了一下，楊秀珠5分鐘的講話稿居然念錯了13個字，此事被傳爲笑柄。

建設廳流傳出來的另一個段子是，楊秀珠標榜自己是碩士時，就有人質疑，"碩士應該英文不錯，你給我們說幾句英文看看"，面對這樣的場面，老道的楊秀珠也只有尷尬。

有一次，楊秀珠到大連考察時，在車上望見開闊的綠化帶，脫口而出說："他 X 的，要是我在這裏當市長才不這樣幹呢，X 的，全搞房地產開發，政府就可以賺一大筆錢"。

某次總結會上，一馬屁精見楊秀珠在場，便對她大唱讚歌："……今年我們溫州那麼多彎的亂團（路段），起碼有十幾個亂團給楊局長拔直了……"楊聽了好不得意。溫州話中"路段"與男性生殖器音近，後來有人就把這句話演化開來，借此暗諷楊秀珠生活作風問題。

某日溫州電視臺到楊秀珠家裏錄製歌頌她的電視記錄片，片中有這樣一個鏡頭：楊秀珠在廚房裏燒菜，但鏡頭移近，仔細一看，廚案頭上原本盛調料的地方卻是一大堆瓶子，而且全都是高檔洋酒的瓶子。楊秀珠原本想給自己歌功頌德，說自己清廉，但這個鏡頭一下就戳穿了她的"清廉"形象。

楊秀珠有一病——拉尿勤，當初到工地上視察時總會有倆女的帶毛巾毯跟著，一到想拉尿的時候，在工地上這麼一圍，她就蹲在裏面隨地拉起來了，這個事情溫州很多搞基建的都知道。還有一次，在雪山飯店開會的時候，楊秀珠內急，急匆匆去上廁所，結果女廁所裏邊滿了，楊秀珠就叫秘書把住男廁所門口，自己跑進男廁所方便，邊上許多採訪會議的記者親眼目睹她的"壯舉"，無不瞠目結舌。

五六年前，溫州民間流傳著一條經典的"楊氏酒令"，由於它的特殊的社會背景，經好事之徒一番添油加醋，成為了楊秀珠楊氏語錄的經典之作。

據說有一次，外地來溫某考察團的男領隊向東道主逐一敬酒，輪到權傾一時的副市長楊秀珠時，她端起一杯奶："酒我出膊袒裸，出膊袒裸，我就奶伉你碰碰，奶碰碰。"敬酒的客人不勝尷尬："我沒有奶呀。"楊秀珠卻豪情滿懷："你妳個毯，我奶匃厘你欱欱。"當時，客人被揶揄得一頭霧水，於是好心人給他解釋說："你別誤會，她是說酒不大會吃，就以豆奶代酒。"

楊秀珠的意思是說，我這個杯子裏的奶拿起來跟你碰一下，也就是"奶碰碰奶碰碰"，但是溫州人的話就感覺很好玩了，要是男同志說說嘛也就算了，可是一個女同志說起來就有意思了，就會聯想，特別是前面那個"吃不大來"，溫州人把"赤膊"說成"出膊袒裸"，跟普通話的"吃不大來"諧音。"吃不大來"在普通話裏面是一句很普通的一句話，剛好呢和溫州話當中的"赤膊"諧音一樣，那麼"吃不大來"和"奶碰碰"就是很生動的一個過程了，這個簡直就是非常經典的溫州話的一個笑話。"你妳個毯"是溫州人常用的罵人語，跟奉化話"娘希屁"如出一轍，跟普通話的"你拿個杯"諧音。

> ﹛ 關於楊秀珠的段子和笑話成了溫州的一種市井文
> 化。對於網絡來說,她是一個充滿喜劇色彩的人物,
> 網絡怎麼會放過一次宣洩和惡搞的機會呢。﹜

第三節　楊氏民間文學

在楊秀珠出逃後,引發了溫州民間文學創作熱。《秀珠妹,你在哪里》《XX 與舊金山楊秀珠越洋電話(文白對照)》《XX 與北美楊秀珠的越洋電話》(系列)《奶奶,你回來吧》以及形形色色的楊秀珠笑話,在網上廣爲傳播。

這裏邊很大的原因,是楊秀珠這個人所具有的喜劇色彩,關於楊秀珠在在任期間的功與過,期間溫州民間有很多的爭議。但是在有一點上,大家都沒有異議,就是她的粗俗。關於楊秀珠的段子和笑話成了溫州的一種市井文化。對於網絡來說,她是一個充滿喜劇色彩的人物,網絡怎麼會放過一次宣洩和惡搞的機會呢。

XX 與舊金山楊秀珠越洋電話(文白對照)
作者:江蟹膏

溫州話版
XX:楊市長,你順利伐?
楊:夾灰叫我爸市長,頭毛兒。還算順利。

XX：溫州鬧翻天，講你逃黃。

楊：倒你媽，我爸不走坐牢監？網裏我爸臥看靈清。

XX：沒事情吧？

楊：夾夾？老太我阿爸不怕，尼人億我得？

XX：全國媒體登裂黃，講你比成克傑還厲害。

楊：死他娜拉，蒙講，我爸礦他怎麼比？圖名堂。

XX：你怎能宿美國哈人看著？太大意。

楊：頭毛兒你不曉得，我啊爸新到不適應，大街只當五馬街走，納多人識我。

XX：下天留心。

楊：不用你講。

XX：夾排尼陣？

楊：夾？夾我大。共產黨我阿爸最靈清，沒人管閒事，刨來自大。

XX：我替你搭一肚心架。

楊：放你媽一百個心。

XX：留心好。

楊：愁死，愁死你頭毛現在沒出息。講牢，你替我打聽，我阿弟麻煩不麻煩？用點鈔票沒關係。

XX：曉得罷。

楊：記牢堅。

XX：你阿弟運道毛。早裏著逃。

楊：頭毛兒你曉不得，共產黨也不是吃素的，不留心你就死道。我爸算最靈清。

XX：有裏人講你毛！

楊：我爸都靈清，是馬津龍？個兒書呆，鈔票賺不來。

XX：馬津龍沒多講。

楊：你講顯欽？個老老？腦塌。共產黨鈔票不賺是呆頭。

XX：馬津龍講你強橫，坐錢市長桌上。

楊：分君？你正好講分君，他倒那七老，膽比逼還小，沒事情幹出。

XX：接落你搞阿尼？

楊：我阿爸嘻斤西，等熟悉美國社會，我啊爸競選州長。

XX：聲音不靈清，下天再講。

楊：下天聯繫，替我啊第事幹留心。

XX：黃著。

楊：拜拜。

普通話版

XX：楊市長，你順利嗎？

楊：他媽的，不要再叫老子市長。還算順利。

XX：溫州鬧翻天了，講你逃掉了。

楊：操，老子不走等著坐牢？網上老子都看清楚了。

XX：沒事情吧？

楊：現在？他大爺來了我也不怕，誰能拿我怎麼樣？

XX：全國媒體炒作得很凶啊，說你比成克傑還厲害。

楊：去他娘的，亂說，老子和他怎麼比？沒啥名堂。

XX：你怎麼在美國被人看到？太大意了。

楊：媽的你不知道，老子剛到不適應，一下子沒搞清楚，哪知道會有這麼多人認識我。

XX：以後小心。

楊：那還用說。

XX：現在怎麼打算？

楊：現在？現在拿我沒辦法。共產黨我老子最清楚，沒人管閒事，能搞到手都是自己本事。

XX：我為你擔心死了。

楊：媽的，你就放一百個心好了。

XX：還是小心點好。

楊：愁死，愁死你他媽的現在沒出息。跟你說那，你替我打聽打聽，我弟弟有沒有麻煩？花點鈔票沒關係。

XX：知道了。

楊：一定要當回事啊。

XX：你弟弟運氣太差。應該早點逃出去。

楊：你他媽的不知道，共產黨也不是吃素的，不留心你就死定了。老子算最清楚了。

XX：有些人在說你壞話！

楊：老子都清楚，是馬津龍？這小子是個書呆子，不知道賺錢。

XX：馬津龍沒有多說。

楊：你講顯欽？這個老頭子？腦子有問題。共產黨的錢不賺白不賺，不賺是傻子。

XX：馬津龍說你霸道，坐到錢市長桌子上。

楊：昏君？你正好説昏君，他他娘的，膽比 B 還小，沒出息。

XX：接下來你做什麼？

楊：格老子先休息一段時間，等熟悉了美國社會，老子競選州長。

XX：聲音聽不清楚，改天再聊。

楊：以後聯繫，把我弟弟的事多留心一下。

XX：好的。

楊：拜拜。

類似這樣的越洋電話，從第一則出來以後，隔一段時間又會出新的，到目前爲止，已經有了《XX 與北美楊秀珠的第二次越洋電話》、《XX 與北美楊秀珠的第三次越洋電話》等共 6 篇。

秀珠妹，你在哪里？

作者：大門　　摘自：溫州論壇

秀珠妹啊，秀珠妹，

你在哪里呵，你在哪里？

你可知道，我們想念你，

溫州人民想念你！

我們對著高山喊：

秀珠妹——

山谷回音：

她剛離去，她剛離去，

出逃的旅途千萬裏， 她大步前進不停息。

我們對著機場喊：

秀珠妹——

飛機轟鳴：

她剛離去，她剛離去，

你不見那油膩膩的饅頭上，還閃著她粘稠的鼻涕……

…………

我們回到祖國的心臟，

在天安門前深情地呼喚：

秀—珠—妹—

廣場回答：

呵，輕些呵，輕些，

她正在和陳希同一起出席腐敗研討會議……

秀珠妹呵，我們的好秀珠妹！

你就在牢裏呵，就在牢裏。

在牢裏，在牢裏，

在牢裏……

你永遠不會再和我們在一起

不在一起，不在一起，不在一起……

你永遠居住在太陽照不到的地方，

你永遠被溫州市民唾棄。

溫州市民世世代代詛咒你！

笑話你呵，笑話你。

奶奶，你回來吧！
作者：as7777777 摘自：溫州論壇

奶奶 您回來吧！
您快些回來啦！！

這裏 依然是您的家鄉
這裏 曾經有您的童年
請聆聽來自童心的問候
奶奶 您好！

海棠花開
綠樹青青
五馬街口的天津館
整潔的街道
寬闊的草坪
我們沐浴在春天的馬鞍池

勤奮工作
文明執法
嚴謹博學
無私奉獻

晨光映染了我們的笑容

晚霞襯托了我們的笑臉

奶奶呀 奶奶
家鄉已經變了模樣
您的心海儿
是否漱起波浪

多少個相思
放飛我期盼的信鴿
多少個凝望
隔海的親人 要回鄉

多少個夢裏
是我們團圓的好時光
兩岸的老鄰居
手拉手儿 把歌儿唱

您回來吧！
您快些回來吧！

奶奶啊 您的家鄉 歡迎您
這片故土留戀您 留戀您

奶奶您看那

青青的幼苗在茁壯成長
奶奶您聽那
我們正在播種童年的理想

奶奶　誰能忘記自己的童年哪？
雲彩記著你的身影
奶奶　誰能忘記生命的搖籃哪？
家鄉的土地裏留著你的足跡

奶奶您回來吧！！！
您快些回來啦！！！
您的家鄉　熱情歡迎您！！！
祝您健康　幸福　快樂！！！！

成稿於 2005 年 4 月 20 日　首發於 2005 年 5 月 21 日

　　這是一位註冊名爲 "as7777777" 的溫州網友，模仿 "爺爺，您回來啦"（連戰大陸行赴西安時，在他的啓蒙小學裏，學生們爲他朗誦的詩歌）在楊秀珠出逃兩周年之際，發表在溫州論壇上的一首改編詩，發表後沒幾天，就傳出楊秀珠在荷蘭被捕的消息。

楊之落網網友酷評
作者：鹿城之鹿　轉自溫州論壇

鹿頭社綜合報道：最近有非官方消息傳出，中國溫州著名女貪官楊秀珠亡命海外數載後，在荷蘭被有關方面"基本控制"。對於這個消息，各方作出了不同的評論：

薩達姆：偶對秀珠妹的前途表示樂觀——中國人應該不會派一支海軍陸戰隊空降荷蘭。不過偶還是要提醒秀珠妹_在任何時候，在牢裏換衣服的時候都要提防狗仔偷拍——你的奶比偶的胸毛名氣可大多了！

布什：俺對紐約收租婆的落網表示熱烈祝賀——俺早三年前就提醒過國會那班人，要把中國威脅論落到實處——溫州炒房團才是中國人對美利堅共和國最大的威脅；而秀珠楊經過多年的規劃實踐，是一個有著豐富的工作經驗的炒房碩士。俺再一次對中情局的智商深感失望——119 撞樓也許太出人意料，但溫州人炒樓，地球人都知道啊！

本拉登：我對楊女士的不幸遭遇表示同情——從文革武鬥到上房拆樓，從掀桌罵人到機場開溜，我一直關注著楊女士的傳奇經歷，對她的才華非常敬重。我願用十個人體炸彈換她。在 119 撞樓前，我就特地要求我的戰士們：一定一定要對準目標，千萬不能撞到女士的物業上。並且要選一個風和日麗的天氣--連一點灰塵也不要玷污楊女士的房子。

小泉純一郎：溫州？東海油田那兒吧。早幾年我就跟楊秀珠談判合作開髮油氣田的事，我說讓我不參拜靖國神社可以，但油田開發要你三我七。楊秀珠說：我二你八都行，讓老娘去參拜都行。大陸架我便宜給你，但要造一條鐵路從溫州去東京，錢你出。火車站一定要在銀座，沿線的地塊，都要交給老娘的鐵路房開。

陳水扁：臺灣溫州一衣帶水啊，楊大姐前段時間給我打越洋電話是醬紫說的："阿扁啊！幾十年前，臺灣反攻大陸都是拿我們溫州當橋頭堡的，熟門熟路，再說我搞了這麼多年規劃，我素溫州活地圖！我知道哪兒好炸，哪兒是豆腐渣工程。"前段時間我已經派人秘密跟楊姐接觸，目的就素搞到地圖。沒想中共快了一步。遺憾！

沙龍：我已經向中國政府提出第三國引渡方案，我們需要楊這樣的人才，以色列準備借用楊兩年，委任她爲拆遷辦主任，負責約旦河西岸猶太人定居點的拆遷建設工作。唯一要求：不能把約旦河規劃沒了！戈蘭高地不象溫州，我們缺水啊！

阿巴斯：有楊女士主持拆遷工作，巴以和平有望！中東和平有望！！世界和平有望！！！唯一要求：請楊女士戴面紗，穿長袍，確保不在阿拉伯世界走光。眞主保佑！

普京：如果北京再不抓緊緝捕外逃貪官，將對俄羅斯的富豪產生負面影響，已經有幾個富豪步楊秀珠後塵，逃到了西方。爲此，我們這次派內務部精幹特工，輔助了荷蘭警方的行動。同時，我們還加強了對進口溫州鞋的灰色清關的緝查，又一舉查獲了 150 個貨櫃的鞋子。以此敦促溫州政府加緊對楊秀珠案的偵查結辦。

鮑肯內德：作爲荷蘭首相，我首先要肯定警方的工作。其次，我還要肯定溫州人的吃苦耐勞精神，作爲億萬富婆，楊秀珠女士能夠屈身我們這個低海拔國度的地下室數月之久，就算不用打黑工，也很不容易。另外，溫州人的團結精神也值得我們學習——受人滴水之恩，當湧泉相報。不像咱荷蘭人只知道內鬥。想當初我對 XXXX 那麼好，沒想到競選的時候竟然捅我一刀，555555

～……

　　賴昌星：楊姐啊楊姐！當初你打電話給我的時候，我就説了，您好好在新加坡呆著千萬別上歐美。這不，他們剛出臺了一個拒簽條款，就專門針對咱們福建、溫州人的。地域歧視啊！另外，不是我説你，別老是不改溫州人的死性，一有錢就買房子，買了房子還逃税－－這是你最致命的弱點－－你要學我，多上賭場，多爲當地的税收作貢獻！誰還會把你這頭能下金蛋的金雞引渡給別人？後悔了吧！

　　王天義：楊市長，哦不，楊廳長！雖然偶也是半條命，但偶們都系喝楠溪江水長大滴人，你被抓住了，我不能不管。不用怕，偶替你算過了，你是楊府爺的孫女，命大。回到溫州，就是楊府爺的地盤。你的地盤，聽你的！還有，記住了：千萬不能竹筒倒豆子，倒完了豆子，竹筒就要當柴燒了懂不？這可是偶用生命換來的經驗－－要有與人同歸於盡的勇氣！咬定青山不放鬆－－我死你也死，我就死不了--這就是偶們的免死金牌！

　　陳文憲：秀珠被抓俺很高興！俺就是被秀珠的襪子套過以後，才開始走黴運的。俺在監獄裏專門負責洗襪子，俺專業致志，洗了這麼多年襪子，才出來的。

● 貪污腐敗和貪官現象，並不是溫州僅
有，也不是中國僅有，只不過是楊秀
珠用這樣一種驚世駭俗的"裸奔"
把自己的罪行大白於天下，也把"溫
州"跟貪官聯繫起來。

第八章
溫州貪官評判

溫州出了個楊秀珠，讓人在"溫州模式"、"溫州精神"、"溫州商人"、"溫州現象"等等詞彙之外，一下子記住了一個新詞彙："溫州貪官"，今年 6 月 1 日，在楊秀珠落網的消息見諸報端之後，筆者在 google 裏查找分別查找"溫州貪官"、"溫州巨貪"，分別有 11265、11243 項結果，大部分都是關於楊秀珠及其黨羽的。如同 20 多年前以溫州皮鞋、溫州電器爲代表的"溫州假貨"一樣，楊秀珠成爲加在"溫州"之上的新的負面代名詞。

實際上，貪汙腐敗和貪官現象，並不是溫州僅有，也不是中國僅有，古今中外，任何社會，任何階級，都不可避免要面對吏治腐敗的威脅。從全國披露的情況看，溫州的職務腐敗和經濟犯罪情況還是相對比較樂觀的。溫州也不僅僅出了楊秀珠這樣一個大貪官，只不過是楊秀珠用這樣一種驚世駭俗的"裸奔"把自己的罪行大白於天下，也把"溫州"跟貪官聯繫起來。正如 1983 年杭州武林門市場的那一把大火一樣，把溫州又一次推向了封口浪尖。

在說溫州貪官之前，有必要先簡單介紹一下溫州、溫州人和溫州的"官"。

溫州位於浙江省南部，東面瀕臨東海，西鄰麗水，北接台州，南與福建爲界。背陸面海，水路交通便利，山地多、平原少，通稱"七山一水二分田"。《溫州府志》記載："土薄難藝，民以力勝，地不宜桑而織絲工，地不宜粟麥而禾兀稻足，地不產漆而器用工致"因爲"土薄"難以維持生計，所以溫州人才被迫遊移四方，甚至飄洋過海，去做生意，成了“行商”。這也是溫州人出名於經商的重要原因，溫州人也因其自古以來就有“其貨纖靡，其人善賈”、“溫州好，賈客四方民”的說法而被譽為“中國的猶太人”。

漢晉以來，溫州城內商賈雲集，商業日趨繁榮。到南宋時期更是鼎盛，來溫州經商的不僅有全國各地的，還有來自日本的客商。當時的溫州就有著“一片繁華海上頭，從來喚作小杭州”的美譽。早在南宋時期，以葉適為代表的“永嘉學派”高舉“事功”的旗幟，批評限制工商業發展的“重農抑末”思想，主張“通商惠工，以國家之力扶持商賈，流通貨幣”。至此，重商成了溫州人世代的主張，到 19 世紀末，溫州的“東甌三先生”——陳虯、宋恕和陳黻宸主張“齊商力，捷商徑，固商人，明商法”。在近代，西方商品經濟意識與永嘉學派重商思想的衝撞與融合，磨礪了溫州人特有的冒險、務實與創新的“溫州精神”。溫州也是中國個體私營經濟和股份合作經濟的發祥地，被經濟界稱為“溫州模式”。

2003 年 4 月中下旬，跟楊秀珠出逃同一時間，溫州的政壇發生了一次小規模的“地震”：溫州市副市長吳敏一、林培雲，市政府秘書長何包根以及副秘書長王運正，兩名副市長和市政府正副秘書長先後“集體”辭職。一個地級市的市政府 4 名高官同時辭職，在中國的地方政壇仍屬首次，也在政界引起了不小的震動。這 4 名官員辭職後，相繼“下海”，進入當地民營企業擔任高級管理人員。溫州官員的集體辭官下海在當時就引起了很大的反響，許多媒體爭相開闢版面討論這一現象和由此帶來的影響。如果不是因爲楊秀珠出逃被披露，搶走了人們的眼球，這一現象的討論將越挖越深，持續相當長時間。

事實上，自 1990 起，溫州副縣級以上的下海官員已超過 20 人。下海之後進民企，幾乎成了溫州政府官員辭職後的一條"必由之路"。聘請下海的政府官員擔任公司的總經理等要職，也成爲很多溫州民企的普遍做法。"政府官員的行政管理能力一般都比較強，而且社會關係網發達。另一方面，聘請原本就具有相當好的社會影響力的政府官員對於提升企業形象和品位也能起到良好的作用。"一位溫州民營企業老闆這樣解釋他聘請下海官員擔任企業高管的目的。

一位溫州服裝企業負責公關的經理說，對政府或是官員的公關，不一定就是花錢買路，更重要的是要適應中國"熟人社會"的國情。據他介紹，溫州的企業裏都有專人負責和政府的各個分管部門打交道。這些人的工作規律是：隔一段時間，就到對口的部門去坐一坐，和辦事人員聊聊天，拉拉近乎，偶爾請他們吃頓飯。還有，就是捐助政府的公益事業，幫助官員樹立政府形象。

"我不會指望這樣就能讓政府違反原則替我辦事。"一位溫州企業的高層說，"但有時候，他們把我當作朋友的話，就能提供給我很多信息。"

溫州是個典型的"熟人"社會，具體表現有溫州人注重人緣、地緣、親緣、血緣，講究人情。溫州的民營企業，很多都是由家族企業成長起來的。有人好辦事，遇到事情托人"挈籃子"，在溫州是普遍現象。在這樣的氛圍裏，不要說是從土生土長的溫州人裏成長起來的，即使是原籍外地的溫州官員，也不可避免要受到影響。

自古以來，溫州就有較濃烈的官僚市場經濟遺留，地方政府和大資本家的勾結比較明顯。溫州市場經濟搞得早一點，幹部觀念轉變也相對快一點，溫州的政府官員並不像有些地方的政府官員那樣，"烏紗帽"一定要戴到老。溫州人看政府官員的眼神是不用仰視的，大多數溫州官員都也很清楚自己的位置，只是個服務者。此外，溫州社會的重商文化由來已久。在這樣一個社會文化環境下，人們更看重的是一個人的能力，而不是他的職位。有能力的人無論是從政還是經商，只要能做出成績來，都能夠得到人們的尊重。在溫州還有這樣一個說法：判斷一個官員是否有能力，有一個很直觀的衡量標準就是看這個官員在離開仕途之後是否有政府再來請他。

企業從悄悄地賺錢到借助政策和政府的公關需求（即樹立公眾形象），鞏固企業的根基，已經成了溫州商人的"共識"。和商人的政治敏感形成鮮明對比的是溫州官員的現狀，政府工作人員對"吃皇糧"的工作並沒有過多優越感，官員們對幹出一番事業的民營企業主的態度可以用佩服來形容。曾有機構對溫州市 260 名政府部門的幹部、職工進行調查，93％的人認為"致富是當前最大的政治"。調查顯示，54％的溫州人"不要烏紗要銅板"。

溫州的普通官員們常常嘲弄自己的官位："我們這裏當官不能有架子，如果企業覺得官員沒水平，對其沒幫助，是不會理我們的，頂多也不過是給點面子，表面客氣。但若企業不給面子，我們也沒辦法，別說為難企業，就是稍微有點拖延，他們都有可能去告狀。他們中好多人是政協委員、人大代表，他們可以直接把意見反映到高層領導那裏去。"因此,有人說,在溫州當官的沒有官架子,更像當老闆的;當老闆的沒老闆"胚",更像打工的。

下面讓我們認識一下幾個像老闆的溫州貪官。

> 陳文憲與楊秀珠有著密切關係。他是楊秀珠走上政治舞臺的關鍵人物。

第一節　陳文憲,溫州第一個被判刑的原市長

在溫州,陳文憲是一個毀譽參半的人物,在他擔任溫州市市長的 6 年時間內,溫州實現了從中小城市向大城市的飛躍:金溫鐵路是在他的任內;大規模的舊城改造是在他的任內。在溫州,他有一大批企業界朋友,在他 1996 年調任浙江國信集團有限責任公司董事長之際,很多人自發組織爲他送行;在他案發後,很多溫州老闆專程赴杭州探望他。

更重要的是,陳文憲是溫州改革開放以來,第一個被判刑的前市長。儘管他的犯罪行爲發生在離任溫州市市長以後,但不可否認的是,在溫州擔任行政長官的經歷,爲他最終實施受賄行爲提供了可能。還有更重要的一點,陳文憲是楊秀珠走上政治舞臺的關鍵人物。

受賄 16 萬判刑 11 年

2002 年 1 月 29 日，低溫籠罩著省城杭州，在杭州市中級人民法院裏，主審法官宣讀，以受賄罪判處被告人陳文憲有期徒刑 11 年，並處沒收其個人財產人民幣 10 萬元；贓款人民幣 1.6 萬元、美金 1 萬元、港幣 4 萬元，贓物價值人民幣 2.2 萬餘元的勞力士手錶、價值人民幣 5800 元的紀念金幣，予以追繳，上交國庫。

時年 57 歲的陳文憲，案發前系浙江國信集團有限責任公司董事長、省國際信託投資公司董事長、總經理和黨委書記。

陳文憲的落馬，與一個姓何的香港老闆有關。1995 年，何老闆陪同他的叔叔到溫州捐資近億元，修建醫院、圖書館、學校、大會堂等。時任溫州市長的陳文憲與何相識。1996 年，何再到溫州，聽說陳文憲已經到省國際信託投資公司當董事長。當年底，陳文憲到香港考察，何邀請陳到他的公司參觀，並提出共同組建房地產公司的想法。陳欣然同意。

從此，陳文憲陷入了何的陷阱。何每次送給陳的錢物並不多，如最初送給陳一套郵票，1 萬元港幣的"公司交際費"，價值 2 萬元的勞力士手錶；後來又送過 1 萬美元，2 萬港元，香港回歸紀念金幣(價值 3 萬港元)。另外，陳每次到香港，何跟他打牌，故意輸給他的錢也只是幾千港元。但隨著這種"你送我收，來者不拒"的關係的固定化，陳文憲的心態慢慢傾斜了。浙江省國信公司的 600 萬美元投資，也在不知不覺中打了水漂！

法院查明，1996 年底至 1998 年，陳文憲在擔任省國信總經理期間，在省國信下屬公司香港鴻發公司與香港歐江國際有限公司合資建立凱勝集團有限公司以及投資香港九龍城項目等過程中，先後 4 次收受香港歐江國際有限公司董事長何紀椿（在溫州市曾用名何志春）的賄賂財物計人民幣 132314 元。

此外，1993 年陳文憲在擔任溫州市市長期間，協調將由洪某任董事長的溫州浙南心血管中心醫院確定為公費醫療單位，1997年，他在擔任省國信總經理期間，又借貸給同由洪某任董事長的香港世海國際有限公司 100 萬美元，因此收受洪某賄賂計港幣 2 萬元。

另據調查，1998 年 2 月至 1999 年 9 月，身為浙江國信總經理的陳文憲，批准本公司貸款給杭州新世紀信息系統工程有限公司和溫州新世紀集團股份有限公司，並收受此兩家企業的法人代表張某賄賂計人民幣 1.6 萬元。

法院認為，陳文憲身為國家工作人員，利用職務便利，先後 7 次非法收受他人財物，共計 16 萬多元，已構成受賄罪。鑒於其歸案後坦白交待態度較好，能退清全部贓款、贓物，遂依法酌情從輕作出上述判決。

陳文憲受賄案東窗事發，是在 2001 年。坊間流傳，他是被"群眾"匿名舉報，從舉報材料的翔實程度來看，這個"群眾"幾乎可以圈定是他身邊最親密的人甚至家庭成員。這個舉報材料一下點中陳文憲的死穴，省紀委在收到舉報材料後，結合對浙江國信集團的審計報告，5 月 11 日，經浙江省委同意，省紀委對省國信控股集團公司原董事長、黨委書記陳文憲涉嫌嚴重違紀違法的問題進行立案審查。

省紀委查明，陳文憲在任溫州市委副書記、市長，省國際信託投資公司總經理期間，利用職務之便，爲他人謀取私利，收受錢物，數額巨大，情節嚴重；違反民主集中制原則，在對外投資方面盲目決策，監管不力，給國家造成重大經濟損失；違反規定，買賣股票。省紀委指出，陳文憲身爲黨員領導幹部，背棄了領導幹部應有的政治責任，喪失黨性原則，熱衷於"傍大款"，大搞權錢交易，嚴重敗壞了黨的形象，損害了國家利益。6月12日，陳文憲被省人民檢察院依法逮捕。

在獄中時，陳文憲曾接受採訪，回憶自己一步步走上違法犯罪道路的過程。他回憶說："我曾在農場勞動、在農場入黨，當時覺得自己黨性觀念比較強，從來不敢去想也不敢去收人家的東西。我一直在回憶，在當副鄉長時，人家送我一隻鴨子我都退回去。當時總覺得不屬於你自己的東西就不應該要。"

陳文憲的腐化墮落和其職位的變動有著直接關係。1996年8月，經組織決定，免去陳文憲溫州市市長的職務，調往省國際信託投資公司擔任總經理。面對組織的這一決定，陳文憲感到莫大的失落，內心深處也起了根本性轉變。"做了大官，做了大事，不發點大財？""我在溫州是耕耘者，到國信後果子熟了我要分給自己一點的。" 這是陳文憲當時的心態。在陳文憲事發後，何紀椿接受檢察機關調查時說，陳文憲這個人有三個明顯特點，一是貪錢，二是貪色，三是愛說大話，尤其在金錢方面，表現得更爲直接和貪婪。

陳文憲在擔任溫州市市長和省國信公司總經理期間，接觸了不少海內外的企業界人士，這些人身家豐厚，不少人都擁有上億元甚至十幾億元的資產。他們一方面資金大進大出、花錢如流水，另一方面，又低下頭來，要陳文憲幫忙，在飯店、咖啡廳裏與陳文憲談交易，使陳文憲有一種"窮方丈"要向"富和尚"施捨的奇怪心理和不平衡感。還有一些老闆則借機向他大談生意經，教他如何做生意，如何斂財。如 1994 年秋，臺灣一位老闆在香港滙豐銀行附近的一家咖啡廳與陳文憲作了長談，除了雙方的交易外，另一個內容就是教他今後不在政府工作後如何經商，如何發大財等。

　　陳文憲貪婪的心進一步被活躍在他周圍的這些"富翁"、"富婆"們撩撥得蠢蠢欲動，恨不能再生出幾隻手多撈些錢進來。於是，他開始尋求各種途徑"挖"錢：一是對送上門來的錢物來者不拒；二是利用炒股贏錢。他利用關係委託外商洪某在境外開設 B 股、H 股賬戶，還借了數額巨大的資金委託他人炒作，最後賺了不少錢；三是利用賭博贏錢。何紀椿每次接待陳文憲時都陪他玩牌，借機輸錢給他，每次都達數千港幣。陳文憲輕易贏錢不但不臉紅，而且還常常在賭博時"偷牌"。爲了將這個遊戲經常玩下去，他還把人家的高級賭具都拿回了家；四是利用女兒婚禮斂財。據陳文憲交待，他大女兒結婚之際，總共收到了 30 萬元的賀禮，其中一位外商一次就送了 10 萬元的賀卡。正如陳文憲自己交待的那樣："我在收受錢財可謂名目繁多，有以做生意放本金，有以收取活動費、考察費、董事會車馬費、考察路線費、子女婚禮費等多種名義，對有過幫助的，關係順暢的，主動相送的，單個交易的，心安理得予以收受。自己反省起來，巧立名目收受財物時間之長、範圍之廣、數量之多可以說是肆無忌憚。"

陳文憲違法違紀的另一個根源在於放棄了爲官做人的行爲準則與規範，偏離了從政道德和做人原則。種種情況表明，他從政的目的就是爲了發財，爲了享樂。貪財貪色是他最大的特點。到香港考察，除了吃飯打牌，收受錢物外，他還常常去按摩店接受按摩等服務。陳文憲剛從寧波調到溫州時，常去溫州東方紅大酒店。據他妻子說，那時就有人勸她，要她儘快從寧波調到溫州去，否則陳文憲要出問題的。據查，有次某房產公司經理請陳文憲在浙江酒店吃飯，酒足飯飽後陳文憲被請到房間裏休息，而房間裏已經有一位該公司的小姐等在裏面"伺候"了。陳文憲在悔過材料上這樣解剖自己："貪圖安逸，背離先進文化思想和道德標準。對社會上一些賭博、腐敗、醜惡現象不但抵制不力，不嚴於律己，而且還參與其中，經不起權力、金錢、美色等關卡考驗。"

陳文憲說："自己沒有牢記權力是一種責任、一種服務，是爲人民服務而不是爲自己。我把權力和責任移位了，把權力當作一種交換、一種索取、一種謀利。"

陳文憲在溫州

陳文憲的性格跟溫州人很像。他在搞活經濟方面的觀點跟溫州的實際情況結合得很好。在與溫州企業界打交道的過程中，他廣交大批朋友。陳文憲看到了溫州民間蘊藏著巨大資本，他認爲，要把溫州經濟搞活，離不開溫州老闆。當時，溫州有一批大型基礎設施要上馬，但地方財政囊中羞澀，在很多基礎設施上，他都很重視吸納溫州民間資本參與。

　　有一個小故事，溫州準備籌建體育中心時，資金缺口很大。陳文憲代表市政府出面籌資，他舉辦了一個冷餐會，廣邀溫州老闆和企業界人士參加。在酒桌上，他搞了個小型的義賣，宣佈一杯酒一萬元，與會人士紛紛響應，很快就籌措了一大批資金。同時，他還宣佈，對體育中心的座位進行拍賣，出資多者可以獲得體育中心的固定座位使用權。在體育中心舉辦各種活動時，出資者可以免費進場，這個座位就作為出資者的指定座位。通過這些方法，在財政支出不多的情況下，溫州以大量的民間資本，興建了許多基礎設施。

　　溫州人很注重人情往來，由於陳文憲與溫州企業界老闆的良好關係，在逢年過節的時候，出國出境旅遊的時候，陳文憲女兒結婚的時候，他在溫州結交的企業界朋友都爭相給他送紅包。陳文憲收受的幾乎每一筆賄賂款，都是打著人情的幌子，其中有相當部分是以禮金的面目出現的。如此這般，行賄的人有了個好的藉口，受賄的人則拿得心安理得，彼此心照不宣地完成了一筆筆交易。

　　在陳文憲炙手可熱的時候，陳文憲的女兒高中畢業以後，被安排進當地一家銀行工作，隨即銀行即安排其到杭州某高校接受成人高等教育，在校期間工資福利等均照發，學費、生活費當然也是單位報銷。單位這麼做的目的，無非是看中了陳文憲的市長身份，希望能借安排他女兒就業、深造，博得市長的好感，使陳文憲在政策上能向他們傾斜。

　　在獄中時，陳文憲談到了女兒結婚的時候收紅包的情況。那一次他收了多少錢呢？陳文憲回憶說：“總共 30 萬塊左右，我認為自己離開溫州那麼長時間，人家來送你覺得心安理得。其實是我過去幫人家辦事，當場送你不合適，用這種方法送錢就比較合適。"他當時覺得，女兒結婚時，人家來送禮，自己覺得沒有違反黨紀，特別是覺得自己過去幫了人家很多忙。

陳文憲與楊秀珠

陳文憲與楊秀珠有著密切關係。楊秀珠 1989 年升任規劃局局長的。這一年，也正好是陳文憲赴任溫州市市長的時間。當時楊秀珠與陳文憲形成了工作上的默契。對此的一種猜測是，楊秀珠風風火火的行事風格從某種角度也正符合陳文憲的性格，初來乍到的陳文憲急需這樣的幹部打開局面。另一個原因是初到溫州的陳文憲實在不瞭解情況。證明這種判斷的一個細節是：陳文憲在一次大會講話時說，溫州也有人才嘛，比如規劃局的楊秀珠同志就是同濟大學畢業的（楊秀珠在同濟大學進修了三個月，雖然大部分時間她都沒有去上課，但楊秀珠自此便一直打著"同濟大學"畢業的旗號）。此言一出，台下頓時一片竊笑。

因為工作，市長陳文憲與當時的市委書記孔祥友產生了矛盾，善於抓空子的楊秀珠堅決站在陳文憲一方。當時楊秀珠就向陳文憲提出，向省裏要求調張友余到溫州接任市委書記，"缺乏政治鬥爭經驗"的陳文憲同意了這種提議，楊、陳共同在省裏活動，在溫州只工作一年多的孔祥友被擠回到省裏。1993 年，溫州市委新書記到任，也就是一直和楊秀珠有著密切聯繫的張友余，而這一切盡在楊秀珠的設計與預料之中。

蜜月期 "泉水叮咚"和絲襪套頭

這一時間陳文憲和楊秀珠關係十分親密,有這麼兩個小故事很能說明問題。

溫州晚報有個叫鄭雪君的女記者,1994 年,她隨溫州市政府經貿代表團赴香港採訪,一天晚上,她接到報社總編電話,要她必須對帶隊的陳文憲市長進行專訪,第二天見報。她接到任務就在賓館大廳等待。夜裏 12 點多,陳文憲才回到賓館。鄭雪君連忙跟著上電梯到了市長住的房門前,但陳文憲經過一天工作,十分疲憊,而且不樂意接受採訪,說了句"今天我很累,不接受採訪",就把門關掉了,給鄭雪君吃了閉門羹。鄭雪君擔心完不成任務,只得敲門,但市長一點反應都沒有。她氣得哭了,邊敲門邊流淚,哭了很長時間。陳文憲被她吵得睡不著覺,只好打電話向住在另一房間的楊秀珠求援。楊秀珠一上樓本想批評她幾句,但一看到她淚流滿面的樣子也就心軟了,問她怎麼回事,她說報社領導佈置任務,一定要採訪到市長,第二天一版的版面已留空,完不成任務可怎麼辦哪?楊秀珠很同情,立即幫她敲門,"棺材,棺材(溫州話中親密者間的稱呼),你就開開門,讓她採訪一下。"陳文憲這才不情願地開了門,讓這名女記者完成採訪任務。

第二天下午,全團開大會,陳文憲在會上向鄭雪君道歉,並表揚了她。陳文憲還當場給她起了個綽號:"從今以後,我們大家就不要叫她名字了,就叫她'泉水叮咚'好了,因為昨天夜裏她在我房門口真是'泉水叮咚響'。"從此,"泉水叮咚"就成了這名女記者的外號。

楊秀珠自認爲把陳文憲拿捏得死死的，爲了給人顯示她與陳文憲的不尋常關係，會不分場合對他動手動腳。有一次，有人找陳文憲彙報工作，楊秀珠隨後也進來找陳文憲，辦公室裏原本有空餘的椅子，但她居然一屁股坐到陳文憲的辦公桌上，讓邊上的人瞠目結舌。還有一次，楊秀珠隨陳文憲到溫州一襪廠檢查工作，趁陳不注意，楊把一隻絲襪套向其頭部，而且居然給套了個紮實。弄得陳在現場很難堪，當時在場的諸多大小官員都目瞪口呆，笑也不是，不笑也不是。而楊在一旁哈哈大笑。

溫州民間有種說法，從那次被"絲襪套頭"以後，陳文憲就開始走背字了。先是被免去市長職務，調任國信集團董事長，失去了實權，緊接著又因受賄被判刑，連自由都被剝奪了。當然這是荒誕之談，不足爲信。

決裂期　楊秀珠擠走陳文憲

陳文憲與楊秀珠的蜜月很快就破裂了。

陳文憲與楊秀珠之間存在的矛盾，知情者分析原因認爲：一是陳文憲瞭解情況後，對楊秀珠的作風看不慣，陳文憲是個有主張的人，對溫州逐漸瞭解情況的他對權力愈來愈膨脹的楊秀珠也有所警惕。另外，當了副市長的楊秀珠，眼下的第一個障礙物就是對經濟工作得心應手的陳文憲。這一次，楊秀珠選擇了拋棄陳文憲，很快拉攏一批人孤立了陳文憲。

1996 年，陳文憲被安排去中央黨校學習三個月。學滿回溫州後，去省裏彙報工作，許多人向他發問："聽說你要調走了？"陳文憲一頭霧水，連連否認。但三天之後，他的調令就下來了。

知情者分析，一心想在溫州做一番事業、並且已有所建樹的陳文憲從主觀上講並不會主動離開溫州，但最終他還是被"擠走了"。

1996 年，陳文憲黯然離開溫州。離開的當天下著濛濛細雨，許多市民打標語、帶著鮮花，自發來機場來送行。勝利一方的楊秀珠依然毫不手軟，此前一個個給各個局打電話，交待底下人不許到機場送陳文憲。據說還是有一個局長抗命不遵，她馬上打電話興師問罪。而陳文憲的秘書送陳文憲到杭州再回溫州時，發現連自已的辦公桌椅都被清理出門，居然是站著辦了一年的公。

2002 年陳文憲因受賄罪被判 11 年有期徒刑入獄後，據說陳文憲對從溫州來看望他的人說，自己最大的心願是就是看到楊秀珠倒臺的那一天。

> ｛ 長期包養三陪女的葉征，為了退休後能夠繼續這種奢華生活，葉征從 1992 年開始謀劃著為自己的"今後"搞點錢了。但這一搞，搞出了個全國聞名的"豆腐渣"大廈。 ｝

第二節　葉征，"豆腐渣"大廈背後的財色行長

2004 年 5 月 18 日清晨，"轟！"連聲悶響，中銀大廈主樓如累累迭迭的豆腐般，軟軟塌下。一團灰白的煙塵騰地而起，轉瞬

間籠罩住了周邊街區。這座 "衣裳襤褸" 了 8 年之久的爛尾樓,終於走完了它的最後一程。然而,由這座爛尾樓出的一大串腐敗官員的名字還在被人們風傳。葉征正是這起涉案金額達 3 千多萬元腐敗大案輿論風口上的人物。

檢察機關查明,在 1992 年到 1995 年間,葉征利用擔任中國銀行溫州市分行行長的職務便利,為他人謀取利益,先後 7 次非法收受他人賄賂款計人民幣 66 萬元、美元 3 萬元。2003 年 3 月 24 日,溫州市以受賄罪判處葉征有期徒刑 13 年。

2005 年 4 月 11 日,鹿城區人民法院對中銀大廈 "爛尾樓" 工程 "埋單" 案作出一審判決。法院以國有企業人員失職罪,判處被告人葉征有期徒刑 3 年 6 個月,與前罪有期徒刑 13 年,決定執行有期徒刑 15 年。

中銀爛尾樓絆倒原行長

早在 1998 年就有人議論,位於市區學院路與車站大道的交會口的中銀大廈是否隱匿腐敗現象,當時中行浙江省分行也不斷接到群眾舉報,反映在建的大廈有嚴重的質量問題,同時稱中行溫州市分行有關領導在此過程中有違法違規行為和嚴重的經濟問題。

接到舉報群眾後,1999 年和 2000 年,省中行曾先後兩次立案偵查,但結果不了了之。溫州分行依然一派風平浪靜。一邊是群眾接連不斷的舉報,一邊是原分行行長葉征等人以黨性作保的 "清白" 標榜,此事最終震動了中國銀行總行。總行有關領導批示一定要將此案查個水落石出。

2001 年年初，中國銀行總行監察部一名副部長秘密來到溫州，向市委領導通報此事，並希望地方黨委施以援手。後經過多次研究和協調，省紀委同意由市紀委牽頭承辦該案。歷經一年多的時間的偵察，一張巨大的中銀黑幕終於被揭開了。在此後展開的深入審查中，以葉征爲首的"中銀串案"逐漸浮現水面，共涉案 43 人，其中縣（處）級幹部 4 人，科級幹部 7 人。大貪官葉征貪迷財色、以權謀私的劣跡被大量抖了出來。

大風起於青萍之末。中銀大廈案得從一個女人說起。她叫王芬華（化名），系北京某醫藥有限公司的總經理。1993 年底，她獲悉溫州有工程可承包，於是帶上朋友廣東茂名市建築總公司第七分公司的經理陳錫武，興沖沖來到溫州。

當時已有五傢具備資質的建築公司介入了中銀大廈的整個投標工作，人生地不熟的王芬華欲橫插一腳，談何容易。但這個女人堅信，金錢鋪路和美色轟炸之下焉有攻不破的城堡？後來他們發現，此工程中的兩個關鍵人物正有這樣的弱點，一個是中行溫州分行行長葉征，一個是市建設工程招投標監理處副主任馬一兵。

葉征果然中套了。由於錢權、色權交易起到作用，陳錫武、王芬華在中銀大廈招投標過程中一路綠燈。1994 年，標的爲 6000 萬元的中銀大廈由陳錫武中標。事後，王芬華拿走所謂的回扣費、公關費共計 166 萬元。陳錫武的行賄費用遠遠超過了正常招投標所花的錢。

1997 年大廈封頂後，有關部門發現這座建築面積達 1.5 萬平方米的 22 層大廈存在嚴重的質量問題。後經市建設工程質監站及國家建築工程質量監督檢測中心等多次檢測鑒定，結果爲不合格。兩年後的 1999 年 11 月，北京方面拿出最權威的報告，證明主體工程質量不合格。同時認定大廈部分結構強度達不到要求，系偷工減料造成。

由於檢測鑒定須經一定程序，大廈加固方案直到 2000 年 5 月才出臺。但當加固施工進行到第 15 樓時，因爲承建單位——陳錫武方面拒付加固費用，沒辦法，來自北京的加固施工隊於 2001 年 3 月撤回。一個月後，中行方面中止了與陳錫武的施工合同。隨後，銀行方面又委託國家權威機構對地基部分進行檢測。

中銀大廈就這樣一直在風雨中等待著，該行副行長魯榮華（因涉嫌受賄罪已被判刑）在 2001 年 5 月份通過媒體向公眾辯稱：承建單位是通過正常招投標確定的，銀行方面至今沒有一名幹部因與大廈質量問題有染被查處。

2001 年 10 月 19 日，葉征已隱約聽到風聲，妻子和兒子先於他外逃，他也做了自 1998 年退休以來的最後準備。但萬萬沒想到的是，專案組人員會這麼神速搶在他前頭來到他家。與他同天歸案的還有他的兩個老部下：原分管基建的副行長魯榮華和原基建辦主任陳傳信。

在紀委審訊室裏，軍人出身、掌舵中行十年的經歷，加上曾有三次被查的經驗，葉征幾乎是滴水不漏。早有思想準備的他，擺出要找領導申訴冤屈的架勢，他寫信的開頭便是"省中行x 行長、市委x 書記"，絕口不承認有任何經濟問題。專案組人員只得不斷改變策略，後來隨著陳錫武等行賄嫌犯的歸案，葉征終於受不了強大的政策攻心和法律威力，承認了有關犯罪事實。

據市紀委透露,中國銀行溫州分行原行長、黨組書記葉征涉嫌受賄案件,涉案 43 人,移送司法機關 19 人,涉及縣(處)級幹部 4 人,科級幹部 7 人,涉及違法違紀金額 3000 餘萬元人民幣。

財色行長墮落過程

其實,葉征也有值得驕傲的過去,被貼上"貪官"的標籤是臨近退休的事。65 歲的葉征,1938 年出生於永嘉縣白雲龍根村,早年家境貧寒,他是憑藉著刻苦努力、勤懇工作逐漸被提拔的。在黨和人民交給他的崗位上,葉征曾做出一定的貢獻,而他為官晚期步入犯罪深淵的根本原因,是在改革開放和發展市場經濟的嚴峻考驗面前,放鬆學習和道德修養,世界觀、人生觀、價值觀嚴重扭曲,消極腐朽思想惡性膨脹。

在葉征任行長的期限內,溫州中行當時的違規借貸不計其數,其中超額度貸款或化整為零變相超額貸款是一個重要手段。這兩種違規貸款方式都是明令禁止的。溫州中行單筆美元貸款額度最初為 30 萬美元,後來增加到 50 萬美元。作為一行之長,葉征儘管十分清楚這一限額規定,但當"要好"的企業老闆找上門時,他還是"來者不拒",甚至自覺地幫助他們打"擦邊球",以致溫州個別老闆一遇到企業資金周轉困難就找葉征幫忙。

對於與葉"有關係"的老闆們而言,溫州中行是個取之不盡的私人金庫。溫州米莉莎皮件公司最初美元貸款額度是 30 萬美元時,經葉征同意貸了 50 萬美元;後來額度增加到 50 萬美元時,該公司老闆陳其躍為了能貸 90 萬美元,便在同一天分 50 萬美元和 40 萬美元兩次進行貸款。1992 年至 1998 年間，該公司在溫州中行的人民幣貸款總額也高得驚人，1996 年最高時曾達到 3000 萬元人民幣。再如談到與我市另一企業家關係時，葉征交代，"（他）是我到中行後慢慢熟起來的。以前（他）經常有對我提出增加貸款額度等要求。後來兩人關係好起來後，也不用他多提出了"。此外，葉征還多次通過拆借資金等方式，慷國家之慨。陳其躍等人自己都承認，如果沒有葉征的貸款，企業早已跨掉。他們也正是沖著葉征的這些"幫助"和今後能得到繼續支持，才送錢給葉征的。

由於當時金融系統對資金拆借、違規貸款等方面幾乎沒有明確的制約制度，上下級以及單位內部人員之間沒有有效的監督，使得葉征在溫州中行具有最高的決定權。由於大權在手，葉征從 1992 年任溫州中行行長之初，就開始肆無忌憚地收受賄賂，從最初的 2 萬元人民幣，到 3 萬美元，到最後的 30 萬元人民幣，"胃口"一次比一次大。

古人雲："從善如登，從惡如崩"。從事金融工作後，葉征的社交圈大部分是大老闆、企業家。他在接受別人請吃、請喝、請唱歌的同時，開始放縱自己，淡忘了黨的優良傳統和作風，逐漸喪失信念，熱衷於金迷紙醉的生活。如某行賄人送給葉征 2 萬元人民幣時，就直接說："這是給你平時晚上出去玩、唱歌、點歌的費用"。葉征生活漸漸奢侈腐化，作風糜爛，與不少女子發生過性關係，另據交代，大約在 1994 年，葉征還在一歌廳認識了一名 20 來歲的四川三陪女劉某，此後兩人關係甚密。葉征長期包養劉某，且生有一女。他的部分賄賂款就專門供這名情婦使用。

　　作為一名正處級的銀行行長，葉征其實並不缺錢。但為了退休後能夠繼續這種奢華生活，他從 1992 年也就是 54 歲左右，開始謀劃著為自己的"今後"搞點錢了。如葉征在案發前一直存於北京光大銀行的 3 萬美元受賄款，他說原本是打算退休後養老和出去旅遊用的。再如，葉征退休後，從 1998 年 8 月至案發前的 2001 年 8 月，還到我市一家他在任時曾"幫過大忙"的企業裏當顧問，不僅有專門為他裝潢的辦公室，而且領了 9 萬多元的工資。

　　私欲膨脹使葉征喪失了廉潔，把黨和人民賦予的權力變成了謀取私利的工具。據交代，葉征剛開始收錢時，"心裏有點怕"，起先是推脫不要，嘴上還是說"借"的。但經過一段時間的思想鬥爭，最後再有人送錢來時，他也就只說"不用客氣"或"謝謝你"了。但他同時交代，"嘴裏講借好聽一點，其實心裏就想收下，不想還了"。因為他明白這些人是沖著行長的權力送錢給他的，而且他也給他們幫了忙，覺得拿點很"自然"。如行賄人周某交代，他送 10 萬元給葉征時，"葉征沒說什麼就接了過去"，同時竟問與其一道的該行計劃處魏某某："你的呢？"此後，葉征與個別相熟的企業主喝酒吃飯時，還經常有意無意地講"想買房投資但缺資金"等話，暗示他們給自己送錢來。

　　葉征的墮落，正如他自己反省的那樣，"在溫州特定的商品經濟環境中，深受腐朽思想的影響，個人私欲膨脹，享樂主義充斥腦子，自己又快到退休年齡，而別人又是主動送錢，我也利用行長的權力幫了他們的忙。……我收受他們錢一是心安理得，二是認為別人也不知道。我現在真是後悔莫及了。"

葉征與楊秀珠——陳其躍串起腐敗線

楊秀珠的出逃，部分原因是由於陳其躍的落網，陳其躍的落網，則是因爲葉征受賄案的暴露。兩個大貪官，因這名善於鑽營的溫州商人而被串在一起。

2001 年年底，葉征涉嫌受賄被溫州市檢察院逮捕，他供出陳其躍曾向其行賄 48 萬元，後者因此成爲司法機關的通緝對象。2002 年底，本以爲案件已了結的陳其躍從法國飛回中國，剛踏進深圳羅湖關，便被緝拿歸案。

陳其躍的銀鐺入獄使楊秀珠如坐針氈、惶惶不可終日。據楊在省建設廳的同事反映，"4 月上中旬，一向蠻橫霸道的她，這陣子像漏了氣的皮球。"

陳其躍與楊秀珠有著非比尋常的關係。僅就動物園地塊出讓而言，溫州一些老幹部認爲，溫州一些官員認爲，楊秀珠通過假投標，削減地價和調高容積率，使陳其躍在動物園地塊開發中掙得的利潤至少 2 億元，楊秀珠不是葉征，她在動物園地塊轉讓中獲得的好處很可能是一個天文數字。在楊秀珠暗助陳其躍在戲劇性地以封頂價贏得車站大道 3-3 號地塊招標後，一位知情者告訴記者，他事後曾向陳其躍祝賀其拿下如此好的項目，而陳歎道，"別看我好像賺了，其實我被人割得眼淚都出來了。"

⟩ 帶著二奶匆匆出逃的王天義終於也沒能逃脫法律的制裁，在他歸案後，檢察機關驚奇地發現，作為一個小小的區級公安局長的王天義，居然擁有總額將近 2000 萬元人民幣的不能說明來源合法的財產，王天義因此被媒體稱作"浙江第一貪"。⟨

第三節　王天義，"浙江第一貪"的腐敗之路

王天義，原溫州市鹿城區公安局局長，一個連縣長都不到的小毛官，竟擁有美元、法郎、荷蘭盾、德國馬克、港幣等多種巨額外匯，先後通過受賄等各種非法手段聚斂了 14 套房產、擁有的各類古董藏品、名人字畫共計 1573 件，價值總計達 600 餘萬元。擁有總額將近 2000 萬元人民幣的不能說明其來源合法的財產，被稱作浙江第一貪。

2002 年 5 月 27 日，溫州市中級人民法院對王天義受賄、巨額財產來源不明案作出一審判決。以受賄罪判處其死刑，剝奪政治權利終身，並處沒收個人全部財產；以巨額財產來源不明罪，判處其有期徒刑五年；決定執行死刑，剝奪政治權利終身，並處沒收個人全部財產。王天義不服判決，隨即提出上訴。

2003 年 6 月 17 日，王天義在他被羈押的溫嶺市看守所，接到了受賄、巨額財產來源不明一案的二審裁定書。市中級人民法院受省高院委託，宣讀了刑事裁定結果：駁回上訴，維持原判，即

死刑，剝奪政治權利終身，並處沒收個人全部財產。

根據法律規定，因受賄罪被判處死刑的，應報請最高人民法院核准。2004 年 8 月，經最高人民法院死刑復核，作出判決：王天義犯受賄罪判處死刑，緩期兩年執行，剝奪政治權利終身，並處沒收個人全部財產，與其所犯巨額財產來源不明罪判處的刑罰並罰，決定執行死刑，緩期兩年執行，剝奪政治權利終身，並處沒收個人全部財產。王天義總算僥倖撿了條命。

22 頁長起訴書讀了 42 分鐘

2002 年 4 月 23 日，王天義涉嫌受賄、巨額財產來源不明一案開庭審理。長達 22 頁的起訴書足足宣讀了 42 分鐘。起訴書指控，被告人王天義在任期間，大肆聚斂財產，先後通過受賄等各種非法手段聚斂了 14 套房產、48 件金銀首飾、195 件名人字畫及 250 多萬的受賄款，另外還有 1000 多萬人民幣的巨額不明財產，總案值達 1700 多萬元人民幣。這起案件涉案數額大、社會危害性嚴重，在溫州市乃至全省全國均引起了一定的轟動。人們疑惑，一個小小的鹿城公安分局局長，在短短 3 年時間裏，竟聚斂了 1700 多萬資產，平均年入 500 多萬元，日進 1.3 萬餘元。在如此巨大的 "財富" 面前，大家發現自己的想像力竟如此蒼白。開審之後，該案 60 多個卷宗披露的變化多端的行賄、受賄手法，一個公安局長貽人聽聞的糜爛生活，和那一大批令人眼花繚亂的贓物，令人一時瞠目結舌。

王天義被清查出的財物清單

財產 1700 多萬，包括：賄賂款有：人民幣 240.2090 萬元，美元 1.5 萬元；非法所得有：人民幣 295.0152 萬元，美元 17.7278 萬元，法國法郎 3.3375 萬元，港幣 0.2211 萬元，德國馬克 0.2792 萬元，荷蘭盾 0.1770 萬元；來源不明的財產有：人民幣 681.3661 萬元，美元 35.8943 萬元，法國法郎 29.1774 萬元，港幣 5.3678 萬元，德國馬克 4.9998 萬元，荷蘭盾 11.0780 萬元。這些被查的財產，有字畫、瓷器、陶器、雞血石、西方藝術品、郵票、銀圓、金銀首飾、中外名酒、名牌手錶、熊貓金幣等實物以及其他文物、現金、銀行存款、有關投資款、債權以及房產等等。

字畫 195 件，有任伯年、于非闇、黃冑、潘天壽、黃永玉、啓功、任熊、謝稚柳、弘一、唐雲、齊白石、張大千、劉奎齡、浦華、李可染、王福廠（此名字去掉）、江寒汀、龔文楨、吳湖帆、祈昆、鄭午昌、黃賓虹、吳昌碩、潘鴻海等不同年代的書畫家的作品。

瓷器 23 件，有清雍正．霽紅小杯、青花纏枝蓮小罐、青花靈芝紋瓜麥小罐，清．粉彩花卉過枝碗，清乾隆．青花八寶紋香壺等。

西方藝術品 4 件，有 19 世紀法國第一帝國龍騎馬兵佩劍、銅鎏金豎琴紋託盤座鐘、銅像（踏在獅身上的勝利者）等。

雞血石 5 塊，有"王者風範"、"江南春色"、"翁童休息"、"松鶴插屏"、"鹿鶴同春"等。

此外，還有郵票 3 本；銀圓（光緒元寶、袁大頭等）457 枚；以及其他查處的各種文物 352 件；各種陶器等 220 件；金銀首飾

（鑽石戒指、金條等）48 件；名牌手錶（雷達、沙諾爾等）5 塊；中外名酒（法國路易十三、茅臺等）261 瓶；熊貓金幣 38 件；營業房 4 套；住宅 10 套。

現金和銀行存款：美金 3.9167 萬元、法郎 3.2515 萬元、荷蘭盾 11.2551 萬元、港幣 5.589 萬元、德國馬克 5.279 萬元、人民幣 34.4799 萬元。

投資款：人民幣 88 萬元。1997 年 10 月，王天義以他人名義向溫州某工業集團有限公司投資 30 萬元；1999 年 11 月，又以他人名義向溫州某鞋業有限公司投資 58 萬元。

債權：人民幣 63.8003 萬元。1996 年 5 月至 1999 年 3 月，以他人名義在溫州某典當行投資 100 萬元，至今尚有 50 萬元未收回；2000 年 4 月，王天義出逃而留在其胞妹處投資房產等處的現金 138.0032 萬元。

帶著“二奶”匆匆出逃

王天義系鹿城區仰義鄉人，歷任鹿城公安分局五馬派出所所長，鹿城公安分局副局長，鹿城區委常委、公安分局局長。2000 年 4 月間，溫州市紀委在調查原鹿城規劃分局副局長繆建福違法違紀案件過程中，發現王天義涉案，即於 4 月 6 日、7 日、10 日先後三次通知他接受談話。王天義迅速聯想到，不久之前與他一向來往密切的林某某已不知為何受到“控制”，不由心中一陣陣發虛：林某某的事是否與他有關？林某某是否已供出兩人的真實關係？

4 月 17 日，王天義轉移藏在自己寓所中的財產後，帶上"二奶"匆匆出逃。輾轉麗水、杭州、北京等地後，在上海華靈路大華新村租了一套房子，以"退休工人"的身份住下。4 月 26 日，溫州市檢察機關依法對王天義立案偵查。9 月 16 日，通過高科技的偵查手段，王天義在上海的"蹤跡"被發現。出逃 5 個月後，王天義被上海檢察機關抓獲，隨即被連夜押回溫州。

在"雙規"談話中，王天義直覺上認爲，這次一定是與林某某之間的事發作了，所以一上來就先主動交代："我和林某某是十幾年的老朋友了，他還曾把價值近百萬的畫放在我家裏給我欣賞呢。"畫？價值近百萬的畫？辦案人員感到詫異，這些畫現在在哪里？

王天義："欣賞過，就還給林某某了。"辦案人員再次提審林某某，林承認確有一批價值近百萬的書畫，不過，書畫仍在王天義家中。雙方供詞出現了第一個矛盾，正是從這一矛盾入手，辦案人員撕開了"王天義案"的第一個口子。口子撕開後，才發現裏面的傷疤早已化膿潰爛。

受賄披上"字畫古董"外衣

爲掩人耳目，王天義聚財的手段可謂絞盡腦汁。

一是他從不以自己的名字存錢或購置房產；二是從不在生人面前收錢；三是大量收受文物、古董。據悉，王天義是一個珍稀古董、名貴字畫的收藏狂。多年來，他利用職務之便，大肆收受他人送的這些"特別禮物"。他購有一套高級公寓，專門用來陳設珍稀古董和名貴字畫。知情人稱，這套“公寓”堪稱“私家博物館”。檢察機關將這些贓物送到廣州、上海等地請專家評估，基本認定了其價值。檢察機關認定王天義涉嫌收受的 240 多萬元人民幣，主要由這些“禮物”構成；四是收大“禮”回贈小“禮”，模糊權錢交易關係等。

在市區球山花園，王天義擁有 4 套相連的大套房，他將一邊 2 套打通用作日常起居，另一邊 2 套則打通裝修成古董字畫“倉庫”，用來裝載他的“高雅愛好”。每隔一段時間，王天義就會打開“倉庫”，將所有收藏擺放開來，一人獨自欣賞一番。王天義的朋友說，最初，他對字畫一竅不通，一次甚至問道：“齊白石是一塊什麼樣的石頭？”但隨著他手中古玩字畫的一步步集聚，也開始有了些研究，並且經常訂閱這方面的書和雜誌，甚至拜一些知名的業內人士為師。然而，通過《起訴書》羅列的事實，以及有關涉案人員的親述，不難看出這一需要龐大金錢支撐的高雅“愛好”，對王天義來說不僅僅是一個“愛好”，更是其斂財索賄的手段，是以錢生錢的“生意”。

1997 年王天義下屬滕某某為獲提升，並繼續與“局長”搞好關係，委託姚某某購買一幅名貴字畫用於行賄。姚某某當即向王天義買了一幅價值 1 萬元的書畫，連同發票一起交給滕某某。滕某某付清畫款後，將書畫送到了市區高公橋王天義家中。

1998 年 6 月，省公安廳執法檢查組發現鹿城某派出所存在超期留置及體罰現象，即通報給鹿城區分局，王天義表示要對該所領導嚴肅處理。時任所長的杜某某為獲從輕處理，委託姚某某自王天義處以 3 萬元人民幣購得一幅畫。杜某某則以 28600 元的價格向姚某某買回此畫，並於某晚一人將該畫送給王天義。同年 7 月，鹿城區分局從輕對杜某某作了行政警告處分。

1999 年下半年，滕某某借王天義搬新房之機行賄，仍交代姚某某以 5 萬元人民幣的價格向王天義購買弘一法師經書畫冊一本。幾天後，由兩人一起將畫冊送到王天義在球山花園的新家，王天義予以收受。事後，滕某某送付姚某某 5 萬元。

從 1997 年 11 月，至 1999 年底，王天義以收購任熊的《桃花庵‧草聖圖》、清朝瓷器"青花八寶紋香盂"、史國良的《人物四屏》等 7 幅（件）名人字畫及藝術品、黃胄的《牧驢》、張大千的《金碧雲山圖》、傅抱石等《人物花鳥》成扇、齊白石成扇《春山圖》……為名，共向林某某索賄 170 萬元。

在王天義被收監審查 2 年後，大多數昂貴的古董字畫已被收繳，球山花園的這個"倉庫"早已不復當日"盛況"，現今滿室灰塵。但是，透過那高至天花板的 6 個巨型博古架，那一排排被封存的瓷器，那一張在一般老總辦公室亦難得一見的龐大的辦公桌……人們依稀可以看到這些素有雅名的對象背後，一個積滿灰塵的靈魂。

俗話說：隔行如隔山，這話一點不假。有的老百姓不懂行賄，以為拿著錢就可以買官，實在太外行了。其實，行賄也是一門"藝術"。尤其在王天義一案中，"托兒"們的斡旋行賄、王天義的受賄交易"技法"可謂獨樹一幟。通過"幫個大忙"來種棵"搖錢樹"也罷，用收藏品充當受賄工具也罷，以"禮尚往來"掩人耳目也罷，受賄時只肯單線聯繫也罷……如此費力"革新"行賄、受賄手段，皆緣於其中大為有利可圖。姚某某在接受審訊時說："有的人喜歡集郵，有的人喜歡花，王天義喜歡古玩字畫……領導喜歡什麼，我們就給弄什麼，總比送他不喜歡的要好，不會被扔出來……何況我又不是女人，長得又不漂亮，要請他幫忙辦事，就只能送錢了。"

1997 年 10 月，尤某某先後 3 次送王天義共 1 萬美元及 20 萬元人民幣。之後，王天義 "禮尚往來"，送給尤某某 10 張字畫、數隻瓷器。1999 年底為掩人耳目，又以沖抵購畫款名義送給尤某某一超薄電視機提貨單。經物價部門鑒定，王天義送出的物品共計價值不到 10 萬元。

1997 年 3 月，王天義主持的分局黨委會決定提升卞某某。為感謝王天義對其職務上的關照，卞某某與姚某某商量後，由姚某某從事先向王天義購買的畫中拿出一幅價值 7000 元的葉道芬的《山水四屏》轉給卞某某。1998 年大年初一凌晨，卞某某到王天義家中拜年，送上《山水四屏》，之後，又支付姚某某 7000 元。

1998 年上半年，王天義手下三名幹警為能提職，分別找尤某某幫忙。尤積極找王天義活動，同年 5 月、7 月，這三人分別獲提升，尤某某從中牟取 "好處費" 8000 美元。

王天義利用職務便利為某公司法人代表林某謀取利益，先後八次以買名畫為由，收受林某財物折合人民幣計 170.6 萬元。1999 年 8 月，林某公司承建的市區車站大道某組團建築工程在施工中因和當地村民發生糾紛，遭到部分村民阻撓而停工。林某請王天義幫忙解決，王便讓分局治安大隊出警查辦，使該工程恢復施工。

這份長長的 "禮單" 還可以開列下去，足以令人大開眼界。王天義從中攫取的利益，自不在話下，對 "托兒" 們來說，為錢、

權 "供需" 雙方牽橋搭線更是無本萬利之事：送的是他人的錢，留的是自己雙份的 "情" —— 一份是受賄人的 "情" ，一份是行賄人的 "情" ，這一 "情" 字必要時何只值千金。更何況，還可以經常拉虎皮作大旗，或是從 "流通" 過程中截留 "不義之財" 。給王天義行賄的張某某說： "到後來，（王天義的）字畫送來送去，搞得一塌糊塗……他好像在做生意似的，我就覺得有點怕了。……我知道王天義有錢，別的不說，光是拜年，最少就有100 個人，每人 3 條中華煙 1000 元是最起碼的。過一個年，他最少也有 10 萬元的收入……但是，查出來竟有這麼多錢，我也沒有想到……我雖然沒文化，但有一點還是知道的，這錢就是手銬，判刑的話一萬就是一年。"

在王天義案中，將字畫用作行賄、受賄的工具，也算是行賄、受賄手法的一種 "創新" 。庭審的時候，王天義略帶懊惱地說： "唉，我拿錢買了郵票、買了茶花，以為你們會想不到，結果聰明反被聰明誤……這些字畫，本來也是想賣掉一部分的，但是，市場行情不好，價格越來越低，我捨不得出手了。"

生活腐化墮落

在人們的印象中，靠妓女獲利的 "老鴇" 多為女性，而溫州市某摩托信息公司法人代表張某，為了攀上王天義的關係，竟熱心地當起 "老鴇" ，長期為他開賓館房間、找 "三陪女" 供其 "淫樂" 。

王天義貪財好色，因此被人盯上了縫隙。張某明白若能攀上這樣一位要員，甚或能控制他，無疑對自己會大有益處。因此，他想方設法與王天義拉上關係後，一方面不斷向王介紹賄賂，一方面充當起王的知己，格外關照他的"私生活"，心甘情願地為他拉起皮條。據張某交代，由於王天義妻子和小孩已定居國外，他一個人為排遣寂寞，從1998年初開始，經常約一些女人到賓館開房間吃喝玩樂。一次，張向王提議，經常開賓館房間不安全，不如租房好，得到了王的贊同。於是，張某先後在溫州鹿城區金信商廈、溫富大廈、水心百花苑等處租房供王使用。而那些陪王玩樂的女人，大部分是張從卡拉OK歌廳等處招來的"三陪女"，還有的是王天義本人在社會上結識的"女朋友"。張某回憶，自1998年上半年至2000年初，他為王天義開賓館房間、提供吃喝玩樂的次數在百次以上，為王天義支付的酒菜費、住宿費及小姐的小費就有10萬餘元。

　　在溫州市檢察院對有關涉案人員的審訊中，有這樣一些"精彩"的親述：

　　張某："我們十幾年的朋友，王天義說我很老實、好說話，他打個電話就可以：晚上吃酒，你去訂個位置、點好菜。這種小事，我安排起來思路很清楚的。吃完酒，我就買單。

　　女人……一開始是我安排的，他還批評我。

　　後來，他就主動說：晚上吃酒叫個女人來陪陪，酒容易喝下去。我找的都是'三陪女'，1999年後，大部分都是他帶來的……到後來一星期起碼吃三四次酒，他再打電話給我，我就有點怕了。有時，菜點的不好，他就敲著桌子說，連個菜都不會點，鄉下人一樣……其實，我也很辛苦，跑來跑去……"

姚某某："到後兩年，無論什麼樣的女人，（王天義）都來者不拒，人格都有些彎曲了，我有些看不起……我們覺得，交（女）朋友是講感情的，不是利益的……"

多行不義必自斃

正應了俗話說的，多行不義必自斃。站在審判席上的王天義終於知道什麼是後悔了。

在法庭上，王天義有這麼一段話："我出生在一個普通的工人家庭，部隊回來後，被選調進公安機關工作，是黨和各級領導多年的培養和教育，使我走上了領導崗位。可我卻忘記了自己入黨時許下的諾言，經不住改革開放的考驗，擋不住市場經濟的衝擊和誘惑，走上了犯罪的道路。"

"特別是近年來，地位上升了一點，權力大了一點，於是就放鬆自己，私心膨脹。如下屬的春節拜年，開始也覺得不好，後來時間一長，也回了一些禮，就不以為然，覺得是禮尚往來。孰不知，平頭百姓春節拜年也能這樣上萬元的禮尚往來嗎？這就是腐敗！……還有就是交友不慎，我的教訓太深刻了！我辜負了培養和教育我的溫州市、區各級領導，愧對養我、育我多年的溫州鹿城這塊沃土，對不起我的家人和朋友，也對不起這幾天一直關心我、愛護我的到庭聽審的朋友們親人們……"

"檢察機關指控我有罪，是正確的。我承認我有罪，我深深地懺悔！我保證正確對待法院即將做出的公正判決。"

可惜，一切都晚了。

王天義被核准死緩，但這名受過黨和國家幾十年教育的公安機關領導幹部，僅僅四年多時間，就墮落成一名"巨蠹"，其中值得思考的問題實在太多太多了。

> ﹛官泡妞，阿太泡官；官在暗處，阿太在更暗處，阿太勝出，於是就慢慢成為瑞安市的地下組織部長。﹜

第四節　瑞安阿太，流氓傍書記的故事

1999 年 9 月，溫州的縣級市瑞安市政壇發生了大"地震"：市委書記葉會亘，市長黃宗華被浙江省紀委"兩規"(《監察法》中專用術語)，人大副主任唐增凱、前市長陳啓富、副市長木景澄先後被紀委立案，……由此而引發的"餘震"仍持續不斷。不到一年時間裏，這個市有 80 多名黨員幹部分別受到刑罰和黨記政記處分，而所有這些的發生都和一個人有關。這是一個目不識丁的農民，名叫陳仕松，出生於 1955 年。

從神漢到瑞安阿太

陳仕松的早年，給莘塍鎮中村的人們留下的印象是個"二流

子"，綽號"懶漢"。莘塍地處海濱，土地肥沃，物產豐富，人們無凍餒之苦，但他家裏卻是村裏日子過得最苦的人家之一。

他不會種地，也不想幹苦力，做生意又沒有本錢，就操起了巫師行當。溫州鄉間崇拜的神祇多樣，當時村裏附近一座山上，供奉"齊天大聖孫悟空"，香火極盛。陳仕松就四處說自己是"猴精附體"，想騙些吃喝。一知半解的"三腳貓"終難以薄技糊口，但陳仕松跳大神沒跳好，卻得了個以後閃閃發光的"法號"——阿太。

莘塍鎮幾裏外便是海塗，那些年裏，當地居民為增加收入，冒險參與"水貨貿易"的人不少。閑著也是閑著的阿太參加了聯防隊，成了公安、工商打走私的線人，混上了半個吃公家飯的。認識阿太的人都有這樣的評價：沒文化，但一點不笨。從此阿太似乎上了正路，他舉報很盡心力，有時竟也鐵面無私，除了走私，哪家超計劃生育啦，什麼人生活作風有問題啦，都不能瞞過整天閒逛，耳目卻像雷達一樣不停搜索的阿太。為此阿太頗得了一些獎金，再說經常跟在派出所的人後面，瞧得起的人也多了，人前人後也算有了點起色。

他就這樣由"閑漢"成了個對幹群雙方都"有用"的人。但"阿太"聲名大噪，是從他"扳倒"一個公安幹部開始的。

有一次，"阿太"受人之托，有求於某個公安幹部，但這個"公安"沒有把"老太"當回事。於是，陳仕松白天睡覺，連續7個晚上都藏在"公安"家的豬圈裏，觀察夜色中有誰上門，凡是他認為是上門送禮者，等人送完禮，他突然跳將出來裝神弄鬼，逼送禮之人說出實情。然後向紀委舉報，紀委聞報一查，完全屬實，那個公安受到處理，"老太"的大名從此響遍了莘塍鎮。

從此，他跟當時瑞安市的紀委書記掛了鉤，成了書記的"眼線"，搞跟蹤監視的積極性就更高了。

上世紀80年代末，溫州經濟的騰飛期，幹部腐敗現象較突出。而紀檢監察力度跟不上，"老太"就成了寶貝，成了舉報明星，周圍大小幹部都怵他三分，這時，他也耍了個小聰明：把一些"乾貨"藏在肚皮裏，要挾幹部們為他辦事。自上世紀80年代末，連續幾屆，他參選村幹部，鎮上的主要領導都出手幫他，但由於群眾抵制，未成，直到1992年，在鎮黨委全力支持下，"老太"榮任莘塍鎮中村的村委會副主任，之後又當上副村長至入黨，阿太可謂上了個臺階。這也是標誌著阿太已把莘塍鎮搞掂了。

不久，鎮級領導屆滿異地任職，一位姓蔣的新書記即將上任。蔣某履新之前，有人好言相告：中村有位副村長會盯梢，很厲害的，要當心。蔣書記一聽是個小小的副村長，沒好氣地說："我是槍，他是鳥，我想什麼時候把他打下來，就什麼時候打下來。"

這句話很快傳遍整個莘塍鎮，也傳到"老太"的耳朵裏。他打聽到新任書記的老家在另一個鎮上，便大老遠奔過去用幾天時間監視書記家的動靜，抓住了書記收受禮品的證據。次日，他進了鎮黨委書記的辦公室，一屁股坐在辦公室桌上。"老太"亮了身份，書記斥責他無禮。"老太"說："你不是說你是槍，我是鳥嗎？現在我是槍，你是鳥！""阿太"透出一些自己掌握的情況，書記大驚失色，但仍放不下官架子。

"老太"撥通了市紀委書記的電話，聽了"老太"的舉報，紀委書記在電話裏批評了鎮黨委書記……從此，他再也奈何不了

"老太"。

阿太有條準則，他的"槍"基本只瞄準兩類官：一是正職官員，二是實權部門官員。據查案幹部披露，阿太動用了攝像設備，他不識字，寫自己名字也很困難，更不會整理舉報材料，但他會突然將一盤錄像帶扔到某官員面前。屁股上有屎的官僚頓時諾諾，成為阿太的一條狗。阿太如法炮製，將瑞安城關的莘塍片區書記陳裕榮和他的幾個僚屬"弄到手"。阿太集團核心成員是這位陳書記和一個白胖的軍師——物房管局長程宣澄。

久有"凌雲"志，終非池中物。阿太的"槍"開始瞄準瑞安市里的幹部了，依阿太的經驗，對權、錢在握年深日久的官，阿太基本彈無虛發，手到擒來。

土地局長章方清在瑞安市政府各部門中舉足輕重，一塊塊土地批出去，手裏松一鬆緊一緊出入萬金。阿太盯上了章局長。

一日夜深，章方清剛在 KTV 包房內做了不該做的事出來喝口茶，阿太凶神般突然出現在章局長面前，像是說知心話似的，附在章的耳邊壓著嗓門說：今天玩得很快活啊。說完，板著臉揚長而去。從此，章局長不幸被牽走。

官泡妞，阿太泡官；官在暗處，阿太在更暗處，阿太勝出。

中阿太埋伏的還有瑞安市里六七名局級領導。最後阿太進市委書記葉會巨家，已到了賓至如歸的境界。

那麼阿太究竟是如何俘獲瑞安最高領導葉書記的呢？瑞安流行的說法是，阿太曾花了一個月時間對葉進行 24 小時跟蹤，拿住葉的陰私之後，藉以敲詐；葉無奈之下轉而與阿太合作。來自上級的消息是：浙江省委副書記梁平波在一次幹部會議上沉重地說，瑞安市委市政府被當地黑社會流氓跟蹤騷擾……葉被阿太跟蹤看來是肯定的。

瑞安"超人"晝伏夜行，辛苦盯梢，阿太不是與官兒們鬧著玩尋他們的開心，更不可能是關心民疾操心廉政，阿太沒那覺悟。他愛舉報，但是嘗到揭人陰私的甜頭後，他的夜半盯梢已成爲他貪婪的播種機。他要將那些無良官吏欠法律的，欠道德的，欠人民欠國家的賬全變成欠他阿太的，他要那些官員的陰私產出利潤來。阿太走的是一步步陰毒的硬棋。

更奇怪的是，這樣一個典型的地痞＋流氓，居然入黨了！阿太是 1997 年 11 月 18 日入的黨，既是組織上的人，他與瑞安市領導的關係更深了一層，成了你我不分、勾肩搭背的"同志加兄弟"。特別是葉書記要給某某人點顏色看看又礙於身份時，與阿太商量一下便妥了。

當時瑞安市黨群副書記林某，理論水平高，精明能幹，在幹群中深孚人望。林副書記不買阿太的賬，對葉也構成威脅。於是，阿太開始"作怪"。找不到林書記的陰短，"舉報明星"出身的阿太便使出他飛短流長的絕活。他知道，官再大，最怕又最有口莫辯就是讓他捲入"桃色事件"，阿太炮製的手段亦圓熟精到。不久林副書記與某女同志關係曖昧的謠言，使許多不明真相的人信以爲真。葉書記適時予以旁敲側擊。林副書記這位作風正派的幹部只好忍辱離開瑞安。阿太一招制勝。

現在溫州市委工作的林某私下裏对記者說：幸虧當時離開，否則他們不把你整死絕不會罷手。言語間一副不堪回首的感歎。

此時的阿太已然成爲瑞安的阿太，瑞安百官哪個敢與老大（瑞

安官場對葉書記的尊稱）的 "太歲" 阿太作對？這有阿太爲其母
操辦的瑞安規格最高葬禮爲證：全瑞安有數十名局級（含副局）
幹部到場。

葬禮的總調度是片區書記陳裕榮，主持人是房管局長程宣
澄。中村人說，一位公安局領導因故遲到，被阿太罵得狗血噴頭，
爲挽回影響，其夫人爲阿太家幫忙料理後事。那次葬禮，市級領
導過於惹眼不便出席的，也派出了家屬。爲維持秩序，當地派出
所忙了好幾天。

成爲地下組織部長

地下組織部長有錢有勢，阿太要叱吒風雲了！

1998 年 3 月，阿太當選爲瑞安市人大代表，可以公開參與政
治權力的運作了。在瑞安市第十二屆人代會上，陳裕榮與阿太推
出一位副市長候選人，程宣澄與房地產商人繆某合作，也推出一
個人（木錦澄），作爲副市長候選人。阿太與 10 位 "人大代表"
組成推選班子，四下活動，打壓另一位與 "阿太概念官" 有矛盾
的副市長的票。

結果阿太與陳裕榮推選的人和木錦澄一起當選爲副市長，那
位副市長由於組織部長及時發現人代會上的異動，做了補救，才
勉強以僅多一票的險情保住位子。

瑞安有廣爲流傳的三則故事：阿太一次私下對某副局長說：
該搞個正的做做啦。副局長願聞其詳。阿太說：你只要跟我到老
大家去一下就行了。

　　這位副局長自作聰明，一個人偷偷地去了葉書記家送禮。這天葉會巨一人在家。但當副局長一回來，阿太馬上上門責問：你老兮（瑞安土話，意為目中無人），說好兩個人去，你怎麼一個人去了？這位副局長如夢初醒：老大是阿太的。

　　一次，瑞安市委召開書記辦公會議，研究調動一個縣局級幹部，阿太得知後不同意，他先找市委書記葉會巨"交換意見"，又分別與7個常委打電話或面談，結果，市委常委會作的決定被推翻。

　　據一位查案幹部說：有兩位幹部想接近葉會巨書記，托人找到了阿太做"紅娘"。阿太把兩人帶到葉會巨處，以"太上皇"的口氣說：你看，他們都100歲了（指兩人歲數相加），我還要領著他們到你這兒來，我把他們交給你了。另有一個鎮的副鎮長和鎮委副書記爭著要當鎮委書記，不可開交之際，阿太看不過去，發出話：你到市里，你留下當書記，要是不聽，我要你們倆好看！兩人俯首聽命。

　　政法機關揭露的阿太倒官事實有：1997年上半年，瑞安市汀田鎮鎮委書記張松幹想當瑞安市副市長，送給阿太20000元作為運作費，不久，張果然被任命為中共瑞安市委常委。1997年下半年，瑞安市某鎮蔣良榮也想當副市長，同樣拿出20000元，由阿太"安排"，次年3月，蔣果然當選為瑞安市副市長。1997年下半年，某鎮副鎮長張傳永想升為鎮長，拿出20000元給阿太，兩個月後，市委書記葉會巨在書記辦公會議上同意張傳永擔任鎮長，1999年3月，張果然當選為鎮長。1997年，瑞安市交通局副局長吳勤民想當局長，拿出17000元交給阿太替其安排。同年12

月，葉會巨同意吳任交通局長並兼黨組副書記。8 天後，吳勤民
"當選"爲交通局局長。

老太"生財有道"

爲了掙錢，"老太"開了家餐館。指定政府公務宴請必到他
那兒去，否則就要他們好看。

瑞安是僑鄉，外資充裕，工商業發達，經濟實力名列浙江前
茅。一位外地商人看中瑞安很火的娛樂市場，在瑞安投資 300 餘
萬元開了一家檔次頗高的娛樂城。但是外來戶未找准靠山，公安、
工商隔三差五前來檢查，弄得生意做不下去。店主焦頭爛額，經
多方活動，終於摸到阿太的門下。阿太也爽快，要公安、工商高
抬貴手，每月向阿太交 10000 元便可搞定。這家娛樂城唯恐阿太
的話有所折扣，還向阿太送上一輛進口轎車，外搭一名女司機。

其實阿太自己名下也有娛樂場所，平日跟蹤盯梢之餘也不忘
優遊宴樂。更何況這是個利用"資源"（指官僚陰私）聚財的"窗
口"，想捧阿太臭腳的人排著隊呢。阿太生意很火，但這不能讓
他全部滿足，他還惦記著有不識相的躲著不來的。某鎮長覺得手
裏經費有限，遲遲不到阿太店裏花銷。阿太一怒之下，幾個電話
讓瑞安兩位市領導到店裏公幹，在店裏，阿太讓市領導打電話叫
這位不識相的鎮長過來，鎮長接到電話不敢怠慢，惶惶然趕到店
裏一看這架勢，心裏已知阿太不高興了。沒等市領導開口，阿太
一揮手斥責道：沒你的事，回去吧。從此這位鎮長被擺平認輸。
莘塍鎮上有一位辦事處主任，由於同樣囊中羞澀，沒給阿太面子

去捧場。阿太挪挪嘴，有關部門便將這位主任以幹部交流的方式交流到山區工作，每月工資 600 元，如果他每天想回家的話，每月路費正好是 600 元，據說這是阿太給算定的。

這一幕幕經小道傳出去，阿太的"窗口"工程自然財源廣進。

工程發包是動動嘴便大進大出的"大事業"，阿太當然不會不管不問。在瑞安，對工程發包，阿太有一票否決權，除非他不惦記。

能撈錢處阿太他一定要插一杠，連文化事業也沒撇下。他用片區書記陳裕榮的關係，包下了莘塍鎮十幾所中小學學生的校服生意，他自己沒有服裝廠，只是把生意給親信們去做，自己儼然一個"勞心者"。據群眾舉報，阿太幫控制當地的工程發包、校服、屠宰、礦泉水等生意。阿太靠淫威嚇人便達到目的，似乎給人以"述而不作"的高人印像。其實他並非一味崇尚"非暴力"的。

阿太同村一位叫陳金榮的農民，向檢察機關舉報了阿太和鎮裏官員的種種劣跡。消息旋即傳至阿太耳朵裏。這還了得！陳某人想以阿太的手段打倒阿太？沒多久，"巧合"一起停電事故，陳金榮在辦公室裏找蠟燭時被三個蒙面人闖入，砍得遍體鱗傷。公安方面只作了法醫鑒定，沒有立案。怕被進一步報復，出院以後的陳金榮捨下妻兒，自己將自己發配飄泊到中緬邊境，躲了 5 年後才敢回家。而阿太過著什麼日子呢？瑞安地段最好的興業大廈有他價值上百萬元的公寓，村裏都知道他有"兩房妻子"。阿太平日還經常光顧 KTV 包房，玩他的官，玩他的女人。

阿太一位生意上的搭檔說，他剛到瑞安，聽阿太吹噓，某某

局長是他的狗，某某主任也是他的狗，以爲他在瞎編。一次他在
阿太家喝酒至半夜，阿太忽然說：你看我把某某局長叫來。果然，
那個局長就半夜趕了過來。局長問有什麼事，阿太站都不站起來，
一揮手說：沒你的事，回去吧。局長悻悻然回家。在阿太家裏，
這是一幅很平常的“貓戲耗子圖”。這個對阿太厭惡至極但爲了
利益不得不合作的商人，就這樣在阿太家見識過瑞安的五六位局
長。

1998 年 6 月，阿太順利當選了村支書。飄飄然之餘，他發現
他在瑞安已達到權力的顛峰，已沒什麼上升空間。他覺得做瑞安
的阿太沒什麼刺激，缺乏成就感。於是決定要到溫州去發展，爭
取做溫州的阿太，爲此他專門在溫州置下辦公室。

但是溫州令他絕望。他與一些領導接觸後發現，他們大多只
會說普通話和溫州話，沒人聽懂他的瑞安土話。他又不識字，無
法溝通。他不無傷心地對手下說：我還是做瑞安的阿太。

瑞安政壇大地震

俗語說：觀政聽謠。瑞安當時流傳一條民謠：阿太三條線，
還管一大片；秋風掃黃葉，只剩金銅鐵。

據瑞安百姓解釋：第三句中“黃葉”指的是去年 10 月份被帶
到杭州省紀委“雙規”的市長黃宗華（黃已被開除黨籍開除公職）
和市委書記葉會巨，第四句中的“金銅鐵”是指三位尚在位的黨
政機關副職（各人姓名中各有一字對應），不少局科級幹部正接受
審查處理，有的已被移送司法機關處理。第一句中的“三條線”

是指阿太控制的市里三個實權部門，具體說法不一，但老百姓把公安局都列在其中（沒有公安局的庇護，阿太不可能如此猖狂）。第二句中的"一大片"，是指莘塍片區，阿太的根據地，年工農業產值達 30 億元。

阿太為害一方，引起了溫州市有關部門的重視。去年六月，有溫州"四大名捕"之稱的陳逸峰出任瑞安市紀委書記、市委常委。在執法崗位上，"倒在"陳手下的縣級腐敗幹部有 20 餘人。

陳逸峰有個習慣，常年早起，出去散步經常會碰到老人，與老百姓、老幹部攀談中陳可以摸清一個地區基本的幹群關係。而他聽到最多的一個名字就是瑞安的阿太。

不到兩個月，陳逸峰和他的手下便突破了後來被稱作浙江第一貪的瑞安華瑞電廠董事長張葉生貪汙受賄 200 多萬元大案。

張案涉及面不小，查案人員發現前任瑞安市長、現任溫州市府副秘書長的陳啟富與張有牽連。當即決定對陳採取行動，一併受調查的還有前副市長、後任市人大副主任的唐增凱等人。市委書記葉會巨當時表態支持紀委的果斷行動。

1999 年 8 月 22 日，因發現陳啟富與阿太有經濟瓜葛，阿太被溫州市紀委找去談話。

次日，溫州市委組織部長到瑞安，向四套班子通報了查案情況。會上葉會巨愁上眉梢，歎息道：這樣沒完沒了地搞下去，瑞安的政局會動盪的。人們納悶，張葉生案曝光，一批貪官落網，瑞安百姓稱快，治下風氣有所好轉，何來政局動盪？

"阿太進去了。"溫州的消息很快傳到了瑞安。什麼？阿太進去啦？人們對此難以置信。但是有人聯繫葉會巨的"喟然長歎"便明白了此事不假。

瑞安政壇的"地震"終於發生了！

10 月初，書記葉會巨、市長黃宗華被浙江省紀委帶到杭州實行"兩規"審查。阿太與前市長陳啟富、副市長木錦澄，前副市長唐增凱被送到溫州市審查，有的已被移送檢察院逮捕。在瑞安，阿太的左膀右臂陳裕榮等被審查逮捕，一批"阿太概念"官惶惶不可終日。一位查案幹部向記者透露說：搜查房產局長程宣澄家時，僅五糧液以上級別高檔酒就搜到 273 瓶。

進入 2000 年，在中共浙江省委、省紀委的高度重視和領導下，在溫州市委、市紀委、瑞安市紀委的分工配合努力下，由阿太勾結瑞安市委書記葉會巨為主幹而鑄成的官場腐敗大案，終於理出主要頭緒，主要涉案人員接受司法審判，有的已經定案，加上受到黨紀政紀處分的幹部，總人數達到近 80 人。瑞安市真正經歷了一場生死大抉擇。

賴昌星在加拿大出庭。佚名

廣東巨貪余振東被引渡回園。佚名

● 中國到底有多少外逃貪官？有多少
　資金被他們卷走？只能用四個字形
　容：一個黑數。

第九章
中國外逃貪官

近年來，中國外逃貪官到底有多少？現在還沒有一個公認的數字。人們一般使用的說法是，外逃官員數量大約為 4000 人，攜走資金約 500 億美元。這個數據來自 2004 年 8 月中國商務部研究院的一份調查報告《離岸金融中心成中國資本外逃中轉站》。也有消息說，去年 5 月公安部的新聞發會上公佈，目前中國尚有外逃的經濟犯罪嫌疑人 500 多人，涉案金額 700 多億元人民幣。

中國青年報報道，在今年 3 月兩會經濟界委員的小組討論上，來自銀行系統，建設系統，電力系統的委員互相揭短，引人深思。

參加經濟界委員討論的有銀監會副主席史紀良，中國農業銀行行長馬永偉，民生銀行行長董文標，以及其它來自金融、電力、建設等國家重點行業的現任或原任大企業負責人。在 3 月 6 日上午全國政協會議經濟界委員的小組討論時，一位來自建設領域的委員打斷了銀監會副主席史紀良時表示，"最大的外逃貪官就出在你們銀行界。"

"你們建設領域也不少啊！"史紀良委員回應了一句。

"最多的還是交通部門，幾乎每修完一條高速公路就有一位交通廳長下馬。"另一位委員補充道。他順手指著同在一個小組的原國家電網公司總經理趙希正說："還有你們電力行業。"

"我們銀行部門貪官外逃，正是加強了監管的結果。一些行業貪官更多，只是缺乏監管，還沒有暴露出來。"史紀良委員說完這句話後，大家不再像剛才那樣相互"揭短"，而是陷入了暫時的沉思。

　　參加討論的，還有中國農業銀行行長馬永偉，民生銀行行長董文標，以及其它來自金融、電力、建設等國家重點行業的現任或原任大企業負責人。

　　前面那位來自建設領域的委員所說的"最大的外逃貪官"，是指今年春節前中國銀行哈爾濱分行河松街支行行長高山攜數億元鉅款外逃事件。而史紀良委員的回應也顯然是有所指的：2003年4月20日中午，58歲的浙江省建設廳原副廳長楊秀珠，攜同女兒、女婿、外孫等從上海浦東國際機場出境。她帶走了約兩億元人民幣。更早以前，國家電力公司原總經理高嚴"神秘失蹤"。

　　公安部在2004年5月底召開的新聞發佈會上公佈，目前我國外逃的經濟犯罪嫌疑人尚有500多人，涉案金額700多億元人民幣。其中上"十大外逃'問題富豪'榜"的有以下十位：

　　一，賴昌星，涉案金額：250億；暴利走私，涉足廈門石油業、房地產業、文體娛樂業。1999年賴昌星畏罪潛逃到加拿大，並先後兩次向加移民局提出移民申請，並兩次遭駁回。

　　二，仰融，涉案金額：70億；通過華晨控股客車，資本運作使國有資產私有化。曾居2001年度《福布斯》中國富豪榜第三位。2002年5月，仰融自稱受到"迫害"出走美國，2002年10月，仰融因涉嫌經濟犯罪被遼寧省檢察院批准逮捕。

　　三，余振東、許超凡、許國俊等，涉案金額：40億；余振東等人在擔任中銀開平支行行長期間把4.83億美元轉移到國外。2001年10月，余振東等三人持假證件進入美國。2004年4月16日，在北京首都機場，余振東被美國聯邦調查局特工移交給中國司法部門。

四，錢宏，涉案金額：5 億元；上海康泰國際有限公司原董事長，詐騙銀行資金近 5 億元。1993 年，中國檢察機關下令逮捕錢宏。但是他已經潛逃出境。1994 年，國際刑警組織對錢宏發出紅色通緝令。2002 年 6 月 5 日從巴拿馬押解回國。

五，陳滿雄、陳秋園，涉案金額：4.2 億；陳滿雄和陳秋園夫婦在擔任廣東中山市實業發展公司負責人期間，將 4.2 億元轉移海外。1995 年，陳滿雄夫婦卷款外逃到泰國清邁，買到泰國籍身份證並改名。陳滿雄還做了一次徹底的整容手術，連皮膚都進行了漂白。2000 年 9 月，這對"泰國富翁夫婦"落入了恢恢法網。

六，楊秀珠，涉案金額：2.532 億；在擔任溫州市主管城市建設的副市長期間巨額索賄受賄。2003 年 4 月，楊秀珠使用化名，先到新加坡，後逃到美國。今年 2 月 12 日，浙江省人民檢察院透露，檢察機關已通過國際刑警組織，對楊秀珠發出"紅色通緝令"。2005 年 5 月 18 日，楊秀珠已在荷蘭被國際刑警組織抓獲。

七，謝炳峰、麥容輝，涉案金額：0.5 億；工作在中行南海分行辦事處的謝炳峰、麥容輝兩人貪汙 5000 多萬元，1998 年潛逃至泰國。2000 年 11 月 12 日，麥容輝向中國駐泰國大使館投案自首，我國警方將其引渡回國。另外，麥容輝還協助偵查人員捉獲謝炳峰。

八，陳新，涉案金額：0.4 億；在擔任工商銀行重慶九龍坡支行楊家坪分理處會計職務時，利用職務之便，大肆挪用公款炒股。2001 年 1 月攜款潛逃於境內外，先後輾轉於越南、緬甸境內，一共換了 29 個假身份證。2001 年 3 月落網並被執行死刑。

九，付普照，涉案金額：0.4 億；利用高額利息為誘餌設下陷阱，僞造金融憑證瘋狂詐騙儲戶 4035 萬元。案發後潛逃國外 4 年之久，於 2003 年 7 月 10 日從緬甸押解回國。

十，汪峰，涉案金額：0.3 億；任南海市原口岸辦公室副主任期間貪汙挪用公款 3000 餘萬元，1995 年潛逃出境，2000 年落網。

除了這個廣爲人知的"十大外逃'問題富豪'榜"外，《上海僑報》還推出過一個"中國 50 巨貪榜"，在這個排行榜中，余振東居榜首，楊秀珠排名第 13 位（當時媒體掌握的資料顯示，楊秀珠巨額索賄 0.6 億，其紐約的房產價值五百萬美元，依目前掌握的數據，楊秀珠在這個排行榜上應排在第 3 位）

上海僑報以媒體、公檢法公開的數據資料，部分逃亡海外的貪官貪汙額參考了海外媒體批露的海外資產，以個人及家屬貪汙挪用總和做爲中國巨貪榜的排名依據，排名時間範圍爲 1978 年至今，而部分正在審查中的官員或情況不明仍在"雙規"的官員未納入排名。

其中中國銀行廣東開平支行原行長余振東、許超凡、許國俊等人涉嫌貪汙、挪用公款 4．83 億美元名列第一名。貪汙金額緊追余振東之後的是陳滿雄及陳秋園夫婦，夫妻兩人在擔任廣東中山市實業發展公司負責人期間，將 4.2 億元轉移海外。

名排巨貪榜第 3 名的是原重慶市委常委、宣傳部長張宗海因私人錢財 900 萬元來歷不明，並動用 2 億澳門賭博，被雙規。他是近年重慶涉及經濟犯罪下臺的最高級官員。巨貪榜第四名至第十名分別是：

第 4 名、湖北省政府駐港辦事處原主任，香港宜豐實業有限公司原總經理金鑒培，貪汙賭博 1.88 億，被判死刑。

第 5 名、褚時健等嫡系在擔任紅塔集團董事長期間貪汙受賄 1.8 億，被判無期徒刑。

第 6 名、廈門海關原關長楊前線等人收受賄賂、放縱走私，涉案金額 1.6 億，死刑。

第 7 名、魏懷在擔任中資公司駐澳門經理期間貪汙 9330 萬元；同事潘潔容等人貪污數千萬不等，一審無期。

第 8 名、北京市原副市長王寶森，任職期間巨額貪汙受賄 1.25 億，1998 年自殺。

第 9 名、廈門市工商銀行原行長葉季湛等人爲遠華走私案提供便利，巨額受賄 1.06 億，死刑。

第 10 名、長江動力集團公司原負責人于志安，用公款以個人名義在國外投資建廠，涉案金額 1 億，于志安已外逃。

第 11 名至 20 名貪官：

11、彩虹集團公司原總裁、董事長吳維仁、挪用公款 8500 多萬元，有期徒刑 17 年。

12、首鋼控股（香港）有限公司原董事長周北方貪汙受賄，侵吞國資 0.83 億，96 年被判死刑。

13、楊秀珠等嫡系在擔任溫州市主管城市建設的副市長期間巨額索賄 0.6 億，其紐約的房產價值五百萬美元，逃亡。

14、中國人民保險公司原河南分公司總經理周華孚任職期間貪汙受賄 0.59 億，死刑。

15、貴州省交通廳原廳長盧萬裏，在任職上百億財政資金的修路總指揮期間巨額貪污受賄 0.56 億，死刑。

16、雲南省原省長李嘉廷等嫡系巨額索賄受賄以及以各種名義斂財 0.52 億，死緩。

17、中行南海分行辦事處原工作人員謝炳峰、麥容輝兩人貪汙 5000 多萬元後潛逃至泰國，已落網。

18、西安機電設備有限公司原總經理周長青，澳門豪賭輸掉公款 4843 萬元，貪汙數額不等，死刑。

19、案發前擔任河北省國稅局黨組書記、局長的李真，巨額受賄、貪汙李 0.48 億，死刑。

20、陳煒。在擔任中國建材工業對外經濟技術合作公司期貨交易部經理等職務期間大肆進行侵吞國資。

此外，廣西壯族自治區原自治區政府主席成克傑（22）、北京市原市委書記陳希同（25）、國土資源部原部長田鳳山（30）、瀋陽市原常務副市長馬向東（33）、公安部原副部長李紀周（34）、四川省交通廳原副廳長鄭道訪（41）、安徽省原副省長王懷忠（42）、四川省交通廳原廳長劉中山等也榜上有名（45）。（括號內為排名）

中國到底有多少外逃貪官？有多少資金被他們卷走？真相也許永遠隨著貪官們的出逃而無法證實。對於外逃貪官和涉案金額，媒體報道習慣引用的數據是：外逃海外的貪官 4000 多名，涉案金額 50 多億美元。但真實外逃的人數和資金，遠遠大於檢察機關公佈的數字。據南方週末報道，一位不願意透露姓名的某省反貪局局長接受採訪時表示，這只是 2001 年最高人民檢察院追逃會上公佈的數據，如今過了快兩年，數字早已經發生了變化。至於具體多少，他用了四個字形容：一個黑數。

〉狠撈上一把，然後逃到國外，利用中國與他國法律不對接的空子，就此逍遙法外，這樣的外逃現象已經不是什麼新鮮事。〉

第一節　中國外逃貪官現象愈演愈烈

近年來，中國的反貪風暴愈刮愈烈。僅以浙江省爲例，楊秀珠出逃後，浙江省紀委、省檢察院加強了對經濟犯罪的查處力度，一大批與楊案有牽連的經濟蛀蟲相繼被挖出。2005 年初，浙江省檢察院代檢察長陳雲龍在全省檢察長會議上指出，2004 年全省各級檢察院共立案查處貪汙賄賂、瀆職侵權等職務犯罪案件 1368 件 1566 人，通過辦案爲國家挽回直接經濟損失 2.46 億元。

中國的反貪反腐風暴，即使是遠在西方也能感受到強勁的態勢。問題是，隨著反腐力度的增壓，貪官們的腳步似乎也在加快。一個不可否認的事實是，在反貪風暴中落馬的官員越來越多，涉案官員的級別越來越高，涉案金額不斷被刷新，貪官挾款外逃的現象也愈演愈烈。

新華社今年 12 月 12 日播發的一篇通訊《無路可逃——深圳特檢站 4 年抓獲 2000 名在逃犯罪分子》稱，從 2001 年 6 月至 2005 年 11 月 16 日，廣東公安邊防總隊深圳經濟特區檢查站共查獲各類在逃犯罪分子 2000 人，其中重大金融詐騙犯罪嫌疑人達數百名，這其中相當多是負案在逃貪官，企圖從深圳蒙混過關逃往香港澳門的。

　　狠撈上一把，然後逃到國外，利用中國與他國法律不對接的空子，就此逍遙法外，這樣的外逃現象已經不是什麼新鮮事。國家電力公司原總經理、正部級官員高嚴，貴州省交通廳原廳長盧萬裏、河南省煙草專賣局原局長蔣基芳、中國銀行廣東開平支行原行長許超凡、河南省服裝進出口公司原總經理董明玉等等，涉案金額逾億之巨的各種高官顯要紛紛逃往國外，一時間成爲媒體報道的熱點，其中除盧萬裏被緝拿歸案外，其餘人都靠著攜帶出境的巨額腐敗資產，在異國他鄉過起了衣食無憂的寓公生活。

　　除這些大名鼎鼎的人物外，無法指名道姓的外逃者難以計數。據外電報道，僅在 2003 年 8 月 3 日晚至 8 月 5 日，就在北京、天津、上海、廣州、瀋陽、深圳、珠海、昆明等口岸、航空港，查獲 60 多名持護照或通行證，企圖外逃的幹部，其中有 7 名副廳級官員，都持有金融機關、海關核准攜帶出境的外匯證明，攜彙最少的一名經貿幹部，隨身攜帶 60 萬歐元。北京市檢察機關立案的在逃貪官，僅 2002 年就有 120 名之多，其中 70% 是國營企業的廠長、經理。

　　改革開放以來，南方經濟特區、沿海開放城市在經濟搞活的同時，也隨之誕生了一大批的貪官污吏。以廈門遠華集團走私案爲例，主嫌賴昌星以賄賂手法收買各級官員，透過私人興建的豪華庭園“紅樓”作爲私人俱樂部，提供酒色財氣，將大批高官引入財色陷阱，巴結收買。該案涉及官員高達 500 人，案發後潛逃海外的官員大約在 70 人以上。

涉及詐騙款額達 18 億元的廣南集團貪汙案，糾纏了 3 年零 8 個月之後宣佈判決。雖然共有 23 人被起訴，15 人被定罪，但是，仍有 26 名涉案人士潛逃海外各地，包括案中的兩名主謀：廣南集團副總經理黎瑞華及前澳門立法會議員陳繼傑。中國銀行廣東開平分行包括先後三任行長在內的 5 名職員侵吞近 5 億美元銀行資產的驚天大案，5 名主嫌悉數潛逃國外，其中 3 人在加拿大過著豪華生活，至今只有余振東被美國遣送回國。

與廣東一水之隔、人口不足 600 萬的海南省則更是外逃貪官重災區。海南建省時間在全國最短，且不論那些逃跑的一般小廠長、經理，光轟動全國的廳局級逃亡貪官就有：海南省首任計劃廳廳長李永生、海南省財稅廳廳長劉桂蘇、海南省工商管理局局長富榮武、海南省糧食局局長陸萬朝等。1989 年，海南省第一任計劃廳廳長李永生因經濟犯罪，潛逃國外。接任李永生的是當時公認辦事能力強、有魄力的國家體改委城市改革試點司副司長薑巍。但 4 年之後 (1993 年 10 月)，海口市中級人民法院作出判決，薑巍因收受各種賄賂人民幣 12.3 萬元，美金 1000 元，被判處無期徒刑，剝奪政治權利終身。薑巍不是不想跑，也不是不能跑，只是沒料到事情敗露得如此之快。

在海南，在不同的時間和人群中常聽到各種譏諷官僚腐敗的順口溜，其中有一段流傳很廣，內容是："中國有個海南島，六個廳長往外跑；三個市長坐大牢，兩個處長賣情報。"說的都是近年的事情，版本不同，說得也未必十分精確，但反映了大陸民間對海南官員腐敗的不滿情緒。

不光是經濟發達地區出大貪官，出外逃貪官，近年來，一些經濟欠發達的內陸省份，也開始湧現出大批外逃貪官。地處內陸的人口第一大省河南，近年來在貪官外逃方面"獨領風騷"。十多年前，第四屆"全國十大傑出青年"之一、河南省服裝進出口公司總經理董明玉卷款數百萬外逃至美國，曾經轟動一時（董明玉現住在新澤西州，生活閒適）；10 年後，河南省煙草專賣局局長蔣基芳、曾任中共漯河市委書記的河南豫港公司董事長程三昌，在一年之內相繼卷款外逃，再次造成轟動效應。

2002 年初中國官方雜誌《半月談》公佈的一個數字是，由於貪官外逃現象嚴重，使中國損失資金 50 億。這個數字僅包括官方記錄的立案的贓款。如果算上那些沒有立案的，或者沒有暴露的，這個數字也許會翻上 10 番、20 番都不止。

一邊是中國政府不遺餘力地吸引外資，另一方面國內又有大量資本外逃。中國國家外匯管理局對"這個口袋進，那個口袋出"的尷尬處境做了一項專題調查，他們估計 1997 至 1999 年外逃資金規模約為 100 億美元，但另有權威分析認為，100 億美元的數字顯然太保守，比較準確的數字應該是約 530 億美元（合 4400 多億元人民幣），平均每年 177 億美元，每年的外逃資金數額占 GDP 比重的 2%。

雖然外匯管理局的這一統計比《半月談》提供的數字已經高出許多，但比起北京大學的一項研究仍顯得太少。北京大學的一項研究發現，近年來以各種方式非法轉移至國外的資金分別為：1997 年總金額為 364 億美元；1998 年 386 億美元；1999 年 283 億美元。經濟專家樊綱更認為，2000 年中國資本外逃已達 480 億美元，超過了當年外商對華投資的 407 億美元。儘管如此，海外人士仍然認為這個數字太保守。因為資金通過香港進入美國、加拿大等國易如反掌。

也有經濟學專家從另一個角度計算出，每年從中國以各種方式洗出境的黑錢高達 2000 億元人民幣。按國際上通行的計算方式，資本外逃額即中國貿易順差加資本淨流入與中國外匯儲備總額增加部分的差值。每年中國國際收支統計中這一"誤差與遺漏"有一兩百億美元，折合成人民幣約為 2000 億元。而多年累計下來，這一數額已逾千億美元。一些經濟學家估計，由於這項"誤差與遺漏"僅僅是被政府所統計的那一部分，更多的資金流出沒有記錄在案，因此這一數字可能更為驚人。僅以香港而言，有統計顯示，在 97 回歸後，香港的外來直接投資從 1998 年的 147 億美元大幅飆升到 2000 年的 643 億美元。這筆錢中的相當一部分來自於地下錢莊的洗錢活動。

> 有關法律專家表示，賴昌星被遣返回中國內地可能性最大，但是，這並不意味著賴昌星將很快被押送遣返。

第二節 賴昌星 賴在加拿大

賴昌星，涉案金額達 250 億；暴利走私，涉足廈門石油業、房地產業、文體娛樂業。1999 年賴昌星畏罪潛逃到加拿大，並先後兩次向加移民局提出移民申請，並兩次遭駁回，預計其最早將在 2004 年 9 月被遣送回國，但是至今仍無法引渡歸案。

1999 年 8 月 10 日晚 12 時 30 分，公安部指揮中心下達了抓捕賴昌星的命令。新中國成立以來查處的最大一起經濟犯罪案件——廈門特大走私案開始浮出水面。廈門警方爲此出動了大批警力，開始著手調查事件。迎接警方的是人去樓空，此時的賴昌星早已逍遙於法外。根據調查結果，沒有任何關於他出境的記錄。

難道，他已經離奇地消失殆盡？

據福建省公安廳原副廳長莊如順交代，賴昌星在出逃前，曾與他聯繫過，問他是從福建出逃還是從廣東走。莊如順告訴他：福建有佈置，已經通知海上控制，廣東還不清楚。你走海線要注意。賴昌星於是通過黑道乘飛艇偷渡至香港。所以，當天深圳關沒有留下他的過境記錄。

早在 20 世紀九十年代初，賴昌星就琢磨騙取香港護照，以便有朝一日罪行暴露後能金蟬脫殼。他首先買通陝西省公安廳將戶口由福建轉到陝西，再以“蔡昌星”爲名獲得了赴港定居的通行證。1991 年 8 月 7 日，賴昌星持單程證從中國內地移民香港，後又把名字改回“賴昌星”。1998 年 8 月 25 日獲得香港特別行政區護照。

逃到香港以後，賴昌星並不覺得有多安全，對於他來說，香港只是個臨時的落腳之地而已。香港不是久留之地。那麼，逃到哪里才算是安全的呢？他想到了加拿大。香港回歸前也和加拿大一樣，同屬英聯邦。因爲有這麼個歷史淵源，香港居民往加拿大可以落地簽，即只須持香港護照在入境時辦個簽證手續就成了。

1999 年 8 月中旬。賴昌星帶著妻子曾明娜和二男一女，一家 5 口人匆匆前往加拿大的溫哥華市。一家人開始安排他們在這異國他鄉的逃亡生活。

通過種種渠道，賴昌星獲悉，中國警方正加緊對他的追捕，看來是不會放過他這個走私集團首犯的。風聲正緊。他很警惕，不許家人外出一步，深怕走露風聲。一家人足不出戶，過著深居簡出的日子。在家裏無所事事的賴昌星，真有度日如年的感覺。

2000 年 11 月 23 日晚上，賴昌星在加拿大尼亞加拉瀑布城附近以逾期居留，違反移民法的罪名被加拿大警方拘捕。曾明娜則是在家中被便衣帶走的，關在貝邪比女監。

三個月後，賴昌星向加拿大移民部提出請求，保釋回家軟禁。一名裁判官判決准許，但移民部擔心賴夫婦乘機脫逃，不同意裁決，提出上訴。結果被聯邦法院駁回，維持原判。

2001 年 2 月初，賴昌星夫婦離開監獄，在家中接受軟禁。保安公司在他的豪宅安裝 24 小時電子監視器，以確保他們不會棄保潛逃。

2001 年 5 月下旬，賴昌星以無法支付律師費及監護費，撤銷原先聘請的律師以及保安人員。夫婦倆再次被移民部拘禁。賴昌星被帶到溫哥華候審中心；曾明娜仍關在貝邪比女監。

2001 年 7 月 3 日，賴昌星一家難民聽證第一次開始。當時，無論是加拿大駐華使館，還是加拿大華人，都盼望把賴引渡回大陸接受法律的制裁。

難民聽證至 8 月 10 日暫時休會，於 9 月 12 日在溫哥華繼續進行。2002 年 6 月 21 日賴昌星的首次難民申請被駁回。長達 294

頁的判決書中，加拿大難民委員會發現賴昌星並不符合該國難民資格。並且有充分證據證明賴昌星曾經參與中國重大的走私和行賄案件。而且法庭在判決書裏提到賴昌星和他的妻子缺少值得信賴的證人。

2002 年 6 月 28 日賴昌星夫婦被有條件釋放。

2002 年 8 月 26 日賴昌星的律師向加拿大聯邦法院提出正式上訴申請，要求加拿大聯邦法院下令重審賴昌星的難民申請案。

2003 年 7 月 14 日位於溫哥華市中心的聯邦法院就賴昌星上訴申請事由開庭聆訊。2004 年 2 月 3 日加拿大聯邦法院駁回賴昌星一家提出的難民申請案的司法復議請求。北美公眾評價宣判結果，稱他是最不受歡迎的人。

2004 年 2 月，加拿大聯邦法院再次駁回其申請。

2004 年 2 月 3 日，賴昌星的律師再次向更高一級法院提出上訴申請。聯邦法院否決了賴昌星提出的司法復議的要求，但受理賴昌星的案件。

2004 年 7 月，賴昌星的律師提交了名爲《關於事實和法律的公開備忘錄》的上訴書，加拿大移民部則通過加拿大司法部向聯邦上訴法院遞交了答辯狀，提出政府對其難民身份的否定觀點。此後，案件在法院進行排期，由於加拿大聯邦上訴法院是巡迴法院，法官並非常駐溫哥華。因此，案件排期時間比較靠後。

另據《星島日報》報道，賴昌星之妻曾明娜於 2004 年 5 月向法院申請與其離婚，並要求取得 3 名子女的撫養費及分家產等。申請在今年 6 月 21 日獲批准。法官判曾明娜獲得目前居住房屋的產權，子女的撫養費則擱置審理。因爲賴昌星的 3 名子女已成年，現年分別為 19 歲、21 歲及 23 歲。據熟悉移民及難民事務的律師指出，賴昌星離婚之後，如果他要被遣返，他的財產不會被全部沒收，他會把他的財產轉移到妻子名下。另外，離婚之後即使被遣返，曾明娜及其 3 名子女也不會被同時遣返。

今年 3 月，賴昌星"難民申請被拒上訴"聆訊在加拿大溫哥華聯邦上訴法院進行。3 月 14 日，賴昌星的難民申請再度被聯邦法院裁駁回。9 月 2 日，加拿大最高法院正式拒絕受理賴昌星難民上訴案。加最高法院新聞發言人表示："賴昌星及其妻子曾明娜不值得信賴，他們所提供的證詞也不可靠。賴昌星是一個普通的罪犯，所以不能受到難民保護。"

2002 年的時候，加國司法部門稱，最快也要在 2004 年才能把所有的事情圓滿的得以解決。如今，2005 年已經走到年末，遲遲不能將要犯賴昌星遣返中國的加拿大政府境地其實很尷尬。加拿大"罪犯天堂"的名聲，受到來自國際輿論的批評越來越多，來自國內的非議也不少。加拿大納稅人早就對賴昌星感到厭煩，將其視為最不受歡迎的人。據《亞洲週刊》報道，從 1999 年 8 月14 日賴昌星一家到達溫哥華，到 2000 年 6 月 13 日第一次申請難民身份不到一年的時間裏，加拿大方面為賴案聆訊所花費的開銷，就已經達到一千萬加元。

一位法律專家表示，這是賴昌星難民申請被拒案最後的司法渠道。現在，賴昌星一家將會被交由移民暨難民局做遣返前風險評估，大約需要 6 個月。如果所有的風險都被否定，將會採取遣送行動，最快需要 9 個月的時間。有關法律專家表示，賴昌星被遣返回中國內地可能性最大，但是，這並不意味著賴昌星將很快被押送遣返。一方面，賴昌星還可以利用目前的司法權利和加拿大的司法程序延長他在加拿大的居留時間，繼續依靠糾纏官司在加拿大賴下去。如果這樁官司最終打到加拿大最高法院，可能還要花上幾年時間。即使加拿大最高法院做出終審判決，賴昌星也有可能再拖上兩三年。

預計賴昌星最早將在明年七八月被遣返，但是不排除以下三種可能：第一種可能：賴昌星上訴到最高法院。最高法院有受理的可能，而且有可能推翻原判。也就是說，賴昌星還是有可能被確定爲難民身份。從司法程序的角度講，上訴是賴昌星被遣返回國的第一道坎。專家分析，從現有的證據看，賴昌星案件被最高法院受理並推翻原判的可能性非常小。第二種可能：賴昌星雖然被確認爲非難民身份，但是不一定就能被遣返回國。賴昌星也有可能逃到第三國，藉以逃避可能被遣送的結果。不過，基於賴昌星目前在加拿大處於被監視居住的狀態，他逃往第三國需要戲劇化的情節發生。第三種可能：賴昌星即使被確認爲非難民身份，還有可能因爲非法入境而被加拿大政府扣留。這種可能的概率很難確定。

} 余振東是第一個由美方人員押送移交中方的外
逃貪官，餘的歸案，有助於徹底查清開平支行案件，
也對外逃貪官形成震懾。 }

第三節　余振東 中美司法協助第一案

2004 年 4 月 16 號下午 5 點，一架從美國舊金山飛來的國航
CA986 次航班降落在北京首都國際機場。然而，這家普通的飛機
上有一位不普通的乘客，他就是余振東，中國外逃犯罪嫌疑人，
中國銀行廣東開平銀行原行長，押送他的是美國司法部聯邦調查
局和美國國土部移民局的三名執法人員。這是美國聯邦執法機構
第一次將中國犯罪嫌疑人遣返並押解至中國。當天中紀委監察
部、最高人民檢查院、外交部和司法部派人參加了移交工作。隨
即，余振東被送往北京市公安局東城區看守所暫時羈押，次日轉
押廣東。

余振東，原爲中國銀行廣東開平支行行長。廣東開平人。1993
年至 2001 年間夥同其前任行長許超凡、許國俊等人貪汙挪用巨額
公款，總額達數十億元人民幣。作案後余等三人經香港、加拿大
逃往美國。

2001 年 1 月 2 日，余振東將大約 20 萬美元從他的香港賬戶下
轉移至舊金山的花旗銀行。

2001 年 10 月 2 日到 10 月 7 日，他的同夥將大約 200 萬美元

從一家香港銀行轉至拉斯維加斯的 Caesar's Palace。

2001 年 10 月 15 日，他的同夥又將 859 萬美元轉至香港的 DesertPalace 有限公司，將大約 355 萬美元從他的一些香港賬戶轉至他在舊金山的銀行賬戶。

在瘋狂轉移黑錢後，許國俊、余振東、許超凡 3 人以香港身份證，取道香港。當時，三人分別改名爲 WinChung Yu、KitShun Hui、Fai Hui。到香港以後，余振東使用假名和一個假的美國旅遊簽證，最終非法進入拉斯維加斯市。

2001 年 10 月 12 日，余振東等人案發，10 月 15 日廣東省檢察院依法對余等三人立案偵查。同年 11 月，經檢察機關請求，公安部向國際刑警組織發出紅色通緝令。與此同時，根據《中美關於刑事司法協助的協定》，中方要求美方就此案向我提供刑事司法協助。

經中美兩國執法機關密切合作，2001 年 12 月，美方沒收了余振東轉往美國的部分贓款，並於 2002 年 12 月在洛杉磯將余振東拘押。美國聯邦調查局（FBI）特工托馬斯稱，當時他們在是在素有 "賭博天堂" 之稱的美國拉斯維加斯地區找到了余振東。余振東詐騙 4.8 億美元，爲了騙得美國的入境簽證和綠卡，飽受恐嚇敲詐之苦，進入美國之後又被黑社會盯上，41 歲的他已是滿頭白髮。

兩年半的時間裏，中國檢察機關通過偵查獲取了大量余振東的犯罪事實，爲美國執法機關確認余振東的真實身份提供了可靠證據。其間中方執法人員多次赴美，與美國聯邦調查局、美國司法部和美國移民局積極開拓合作渠道，磋商解決問題的具體途徑。

2003 年 1 月 15 日至 21 日，中國、香港、加拿大和美國就余振東案件專門召開了三國四方會議，簽署了三國執法協助會議紀要，形成了合作文本。

2003 年 9 月，美方將所沒收的贓款全部返還中方。2004 年 2 月，余振東在美國拉斯維加斯聯邦法院受審，因非法入境、非法移民及洗錢三項罪名被判處 144 個月監禁。宣判後，余振東沒有上訴，也沒有提出訴訟之外的其它請求。

根據中美司法機關先期達成的協議，2004 年 4 月 16 日，美方將余振東驅逐出境並押送至中國。17 點 30 分，中方司法人員向走下飛機的余振東宣佈：因涉嫌貪汙、挪用巨額公款，餘被刑事拘留。被國際刑警組織通緝兩年多的外逃貪官余振東終於落入法網。

余振東是第一個由美方人員押送移交中方的外逃貪官，以往美方對中國貪官最多是驅逐出境。餘的歸案，有助於徹底查清開平支行案件，也對外逃貪官形成震懾。

法律專家介紹，余振東歸國受審的背景是 2003 年 12 月中國加入了《聯合國反腐敗公約》以及美國總統布什 2004 年 1 月 12 日在美洲 34 國特別首腦會議期間頒佈的法令，該法令規定美國將停止審批那些在公共職位上犯有貪汙罪、參與過貪汙行爲或是從中受益的移民或非移民進入美國。

2003 年 12 月 9 日在墨西哥簽署的聯合國反腐公約認定，賄賂、貪汙、挪用公款、枉法、濫用職權、大額財產來源不明、洗錢、窩贓、妨害司法等都是可定罪的腐敗行爲。《反腐敗公約》規定締約國之間就反腐敗進行司法協助，如歸還貪官贓款，彼此提供證據、凍結銀行賬戶、財產充公和引渡嫌犯。

　　美國總統發佈的禁令中則具體規定禁止以下四類人入境：收受任何錢財或是其他利益並利用自己在公共事務部門的職務之便爲對方提供便利；向上述官員行賄以換取利益；盜用公共基金，干涉司法、選舉和其他公共事務進程的官員；上述三類人的配偶、子女及家庭成員。分析者認爲對於布什總統的禁令，中國外逃貪官首當其衝。

　　公約和禁令的出臺導致了國際反腐大環境的變化。與此同時，中國法律體系不斷完善，使得與國外法律體系進行對話和協作成爲可能。中國司法部門也在積極與外國進行打擊犯罪的協作。過去貪官歸國受審的障礙變得可以突破了。2001 年 11 月，中美簽署了司法合作協議《中美刑事司法協助協定》。據有關方面介紹，中國司法部門在打擊跨國犯罪方面給予了美國積極合作，美國此次移交余振東可以說是投桃報李。

　　　　{ 瘋狂賭博，瘋狂透支挪用銀行公款，出逃泰國
　　　　改名整容，被泰國判刑，被中國引渡回國，這就是
　　　　二陳夫婦的瘋狂人生。 }

第四節　陳滿雄夫婦 出逃泰國整容易名

　　挪用銀行公款 4 個多億人民幣豪賭之後，卷款逃往泰國；老

婆足不出戶，老公用贓款在異國"東山再起"；漂白，整容，成功躋身泰國清邁上流社會；蹤跡暴露，被泰國判刑，被中國司法機關引渡回國；最終夫妻一人獲判無期徒刑一人有期徒刑 14 年……這就是陳滿雄、陳秋園夫婦的"傳奇人生"。

陳滿雄、陳秋園既非高官，又不供職銀行，這對經商起家的夫妻究竟是如何把這筆 4.2 億元的鉅款從銀行納入了自己的口袋？

1992 年前後，在中國銀行中山分行下一儲蓄所工作的陳秋園辭職下海，與丈夫開起夫妻店——中山市實業發展總公司，主營貿易和房地產。陳秋園為公司法定代表人，陳滿雄任公司經理。生意做上正軌後，陳氏夫婦成為當地名副其實的富豪。有了錢，原本就嗜賭的陳滿雄進了澳門賭場。從 1993 年 10 月至 1995 年 5 月間，陳氏夫婦在葡京賭場狂賭，欠下巨額賭債。為了歸還賭債而又不至破產，夫妻倆勾結中國銀行中山分行存匯科科長馮偉權、副科長池維奇（均已被判刑），挪用該行資金 48 筆共人民幣 41515.723 萬元還賭債。

經查，1994 年 8 月，二陳通過馮偉權冒簽轉賬，從中行挪用 350 萬元用於還債；1995 年 5 月二陳潛逃之前，又通過馮偉權在其他銀行客戶的賬戶上做手腳，挪用銀行 884 萬元，用作逃亡費用。自 1993 年 10 月 21 日至 1995 年 4 月 6 日間，陳氏夫婦與馮、池兩人內外勾結，利用二陳在該行申領的長城卡，在沒有辦理任何正常的貸款申請、擔保、抵押等手續的情況下，採用惡性透支的手段，共同挪用了中行中山分行的資金共計 42749.723 萬元。

1995 年 4 月，陳氏夫婦獲知中行中山分行在清查有關賬目，兩人的長城卡已被該行高度注意，無法再劃出款項，他們的犯罪行爲將會敗露。與馮偉權密謀挪用最後一筆資金 884 萬元後，他們決計出逃。出走泰國前，陳氏夫婦最後一次回娘家，給了陳秋園的父母七八萬元，並把一兒一女託付老人照顧。1995 年 6 月 1 日，陳氏夫婦卷款外逃。據知情人稱，兩人一開始去的是南美洲。後來，在香港、新加坡幾經輾轉，最終在泰國清邁落腳。

在泰國期間，陳氏夫婦成功買到泰國籍身份證，分別更名爲蘇‧他春和威帕‧頌齋。落實正式身份後，兩人開始利用挪用的銀行款在當地做起生意，並大膽添置豪宅名車，成功躋身當地上層社會。據報道，爲徹底隱藏自己以往的身份，陳滿雄還做了一次徹底的整容手術，不僅漂白了皮膚，還不惜在臉上動刀。

1998 年 11 月、1999 年 3 月，馮偉權和池維奇先後被法院判處無期徒刑和有期徒刑１８年。然而二陳的在逃，使這起大案無法最終定音。

時間流逝，涉及巨額資金流失的 "95‧6‧1" 大案慢慢在公眾話題中隱退，然而辦案人員的神經卻沒有放鬆，一切和二陳有關的人員的電話都處於隨時監控之中。監控從 1995 年開始，持續了四年之久，卻仍然沒有二陳的任何音訊。

轉機出現在 1999 年。中山市檢察院反貪局從一名公安技偵人員口中得知，曾經有一個叫麗某（化名）的人打電話給陳秋圓的母親楊某，讓楊某到外面的公用電話亭回電話。並隨後獲知楊某從廣州帶回了一些撕掉標籤的衣物。根據這兩條信息，中山市檢察院敏感地察覺到：很有可能是二陳托人從境外給楊某帶回衣物，或者楊某曾出國與二陳會面。

辦案人員查找了所有的出境記錄，沒有發現楊某與麗某的出境記錄，但卻獲取了麗某在某旅行社工作的信息。辦案人員隨即找到了這家旅行社，講明情況後，其負責人透露了一條寶貴的信息：麗某正在購買其本人和楊某由昆明飛往泰國清邁的機票！經查麗某的手機通話清單，顯示該手機曾數次撥打同一個泰國電話，該泰國號碼極有可能是二陳的電話。追逃組認為，二陳在泰國的可能性極大。

"二陳具有較強的反偵查能力，狡猾多變，如果不及時採取行動，戰機可能稍縱即逝。" 意識到這一點後，中山市檢察院第一時間與省公安廳進行了溝通，要求出境調查。為了穩妥起見，又請求一名廣東省安全廳常駐泰國的工作人員董鏵利用在泰國的關係協助核查有關線索，確認二陳的行蹤。

董鏵在泰國順利查到了該電話號碼的機主身份及住址。1999年 8 月 31 日，董鏵從泰國給專案組打來電話，告知二陳確實生活在泰國清邁！還提供了二陳在泰國住所的準確地址，並將他們在泰國的照片通過傳真發到了廣州。經確認，雖略與原有照片不同，但二人確實就是陳滿雄與陳秋圓夫婦。

在確認兩人身份後，中方向泰國提出了逮捕陳氏夫婦的要求。8 月 31 日晚 11 時，二陳正在外吃宵夜，泰國警方開始行動。他們以調查一起交通事故為由接近陳滿雄與陳秋圓，並對其實施抓捕。行動很快成功。隨後二陳被押往警署，等待連夜秘密押送昆明。誰知又出現了新的波折——陳滿雄夫婦要求回家拿兩件衣服，出於人道主義考慮泰國警方同意了二陳的請求。但二陳隨即給很多泰國當地媒體打去電話，假稱中國警方越境抓人。泰國媒

體立即將此事情曝光，引起了極大的反響。秘密押解二陳回國的
計劃難以實現了。

隨著二陳案在泰國的過度曝光，引起了泰國民眾的極大關注
甚至轟動，問題變得越來越複雜，泰方認為只能通過司法程序解
決二陳的問題，以給民眾一個交代和警示。泰方以"非法入境、
非法居留及非法持有和使用騙取的證件"的罪名，將二陳正式拘
捕，並將他們送上了該國的被告席。泰國清邁府法院的法官判處
陳滿雄有期徒刑 27 年零 8 個月，判處陳秋圓有期徒刑 22 年零 8
個月。憑著這份判決，泰方要求二陳在泰國服刑，遣送之事擱淺。

專案組得知這一消息後，立即搜尋二陳在中國的有關犯罪資
料，以及中國第一被告第二被告的判決書，並將這些情況第一時
間反饋給參與出庭的我國駐泰大使館官員，同時按照引渡所需要
的條件準備正式材料。2000 年 12 月 8 日，中國駐泰國大使館正
式向泰國外交部發出了要求引渡陳滿雄、陳秋圓回中國受審的照
會。此後，引渡二陳成為了中國駐泰大使館的頭等大事，甚至連
國家領導人訪問泰國時也會提到此事。在強大的外交壓力下，泰
國政府看清了我國引渡二陳的決心，開始重視此事。隨著時間的
推移，泰方也開始逐漸讓步。

2002 年 11 月 15 日，泰國最高法院做出了准予引渡陳滿雄、
陳秋圓回中國的判決，該判決於 12 月 1 日生效。12 月 26 日，二
陳被臨時引渡回國。2004 年 9 月 6 日，陳滿雄和陳秋圓被送上了
中山市中級人民法院的被告席。2004 年 12 月 17 日，中山市中級
人民法院以挪用公款罪分別判處被告人陳滿雄無期徒刑、剝奪政
治權利終身，被告人陳秋園有期徒刑 14 年，並責令兩人退還贓款

31072.71 萬元人民幣。

> ﹛ 一對曾經的好哥們，豪賭揮霍，套取銀行 5000
> 萬備用金，在異國他鄉，為分贓反目成仇，結果落
> 得個雙雙銀鐺入獄。﹜

第五節　謝炳峰、麥容輝 為分贓哥倆反目成仇

1998 年 5 月 17 日。早上 7 時，中國銀行南海支行丹灶辦事處儲蓄員羅某按慣例檢查前一天的有關報表和賬戶資金的往來情況。很快他就發現有一筆數額為 200 萬元的賬目不對，再對流水賬，發現有很多存款金額都是虛增的，且數額較大。他找到了操作員代碼為 “2807”，這是同事麥容輝的代碼。

羅某迅速將這一情況告訴了其他同事，叫他們也一起查賬。一查不得了，共有 7 筆款項共計 52505474.35 元，從 “999” 資金備用賬戶被轉賬到了五個賬戶，所有的操作代碼都是 “2807”——麥容輝。

在場的工作人員都給震懵了。辦事處立即向有關部門報了案，同時將情況向上級單位彙報，請求支援。

儲蓄員麥容輝和信貸員謝炳峰平日就是一對形影不離的鐵哥們，花錢大手大腳……跡象顯示，兩人有重大作案嫌疑。但謝、麥二人的傳呼機、手機全部關閉，走訪家裏也是一無所獲，二人

仿佛人間蒸發了一般，毫無蹤影。

　　偵查工作瞬即展開，中行南海支行根據這五個賬戶資金往來情況，將 5 月 16 日這天與這五個賬戶有資金往來的賬戶全部凍結，對當天提現的賬戶進行跟蹤。

　　謝炳峰父母早年移居香港，父親是個小業主，家裏有些錢。麥容輝則不同，家境貧寒。麥容輝和這位有錢的鐵哥們在一起，一切都是謝炳峰說了算。1978 年，麥容輝和謝炳峰一起進了丹灶小學讀書，兩個人慢慢認識了，後來又一起升入丹灶中學，於是就成了好得不能再好的朋友。10 年後，這對朋友又一起跨進了中國銀行南海支行丹灶辦事處，謝炳峰做信貸員，麥容輝做儲蓄員。兩人就像穿一條褲子的鐵哥們，相互之間可以無話不說。

　　工作了，手裏有了錢，謝炳峰想到去澳門撞撞賭運，但試了一次又一次，輸了一次又一次，越輸越不甘心，越想回去翻本，他就一次又一次地把自己的工資獎金全都送進賭場。麥容輝雖然不去澳門賭錢，卻在當地賭，賭來賭去輸得多贏得少，最後也鬧得個兩手空空，和他的鐵哥們兒成了名副其實的難兄難弟。

　　兩手空空的哥倆盯上了銀行客戶賬戶裏的錢。1996 年初，急於找錢的謝炳峰獲得了一個信息：丹灶鎮丹灶村的土地被政府徵用，獲得了一大筆土地補償款存放於各銀行，而丹灶村村長謝某是他的朋友。沒費什麼周折，他就聯繫上了謝某，以自己做生意急需資金為由，向他提出借款，並許諾給予高息。在高額利息的引誘下，謝某同意了。1996 年 2 月 16 日，謝某將第一筆款 130萬元從丹灶建行轉到中行丹灶辦事處交給謝炳峰使用。謝炳峰通過麥容輝利用在辦理業務的過程中，採取套打存單的辦法，做了一份假的存單糊弄謝某。

有了錢，謝炳峰馬上大肆揮霍，買轎車，開公司，招女秘書，雇用司機，要做倒賣走私汽車的生意，還要投資房地產，還要搞套彙賺匯率差額，再加上去澳門大賭特賭，還沒玩上一個月呢，130 萬元就都打了水漂。哥倆只得用高息名義從謝某等人處繼續騙錢，這些錢也很快揮霍光了。從 1996 年 2 月到 1998 年 4 月，兩年多的時間裏，二十六七歲的謝炳峰居然揮霍掉了 1268 萬元人民幣。

1998 年 4 月，丹灶村村委會面臨換屆選舉。猶如熱鍋上螞蟻的謝某找到謝炳峰、麥容輝，要求務必儘快把徵用款轉回丹灶村平賬。謝、麥兩人知道，他們根本無法還清。最後他們想到一個辦法，就是帶上所有可以動用的資金到澳門再搏一把。但結果他們還是輸了個精光，希望徹底破滅了。

走投無路之際，這對難兄難弟只有最後一條路可走了，逃到國外，找個沒人認識的地方躲起來。謝炳峰的父親幫他們找了個專門從事偷渡的"蛇頭"，負責找船，從深圳將謝、麥兩人偷渡到香港，再用假護照將他們送出國。當然，爲了出逃後的生計，兩人在走之前還得從銀行弄一大筆錢。

1998 年 5 月 16 日中午，會計下班走了，同事們也不知何故離開了櫃檯。千載難逢的機會來了！麥容輝與謝炳峰裏應外合，麥將幾千萬元鉅款轉入了私人賬戶，謝在外面瘋狂提款、轉賬。他們用於貪汙銀行備用金的五個賬戶，除丹灶經濟合作社 861 萬元歸還給丹灶村，一個名爲"謝炳峰"的賬戶（存款爲 435 萬元）未來得及轉賬、提款外，另外三個賬戶近 4000 萬元的公款大部分

被轉入私人賬戶或被提現，其中提走現金人民幣 35.5 萬元，轉賬
到他人賬戶人民幣 2440 萬元，用於兌換港幣和購買小汽車，償還
所欠他人款項 1268 萬元。

偷渡到香港，逗留了約 10 天，6 月 1 日，謝、麥二人拿到了
去泰國的護照和機票，順利飛到了曼谷。爲了這兩本假護照，他
們又付出了 10 萬元美金。

在泰國落腳後，謝炳峰、麥容輝二人對外自稱是香港人梁經
華、何偉康。幾經周轉，他們去了旅遊勝地芭提雅，在那裏用帶
出來的錢先開了一間公司，搞了一間咖啡歌舞廳。由於人生地不
熟，搞了半年，歌舞廳不但沒有賺到錢還虧了本。但謝炳峰居然
打算再開一間歌舞廳。麥容輝不幹了。他覺得拼著命搞到的錢不
應這樣亂花。於是，這對難兄難弟第一次出現了分歧。麥容輝有
自己的想法。1999 年 8 月，他的女友隨旅遊團到了泰國，並留了
下來。麥容輝想拿回自己應得的錢和女友踏踏實實過日子。

按當初的約定，帶出來的錢，謝、麥二人對半分，麥可分得
200 多萬元。但在這半年間謝只給了麥 50 萬，翻臉後分文未給。
據麥容輝交代，謝炳峰不但不給錢，還用 40 萬泰銖雇了個叫盧永
權的"爛仔"追殺麥容輝。麥容輝知道來者的意圖，便給了他 20
萬泰銖和貼身的玉扣和手機，叫他拿著這些去向謝炳峰交差。當
著麥容輝的面，盧給謝炳峰打電話說已經殺死了麥容輝。正是因
爲這次追殺事件，給他們將來的下場埋下了伏筆。錢沒有了，朋
友也沒有了，殘酷的現實先將麥容輝擊倒了。回想兩年多的逃亡
生涯，還有女友的深情勸解，麥容輝的心被融化了。他毅然決定
去自首，走回國接受法律審判這條路。2000 年 8 月，麥容輝分別

打電話給廣東省公安廳和中行南海支行行長，提出要回來投案自首，並願協助抓獲謝炳峰。9 月 21 日，廣東省公安廳派員到泰國，麥容輝馬上從芭提雅坐出租車到曼谷和他們見面，並向他們提供了謝炳峰的情況。9 月 28 日，麥容輝被引渡回國。11 月 8 日，泰國移民局接到消息，將正在街上散步的謝炳峰抓獲。之後，他被送到中國駐泰大使館，11 月 11 日被引渡回國。至此，潛逃泰國兩年多、貪汙公款 5000 多萬元的兩條大蛀蟲都被緝拿回國。

2002 年 2 月，佛山市中級人民法院一審判決，認定麥容輝犯罪後自動投案，如實供述自己的罪行，是自首，協助司法機關抓捕謝炳峰，有重大立功表現，依法減輕處罰，判處有期徒刑 12 年，並處沒收財產；判處謝炳峰死刑，剝奪政治權利終身，並處沒收財產。

> ⸂ 超級巨騙，在國內大肆行騙後出逃，一路潛逃一路騙，出逃 8 年終落法網。雖然是遲來的正義 ⸃

第六節 錢宏 超級騙子潛逃 8 年終落法網

1992 年 5 月，時年 34 歲的錢宏在上海市衡山路的一家高級飯店掛出了"美國康泰企業集團"及"美國康泰財務投資有限公司"兩牌塊子，自封集團董事局主席。同時，錢宏還為自己編造了一個"美國人生"：早年移民到了加拿大並獲得了博士學位，

後赴美國出任福特等大公司的首席代表、副總裁，在美國成立了
"康泰企業集團"。其是一個"致力於中國改革開放"的美籍華
人。而事實上，錢宏只是北京某研究院的工人，僅有初中文化。
從上世紀 70 年代中期到 90 年代初，他不是因賭博詐騙、偽造護
照被拘留、勞動教養，就是由於販賣黃金、參與信用卡犯罪被判
刑。後來錢宏被該院開除了公職。前前後後，他在勞教所、監獄
共待了 16 年。

　　成立公司後，錢宏見那時市場上鋼材十分緊張，便四處吹噓
自己能搞到計劃內的低價鋼材。上海某進出口公司得知消息後找
到了他，並迅速支付了 2800 萬元的貨款。可是，當這家公司前往
倉庫提貨時，卻被廠方告知這批貨根本就不是"康泰"的，而他
們預付的貨款卻討不回來了。與此同時，他還騙取了廣東汕頭某
公司 3000 萬元的鋼材預付款和上海兩家單位購買鋼材的定金
2200 萬元。

　　接著，錢宏利用詐騙來的錢，以"美國康泰企業集團"的名
義偽造匯票單據等手段，從上海外匯調劑市場套取了 5000 萬美
元。在一年多的時間裏，錢宏共騙取了國內 48 家企業共計 4.5 億
元人民幣，受騙單位涉及到上海、廣東等 9 個省、市、自治區。
在此基礎上，錢宏用詐騙來的錢財把"美國康泰企業集團"遷到
了上海市中心一幢頗有名氣的高級寫字樓內。一時間他竟成了國
內十分走紅的"美籍華商"。

　　錢騙到手後，錢宏便開始大肆揮霍，他最大的愛好是賭博。
在澳門，他一局就能輸掉 280 萬港幣。這個狂妄的傢夥居然提出
要和職業賭王"過過手"，結果當然是大敗而歸。就這樣，一年

的時間裏，錢宏在澳門輸掉了 1 億多元港幣。

1993 年 7 月，自知詐騙行徑要暴露的錢宏倉皇潛逃到了國外。同 9 月 18 日，上海市檢察院簽發了對錢宏的逮捕令。並在 1994 年、1997 年兩度通過國際刑警組織對他發出紅色通緝令。

錢宏首先是逃到香港，爲了躲避中國警方的追捕，狡猾的錢宏改名換姓，還特地在找了一家頗有名氣的整容醫院做了整容手術，讓醫生把臉上一塊顯眼的疤痕和多餘的贅肉給去掉，還修了眉毛並開了雙眼皮。經過如此的“換臉”後，錢宏又花了一筆錢購買了一本假護照，然後神奇般地消失了。逃亡 8 年間，錢宏的足跡到達了歐洲、美洲、亞洲的大部分國家和地區。其間，他數次因持僞造護照、非法斂財等被投進監獄，但憑藉其高超的騙術、如簧的巧舌和國家之間複雜的司法程序，屢屢逃脫法網。但錢宏的身影始終鎖定在中國警方的視線中。

當然，即便是在逃亡生涯中，錢宏依然沒有忘記時不時施展一下自己的“看家本領”——詐騙，以滿足其無法填平的欲壑。錢宏詐騙手段卑鄙，爲所欲爲，連他的外籍妻子、幫助過他的年邁老人、華裔華僑等等，都不放過。

錢宏在被關押期間，有一名不明真相的好心老太太，誤以爲他是個受害者，便經常到獄中探望他，每次去的時候還特意燒了許多飯菜帶給他吃，反復叮囑他年紀還輕，一定要當心身體。言語之間，簡直是在把他當做自己的親兒子般對待。錢宏獲釋後，假惺惺地對老太太說：“在這裏，我舉目無親，你對我這麼好，我要喊你媽媽。”把老太太騙得暈頭轉向。接著，他便誘騙老太太和他一起合夥做起了生意，說是要“設法多賺點錢，然後來深深地報答你給予我的恩情"。這以後，他和該老太太頻繁往來。可是，一天，當錢宏在老太太家中做完客離去後，老太太突然發現自己的一本支票簿找不到了。把她急得團團轉，她壓根就沒想到會是口口聲聲喊她媽的錢宏偷去的。直到銀行通知她，錢宏已經用她的名義開出了多張空頭支票時，她才如夢初醒。但一切都爲時已晚，她終因信用破產，被銀行列入"黑名單"，不得不忍痛關掉了自己苦心經營了多年的禮品店。現在，只要一提到錢宏的名字，該老太太就恨得咬牙切齒。

錢宏在逃亡澳門期間，搭識了當地一年輕女子，並很快就成了她的情夫。他騙取了情婦的身份證件後，購買了一部手機，然後不辭而別。錢宏落網後，這個女子還在爲他欠下的巨額手機費而在監獄裏替他坐牢。

1994 年，錢宏在持僞造護照潛入南美洲 B 國時被扣押。就在他即將被釋放前 2 小時，我國警方成功地將錢宏的指紋圖像傳真至 B 國警方，確認了其通緝犯身份。正關押在該國國際聯邦監獄的錢宏被要求遣返回國。可是，正式的遣返文本經 B 國審核確認無誤後，卻沒有被有關經辦人員送往該國聯邦警察局，而是一步之差送到了該國司法部。本來只需在兩國警方之間進行的合作，一下子變成了國家和國家之間的合作。司法程序一下變得複雜起來，遣返被推遲了，而這一拖，就是一年。

次年，該國司法部終於決定：由檢察官起訴，法官判定是否將錢宏遣返。等到開庭時，已是 1996 年。雖然起訴書寫得明明白白，錢宏是非法入境，應予驅逐，但錢宏卻騙得了多方面的支持。這年 8 月，他被宣佈無罪釋放。原來，長得不怎麼樣的錢宏在打起了律師的主意。憑藉其高超的騙術和如簧的巧舌，許諾給兩名律師以豐厚報酬，讓這兩個律師相信了。其中一位金髮女律師居然還墜入情網，愛上了他並懷了孕。和女律師結婚後的錢宏達到了他的美妙目的：他成了該國公民，非法入境的罪名被撤銷了。而錢宏回報這名癡情女的卻是以她的名義開出的一張 32 萬美元的假支票。

1997 年，我國警方再次得到了錢宏的消息：他在美國因涉嫌開辦地下錢莊、非法斂財，被當局逮捕。警方再次聯絡遣返事宜，美國的法院遂作出判決：驅逐出境，但不允許驅逐至中國，驅逐路線可由中國確定。

不料，就在中國警方準備遣返方案的時刻，美國的法官突然宣佈，錢宏自己提出前往巴拿馬的要求被美國當局獲准了。原來這個狡猾的騙子想到自己持有巴拿馬的假護照，一旦到了巴拿馬後，就可以順利逃脫國內的追捕了。

因爲我國和巴拿馬尚未建立外交關係，錢宏遣返一事再生波折。該國提出要由第三國中轉。我國遂向 W 國尋求幫助，但該國無法協助。就這樣，幾經周折，錢宏又一次逃脫，直至 2000 年他再度被送上美國移民法庭。

2000 年 11 月 20 日，因爲錢宏持有巴拿馬護照，美國對其判處有期徒刑後，決定仍將其驅逐到巴拿馬。但這一次，中國警方經過艱辛努力，終於使巴拿馬方面同意將人移交。

2001 年 6 月 8 日，在境外逃亡長達 8 年之久的特大經濟詐騙案犯罪嫌疑人錢宏，終於被中國警方從南美洲押解回國。6 月 13 日上午，錢宏這個巨騙終於被押上了被告席。

● 近年來媒體曝光的女貪官們的"窮
凶惡極",絲毫巾幗不讓鬚眉。在她
們身上,看不到女性的自然美,相反
卻是變本加厲的最後瘋狂,她們搞腐
敗的惡劣手段與囂張氣焰簡直讓人
觸目驚心。

第十章
中國女貪官群體及現象

　　自古以來大家都習慣性地把貪官定義爲男性，潛意識裏把官專屬男性世界，但殊不知在中國社會還有一群被忽視又不可忽視的貪官群體，那就是女貪官。在人們心目中，女性一般比男性更溫和善良，近年來媒體曝光的女貪官們的"窮兇惡極"，卻絲毫巾幗不讓鬚眉。在她們身上，看不到女性的自然美，相反卻是變本加厲的最後瘋狂，她們搞腐敗的惡劣手段與囂張氣焰簡直讓人觸目驚心。

　　接下來，我們將會看到蔣艷萍、安惠君、焦玫瑰、韓桂芝、尹冬桂、周開建等人是怎麼從政治上的高官墮落到人民的階下囚的。

　　　　{ 蔣艷萍為什麼能在十多年的時間裏，從一個小小的倉庫保管員爬到廳級幹部的位置呢？知情者說，蔣艷萍的成功靠的是兩招：一招是色，另一招是錢。 }

第一節　蔣艷萍　湖南第一女巨貪

　　一名默默無聞的普通女工、一個頭上罩滿"全省三八紅旗手"、"勞動模範"等榮譽光環的"女能人"年輕的女副廳級幹部、一個道德淪喪、自甘墮落的女貪官員，這就是蔣豔萍人生三個階段不同角色。

縱觀蔣豔萍的犯罪過程，呈現出以下特點：

投懷送抱，以色謀權。蔣豔萍認為，一個所謂高明的女人，就是要善於憑藉自己的姿色，達到自己的目的。正是在這一肮髒思想的指引下，蔣豔萍走向了墮落，完全忘記了自己是一名共產黨員和黨員領導幹部。

1995 年下半年，為了拉攏當時的省計委副主任陳作貴，蔣豔萍不惜以色相勾引。陳上鉤後，對蔣言聽計從。當蔣得知省計委駐北京聯絡處準備擴建裝修時，她用金錢相許，誘使陳利用職權，違反規定，將一處裝修工程交給她妹妹的姘夫吳有恆承包，使吳有恆從中得利，進而使她自己也從中得到好處。

一招成功，蔣豔萍便屢屢利用自己的色相去對付在她看來有利用價值又意志薄弱的人。於是她變得越來越神通廣大，別人請不動的人她一個電話可以叫來，別人辦不到的事，她一出面，便馬上可以"擺平"。就連關押在看守所期間，她仍不忘施展這個伎倆。1999 年 9 月，蔣在漢壽縣看守所內，為了與外界串通，又利用色相，一步步把該所副所長萬江拉下水，致使萬多次為其傳遞信函紙條，幫助其與外界的關係人搞攻守同盟，進行一系列開脫罪責的反偵查活動。

貪婪無度，不擇手段。蔣豔萍是個愛財如命的女人。連她的家人都說："錢就是她的命。"不管是上百萬的存單，還是數十萬的現金，乃至幾千元的物品，她都不嫌棄，一概笑納。她利用錢色開路，為別人做"好事"，搞不正當競爭，其目的都是為了使自己得到好處。

一封封舉報信，列舉了蔣豔萍在工作中專橫跋扈、任人唯親，在省建工集團六公司下屬勞服公司妄自尊大、花錢如流水，在生活上無所節制、腐化墮落的事實。

1999 年初，根據群眾舉報，經省委同意，省檢察院和省紀委聯手開展了對蔣豔萍案的初查。

2001 年 7 月 24 日，長沙市中級人民法院以受賄罪、貪汙罪、巨額財產來源不明罪、介紹賄賂罪，數罪並罰，一審判處曾任省建工集團副總經理的蔣豔萍死刑。

2002 年 3 月 29 日，湖南省高級人民法院對蔣豔萍案作出二審裁定，依法駁回蔣豔萍上訴，維持原判。2003 年 2 月 28 日，最高人民法院覈准，被告人蔣豔萍犯受賄罪，判處死刑，緩期二年執行，剝奪政治權利終身，並處沒收財產人民幣 100 萬元。

通過媒體對蔣豔萍案專案組人員的採訪，蔣案的偵破過程終于被公佈：在省紀委的牽頭下，通過紀檢、檢察兩家辦案人員半年的艱苦努力、協同作戰，終於掌握了蔣豔萍在承攬長沙電信樞紐工程及擔任勞服公司經理時的部分犯罪事實。1999 年 7 月 1 日，專案組擬出第二步行動方案：控制與蔣案有關的涉案人員，待時機成熟後對蔣豔萍依法採取措施。

"擒賊先擒王，連蔣豔萍一併動。"這是省紀委和省檢察院主要領導聽完專案組彙報後一致的意見。

1999 年 7 月 5 日上午 11 時，9 台辦案車在省檢察院辦公樓前一字排開，隨時等候出發的命令。樓上，省檢察院反貪局會議室內，40 餘名行動人員如在弦之箭。

　　此時，省委常委會議室內氣氛凝重，常委們正在研究由省紀委和省檢察院向省委寫出的關於要求查處蔣豔萍的報告。

　　中午 12 時整，省紀委和省檢察院主要領導通知辦案組負責人：省委同意對蔣豔萍採取行動。

　　"本案是湖南反貪史上行動規模最大、偵查難度最高的案件。省委對此高度重視，因此，不管遇到什麼困難，面臨什麼問題，我們都必須義無反顧地辦下去！"直接負責本案的省檢察院副檢察長唐正其、原省紀委常委危雍熙立即召開戰前動員會。中午 1 時，9 台車箭一般駛出省檢察院，40 餘名辦案人員兵分 9 路朝各自的目標出擊。

　　負責控制蔣豔萍的省紀委二室主任黃大林和省反貪局副局長來獻民獲知蔣在家的消息後，驅車直奔省建工集團綜合樓 1208 房，將身著睡衣、正在午休的蔣豔萍逮個正著。

　　至當日晚上 9 時，其餘 8 名涉案人員均被"請"到辦案地點。勞服公司和長沙電信樞紐工程項目經理部的所有財務賬目隨即被全部扣押。

　　在辦案人員的強大攻勢下，短短幾天，除蔣豔萍外的 8 名涉案人員均交代了蔣豔萍受賄貪汙的有關情況。

　　1999 年 8 月 4 日，省檢察院以涉嫌受賄罪對蔣豔萍正式立案偵查。省委明確指示：一定要把蔣豔萍案徹底查清，辦成鐵案。當天下午，檢察機關對蔣豔萍辦公室依法進行搜查。8 月 7 日，蔣豔萍被刑事拘留。

　　經查證核實，1994 年 5 月至 1999 年 7 月，蔣豔萍就受賄、貪汙 30 多次，金額高達 300 餘萬元。為了撈錢，她不顧自己的身份，不管送錢的是自己的下屬，還是自己的親戚，都來者不拒。別人主動送上門來的，她受之欣然；別人猶豫不決的，她主動出擊；別人送得不夠或不及時的，她還要冷嘲熱諷。勞服公司一項目經理 1996、1997 年幾次送錢給蔣，從 1998 年以後便不再"進貢"，蔣對此大為不滿，幾次碰到這個項目經理，當面挖苦他是"野豬子眼皮淺，只看到自己的鼻子，做不成大事"。這個項目經理聞之惶惶，1999 年春節前便又給蔣送去了 3 萬元。

如此這般，蔣豔萍當然是財源滾滾。案發時她擁有的財產超過 1000 萬元，令人觸目驚心。

巧立名目，損公肥私。蔣豔萍在任六公司黨委書記和勞服公司經理期間，為了達到個人從六公司項目部收取 5%—6%的所謂"管理費"的目的，不經集體研究，擅自決定在勞服公司和六公司項目部之間設所謂的指揮部，由自己出任指揮長。公司其它領導和職工對此有意見，她振振有詞地說："這是業主的要求，我不擔任指揮長對方不發包。"

在如何撈錢的問題上，蔣豔萍可謂用心良苦，別出心裁。本來作為一名經理，公司業務應該由下屬人員承包，但蔣自己卻以承包人的名義，與自己任法人代表的六公司簽訂承包合同。她還公然指使勞服公司財務人員虛開材料發票，虛造工程獎金，將本屬勞服公司所有的數十萬元資產據為己有。

為了謀取私利，蔣不惜犧牲企業的利益。1997 年，六公司通過多方努力，終於獲取了簽訂某電信大樓空調安裝工程合同的權利。但他們沒有料到，身為集團公司副總經理、六公司黨委書記、某電信大樓工程指揮部指揮長的蔣豔萍，居然一再要求業主將該工程交給吳有恆的恒基公司，使六公司 1800 餘萬元的業務化爲泡影。在企業蒙受巨大損失的同時，蔣個人卻一次就從吳有恆手中獲取了 100 萬元的"好處費"。

對抗審查，態度惡劣。檢察機關在偵查中先後依法審訊過蔣豔萍 98 次，她除先後承認受賄 28 萬元的事實外，大部分時間都是負隅頑抗。辦案人員依法、依情、依理，苦口婆心地給她做工作，有時她嘴上也表示感謝，但回到監獄後，就以另一副嘴臉對同監犯人說："別人說不見棺材不落淚，我見了棺材也不會落淚，我不可能跟他們交代問題。"

審查起訴階段，蔣豔萍得知檢察機關已查實其貪汙受賄數百萬元後，明白在證據面前單靠自己硬抗是抗不過的，於是她便鋌而走險，大搞串供活動，企圖混淆是非。她在串供信中反復宣揚："在中國是權大於法"、"要盡最大的努力，爭取最好的結果"，以此鼓動、指揮親友找有關證人做工作，統一口徑，並編造了"人情往來"、"合法承包"等種種理由爲自己的犯罪行爲開脫。這種與法抗衡的頑固態度，最終是搬起石頭砸了自己的腳。

蔣豔萍這樣一個僅有"文革"期間的初中文化，動輒罵職工豬頭木腦，更無任何專業技術特長的女人，爲什麼能在十多年的時間裏，從一個小小的倉庫保管員爬到廳級幹部的位置呢？省建六公司的職工們都說，蔣豔萍的成功靠的是兩招：一招是色，另一招是錢。她在官場上首先選中對她有利用價值的人，然後與之同床共枕，加深瞭解，培養感情，再後便是送錢。財與色雙管齊下，屢試不爽。用蔣豔萍自己的話說："我只要打個電話，半小時之內就可以叫某領導趕到我的辦公室來。"即使是在 1999 年 8

月以後，蔣豔萍被異地關押在湖南漢壽縣看守所期間，她也膽大妄爲，故伎重演，以色相勾引漢壽縣看守所副所長萬江，與其多次發生兩性關係，試圖通過萬副所長的幫助，借機潛逃，同時還有幾名幹警也被蔣豔萍以肉體和金錢拉攏，爲她通風報信。

蔣豔萍原是下鄉知青，後招工進了湘潭江麓機械廠。1981 年與長沙某醫院一名藥劑員結婚，她那時已經是某領導臭名昭著的"二奶"了。1982 年蔣豔萍在以好色聞名的某市副市長的幫助下，調入長沙的省建六公司勞動服務公司下屬的碧波商場當倉庫保管員，之後不久便與省建六公司主管機構的一位副主任勾搭成奸，隨後便被破格任命爲碧波商場經理，1993 年被提升爲勞動服務公司經理。一年以後，她又被提升爲省建六公司主抓經營的副總經理。1996 年再次被提升爲省建六公司黨委書記兼副總經理，才 30 多歲便坐到了副廳級幹部的位置。1997 年，她又被任命爲湖南省建築工程集團總公司主抓經營的副總經理。1999 年 7 月，蔣豔萍的正廳級幹部任命書也已鉛印待發，並擬作爲國慶五十周年大慶赴京觀禮代表。

蔣豔萍利用財色攻關，使用的往往是迂回戰術，往往先打通領導的夫人這一關。她先送領導夫人喜歡的東西，如金項鏈、金耳環，然後再邀領導的夫人去外地旅遊，經費當然都是由蔣豔萍提供。蔣豔萍聲稱："在男權社會，只有懂得充分開發利用男人價值的女人，才能算是真正高明的女人。"

蔣豔萍的理論，在實踐中體現得比較充分的是她與某大公司一把手的交往。

在 1992 年的出國觀光熱中，蔣豔萍也想去國外"考察"，但她當時還只是一個小小的商場經理，搞不到出國"考察"的指標，於是她盯上了某大公司的一把手，與這位一把手有了那層親密的關係之後，一把手便從局裏搞到了讓蔣豔萍去美國"考察"的指標。這次，一把手不僅把蔣豔萍帶到了美國"考察"，而且還去了香港、澳門等地。蔣豔萍成爲勞動服務公司經理之後，通過這位一把手，可以到銀行貸到款，可以承包到長沙市改建立交橋的工程。

蔣豔萍從 1989 年至 1999 年 7 月案發前，憑藉手中權力，利用各種關係，在省建六公司安插了 60 多名親友和同鄉。省建六公司有一棟家屬樓，其中有 80% 的人是蔣豔萍的親友。

1999 年 7 月 5 日，蔣豔萍案發時查獲其擁有財產 1094.86 萬元，其中人民幣存款、債券及現金 925.42 萬元，美元 31909.05 元，港幣 53782 元，股票賬戶資金 77.8 萬元，房產價值 55.08 萬元，貴重物品價值 4.19 萬元，風險抵押金 1 萬元。公訴人查明其 1990 年來最低消費支出 13.05 萬元，財產和支出總計 1107.91 萬元，查證蔣豔萍及其丈夫合法收入 58.05 萬元，違法所得 85.69 萬元，其它收入 88.29 萬元，貪污受賄犯罪所得 382.24 萬元；蔣豔萍拒不說明合法來源的財產爲 493.64 萬元，其中美元 26909.05 元，港幣 23782 元。案發後，蔣豔萍受賄、貪污、巨額財產來源不明案贓款已全部追回上交國庫。

> 安惠君案件的新看點在於"性賄賂",即女性上司接受男性下屬性賄賂,雖然沸沸揚揚路人皆知,但在起訴書中卻沒有提及。

第二節　安惠君 涉嫌接受性賄賂的女公安局長

關於安惠君案件,深圳市紀委的通報說,安惠君 1996 年至 2003 年在任羅湖公安分局政委、局長期間,利用職務之便,多次收受有關人員所送錢物,共計人民幣 167.8 萬元、港幣 24 萬元、美金 1000 元,實物折合人民幣 5 萬元;同時在車輛採購和工程招投標中,先後收受供應商和承包商所送港幣共計 30 萬元。其實,這個案件的新看點在於"性賄賂",沸沸揚揚早已經路人皆知,不再囉嗦什麼了!

安惠君,1955 年 3 月出生,河北省定縣人。原爲河北省某縣公安局一個副局長,上個世紀 90 年代初期,她在公安部學習一段時間。1991 年被派至深圳市公安局三處掛職鍛煉。後調任羅湖公安分局治安隊任普通科員。治安隊爲科級單位,安惠君對此頗有情緒。經市局協調,安惠君升爲科長,並享受副處級待遇。1993 年 7 月,安惠君被任命爲羅湖分局副局長。1999 年羅湖公安分局獲"全國優秀公安局"稱號;當年積累的"警校共建"經驗,得到團中央、公安部的肯定後一度在全國推廣。深圳一家主要媒體曾刊發長篇通訊,稱安惠君爲"有魄力有膽識的女儒將"。

"從普通辦事員升至副局長不足三年，這是羅湖分局有史以來的一個奇跡。"一位知情者評價。

1994 年初，安惠君任羅湖分局政委，自 1996 年下半年起，主持分局全面工作。1997 年 7 月前後，羅湖分局局長鄭沛明調往深圳市公安局任職，安惠君升為分局局長，同時任羅湖區委常委、政法委副書記，並身兼深圳市人大代表和羅湖區政協委員。2001 年 7 月 30 日，羅湖區原政法委書記另行提拔，經組織同意由安惠君主持區政法委全面工作，其個人權力到達巔峰。羅湖區政法委一位已退休的副書記介紹，安惠君在區政法委"什麼都操作，橫行霸道"。知情者表示，安惠君升遷過程中，似乎總有一般不可抵抗的力量在推動。

公安系統內人士對她的評價褒貶不一。一位人士並不諱言安惠君的成績。

"她主持下的羅湖公安分局的硬件建設，如利用網絡破案等，不僅分局幹部有目共睹，且在全國聞名。"

但是，羅湖區政法委一位官員說，安惠君口無遮擋，罵起人來從不講分寸。而且其主持政治思想工作時，系統內反對者頗多。

1999 年中旬，犯罪嫌疑人安惠君曾到北京公安大學參加晉升警銜的培訓。期間，時任羅湖公安分局草埔派出所所長的宋某為了能進一步與安搞好關係，得到其在崗位調整、職務提拔上的關照，借機來到北京在安住宿的招待所房間，送給安人民幣 2 萬元；之後，安惠君又先後收受宋某的賄賂港幣 1 萬元、人民幣 2 萬元。此外，1995 年 3 月至 1998 年 9 月，宋在羅湖公安分局政保科工作期間，為得到安的關照，每逢中秋節、春節都給安送錢，共 6

次，合計人民幣 3 萬元。在安的關照下，宋某於 1998 年 9 月調到草埔派出所任所長。在之後的 4 年中，宋又先後 8 次給安送錢，合計人民幣 12 萬元。上述款項共計人民幣 19 萬元、港幣 1 萬元，均被安惠君收下，據爲己有。

在 1998 年中秋節前至 2002 年間，時任羅湖公安分局泰甯派出所籌建負責人的曾某，爲了和安惠君拉近關係，以便日後在安的關照下能當上所長，先後給安送錢人民幣 8 萬元。期間，在安惠君的關照下，曾某調到洪湖派出所先後任代理所長、所長。2002 年 12 月，曾在調到洪湖派出所任代理所長後的一個晚上，爲了表示對安的感謝，又到安的家裏送給安人民幣 3 萬元，安只收了 1 萬元。2001 年 12 月至 2002 年 3-5 月，曾某爲了能由代理所長轉正，先後三次約安在五洲賓館西餐廳吃飯，並送錢人民幣 3 萬元，安都收下，曾也於 2002 年 3 月被正式任命爲所長。2002 年 6 月，曾某聽到安準備去英國看望女兒，爲進一步跟安聯絡感情，到安的辦公室送給安港幣 3 萬元。上述款項共計人民幣 12 萬元、港幣 3 萬元均被安惠君收下，據爲己有。

知情人都提到，官場得意的安惠君卻始終難棄其失意婚姻的陰影。據介紹，安惠君愛人曾在北京某部委工作，後在深圳皇崗口岸某保稅公司擔任要職。在安惠君來深圳之前，兩人即已離異。

曾與安惠君共事多年的一位知情者介紹，安惠君對其婚姻狀況極爲失望。而自 1991 年以來，幾乎無人看見安惠君和其前夫出現在公衆場合。

深圳市檢方人士透露，安惠君個人生活糜爛，甚至接受男警員的性賄賂。

在羅湖政法系統流傳甚廣的說法是：安惠君多次以出外考察的名義，指定年輕英俊的男警員單獨跟隨她外出，期間向英俊下屬作出性暗示。如順其要求，回深圳後將迅速升遷；反之則升職無望，理由是"有待磨練"。

多名知情者證實，該分局年輕英俊的一位警員與安惠君關係密切。而他從副科被提拔到正科，再到副處、正處，僅兩年時間。此人今年10月也因涉案被雙規。

2000年，羅湖公安分局一位科長出版了中篇小說集《隨風飄蕩》（作家出版社2000年12月版），其中"午夜咖啡"一文中的主人公劉麗萍，被公認是影射安惠君的成長歷程和糜爛私生活。

2004年8月31日上午9時30分左右，深圳市龍崗區布吉街道羅崗二線關內側的長排村，一堵擋土牆因山體滑坡而倒塌，一對湘籍母子在事故中身亡。此事件引起深圳市委、市政府的高度重視，多部門組成聯合調查組徹查。

事故調查披露，該地區大量違規建築的出現，而這些建築的地基對擋土牆產生了影響。一位接近深圳市紀委辦案組的人士證實，有關部門正是在調查"8‧31事件"時，發現事件當事人與安惠君之間存在不正常的經濟往來。

事發現場周圍的7棟樓房已貼上龍崗區政府的封條。據稱，投資者是羅湖公安分局系統的三名中層幹部，投資額高達千萬元。接近知情人透露，資金來源，主要是利用羅湖公安分局財政體制改革之機私分了原派出所"小金庫"的近千萬元資金，私分的資金一部分用於建私房，另一部分用於跑官買官。拔出蘿蔔帶出泥，作為其原任上司的原羅湖公安分局局長安惠君，也因此東窗事發。

2004 年初，一份來自深圳某基層派出所的檢舉信呈至各紀檢部門，舉報安惠君利用深圳市改革公安系統之機牟取巨利。羅湖區政法系統一位官員也稱，今年年初，便有基層民警逐級向紀檢部門提交檢舉信。來信指出，2002 年年初，按"派出所不跨街道辦事處設置"的原則，一個街道設立 1 至 2 個派出所，一個鎮設立 1 至 3 個派出所，全市派出所總數從 185 個撤並爲 103 個，其中，羅湖區由原來的 25 個變爲 8 個（現爲 10 個）。指控安惠君利用深圳市改革公安系統之機牟取巨利。紀檢部門開始注意到安惠君。

深圳某媒體一位政法記者介紹，羅湖分局共有警員 1500 名左右，其中約 500 名爲副科級以上幹部，而改革只是將中層幹部的位置換一換，"這應了一句老話：要致富，動幹部。" 過程中，有人估計安惠君案涉案金額高達數千萬元。

根據官方統計，羅湖區共有大型歌舞娛樂場所 130 餘家，小型娛樂休閒場所更是數以千計，其中羅湖商業城、東門步行街等窗口地區，一直爲深圳掃黃打非的重點區域。調查組發現安惠君及其下屬利用職權收受轄區內娛樂場所的賄賂，在掃黃、嚴打和緝毒時網開一面。羅湖分局東曉派出所一位警官也證實，該區一向重視搶、盜及重大命案，而對黃、賭、毒則相對次之。

2000 年 3 月 15 日召開的全市社會治安整治工作會議上，深圳市公安局要求深圳娛樂場所的營業時間一律不能超過凌晨 1 點鐘。否則轄區內的各警方負責人按失職論。羅湖區政法系統多名老幹部證實 ，安惠君對市公安局"並不怎麼買賬"，故市局提出的"娛樂場所淩晨 1 點關門"的要求在羅湖並未得到貫徹。

一位不願具名的羅湖區某娛樂城任要職的的人士介紹,羅湖分局有警官曾按月向轄區某些經營色情業者收取"保護費",費用在 1 萬至 10 萬元不等,也有按年費計算的。由安惠君一手提拔的下屬,還充當不良娛樂場所的"法律顧問",獲取一定報酬以包庇其經營黃、毒等非法活動。

10 月 8 日左右,深圳市紀委調查人員來到安惠君辦公室宣佈對其實施"雙規",並當即將安惠君移往東莞隔離審查;在羅湖公安分局各下屬單位,由安惠君一手提拔的多名中層幹部亦被帶走。

2005 年 4 月 27 日,安惠君(女)涉嫌受賄案在深圳市中級人民法院開庭審理。法院認定安惠君受賄 210 餘萬元,但鑒於其在司法機關未掌握其犯罪事實前作出交待,依法可認定爲自首,且最終退清全部贓款,故依法從輕判處其有期徒刑 15 年。但對於傳聞中的安惠君"個人生活糜爛,甚至接受男警員的性賄賂"一事,在檢察機關的起訴書中並沒有提及,法院庭審中也沒有涉及這方面的內容。有關人士介紹,這是因爲目前我國的法律條文中在這方面尚屬空白。關於受賄罪,我國《刑法》僅規定了受賄、行賄、介紹賄賂等三種方式,且將賄賂的內容限定爲財物。

> 〈 身為法院副院長，又是研究犯罪心理學的法律
> 界專業人士，焦玫瑰卻多次為黑社會性質犯罪頭目
> 提供庇護。 〉

第三節　焦玫瑰　與黑社會有染的東北女貪官

焦玫瑰，瀋陽市乃至遼寧省司法界小有名氣的瀋陽市政協副主席、市中級人民法院副院長。1982 年研究生畢業於遼寧大學法律系，後留校任教，擁有副教授職稱，主要研究犯罪心理學。因既是民主黨派，又是法律專業人士，年紀也較輕，同時又是女性，1995 年她作為民主黨派參政議政的典型，被選調到瀋陽市中級人民法院任副院長，主管刑事、民事和行政審判等工作。1997 年，她以致公黨瀋陽市主委的身份被選為市政協副主席，成了最年輕的市級領導。

焦玫瑰曾自詡為"瀋陽當代女包公"，揹地裏卻是個仗權摟錢的貪婪婆孃。

2000 年 7 月，瀋陽黑社會性質犯罪團夥的頭目劉湧被瀋陽市公安機關抓獲後，陸續交待了他曾給瀋陽市多名領導幹部送禮、行賄的情況，其中就包括焦玫瑰。

由於劉湧父親的關係（其父劉某某原系市中院刑一庭庭長），他和焦玫瑰的關係甚好，焦不但在打官司上比較照顧他，而且幫他拿到了市區兩塊土地的開發使用權。此外，焦玫瑰還介紹他加

入了致公黨，擔任致公黨瀋陽直屬支部主委。爲此，他先後向焦玫瑰行賄四次：1999 年 10 月，他和愛人劉曉津及手下高偉等人購買了一套價值兩萬多元的美國進口傢具，送給了焦玫瑰；2000年春節前，他送給焦玫瑰 6000 元的佳陽廣場購物卡，由焦的司機王某某從劉湧的司機高偉手中取走；同年春節，劉湧又送給焦玫瑰 1 萬美元；2000 年 4 月，他單獨到焦玫瑰的辦公室，送給其 3 萬美元。

2000 年 11 月 13 日，中央紀委副書記劉麗英和最高人民法院副院長劉家琛、最高人民檢察院副檢察長趙登舉親臨瀋陽坐鎮指揮，立即安排人員對焦玫瑰涉嫌受賄的問題線索展開外圍核查。

第一步，繼續提審劉湧及妻子劉曉津、司機高偉。第二步，同有關知情人談話，獲取有關情況和證據。

很快，好消息接二連三地傳來。劉曉津和高偉都證實，曾送給焦玫瑰一套傢具；劉某某和劉曉津、高偉證實，劉湧送給焦 4 萬美元屬實；焦的家人承認，收過劉湧送的傢具；瀋陽市中院的有關領導和工作人員證實，焦與劉湧關係密切；銀行存款顯示，焦玫瑰及其近親屬的存款超出正常收入水平。

辦案人員將情況匯總後，專案組領導決定立即對焦玫瑰開展調查。

2000 年 11 月 20 日上午，焦玫瑰被請到了專案組駐地。“你們找我來有什麼事情？”與其它被找來談話的人不同，焦玫瑰派頭十足，趾高氣揚，一開口說話口氣就特硬。

第二輪談話開始後，經過深思熟慮的焦玫瑰來了個先發制人。“我想起來了，劉湧今年春節確實讓司機送給了我兩萬美元，我當時不好推辭，也就收下了。後來在一次吃飯時，我提出退還給他，他堅決不要。沒辦法，我想起來以前曾應劉湧的要求，讓我愛人任某某湊了 10 萬元人民幣交給他炒股票，因此就提出和那 10 萬元股票款沖抵掉算了，兩不相欠，也省得尷尬。"焦玫瑰的解釋似乎無懈可擊。

"那你還有別的問題嗎？"辦案人員繼續問。

"去年搬家後，我看上了一套美國進口傢具，嫌價格太貴，請劉湧幫忙找人打過折。"焦玫瑰應答如流。

"好象不是這麼回事吧！聽說傢具是劉湧親自送到你家的。"辦案人員適時拋出炸彈。

"那我記不清楚了。"焦玫瑰沒想到辦案人員知道得這麼詳細，慌忙推託道。

"那你拿 10 萬元人民幣和兩萬美元沖抵，差價怎麼算？"辦案人員追問。

"我們平時關係好，劉湧又有錢，他不計較這些小錢。你們非要算，也不能定我受賄，最多定我收禮。"

鑒於焦玫瑰的丈夫任某某也涉嫌違紀，11 月 28 日，有關部門對他採取了"兩規"措施。在此之前，專案組已對焦玫瑰的司機王某某採取了"兩規"措施。

辦案人員發現任某某早有準備，而王某某比較年輕單純，顧慮也較多。在辦案人員的耐心勸導下，王某某陸續交待並證實了焦玫瑰的一些問題線索及情節，隨後，在強大的政治攻勢下，任某某也陸續交待了焦玫瑰收受賄賂的一些具體情況。

焦玫瑰在某傢具店看中了一套美國進口傢具，價格高達人民幣 4.34 萬元。在與店老闆張某某的交談中，她得知張與劉湧關係甚好，便給劉湧打電話，請他幫忙打點折。過了半個月，劉湧以人民幣 2.17 萬元買下了焦相中的那套傢具，送到了焦家中。

劉湧之所以出手大方，是因為焦玫瑰幫了他的忙。1999 年春節後，劉湧從瀋陽市土地局拿到了瀋陽市中街部分土地的使用權，因此前瀋陽市土地局已將其中一塊土地使用權出讓給穆廣志家，雙方發生糾紛。1999 年 5 月，穆家準備到瀋陽市中級人民法院起訴市土地局。害怕危及自己利益的劉湧和父親找到焦玫瑰，求她幫忙不受理穆家的訴訟。在焦的斡旋下，此案不但沒能受理，而且她還違反程序將此案簽發到瀋陽市和平區法院審理。結果自然是穆家敗訴，劉湧達到了目的。

2000 年春節前，焦玫瑰派司機到劉湧處取回了兩萬美元，回家交給了任某某，任隨後將錢存入了中國銀行。至於她推說用這兩萬美元沖抵 10 萬元人民幣股票款之事，純屬假話。2000 年初，焦玫瑰還曾向劉湧索要了一部三星 800 手機和價值 2.5 萬元的嘉陽購物中心的購物卡。

焦玫瑰不僅大肆索賄受賄，還聯合丈夫欺騙組織，以購房為名套取公款為個人裝修住房。1998 年 4 月 3 日、6 月 25 日，焦玫瑰先後兩次給瀋陽市中級人民法院領導打報告申請購房款 45 萬元。經院長賈永祥同意，分兩次批給焦玫瑰購房款 45 萬元。焦玫瑰將 30 萬元從瀋陽市中級人民法院轉給瀋陽市天策大廈有限公司用於購房（房主系焦玫瑰正在上小學的兒子，當年 13 歲），面積達 200 多平方米；她又將 15 萬元購房款直接轉到瀋陽市中遼國際建築裝飾有限公司，用於新購住房裝修。實際上，她根本沒有再申請購房的權利。

隨後，知情較多的司機王某某又交待了任某某有一輛新的別克轎車，掛的是鐵嶺的牌照。辦案人員立即找到了那輛別克轎車。此車系焦玫瑰收受瀋陽市某私營水泥廠廠長劉某的賄賂。隨後，劉某被請到了專案組。

據劉某交待，別克轎車是自己 2000 年 6 月送給焦玫瑰的，理由是爲了感謝焦在一起官司中對自己的關照。另外，他還曾於 2000 年春節前送給其一對價值人民幣 2.7 萬元的雷達牌手錶。焦均一一收下，後來還讓他把車子過戶給其丈夫任某某。

在大量確鑿的證據面前，焦玫瑰終於低下了頭，默認了受賄的事實。

> 韓的賣官與受賄是驚人的，經過檢方初步核實確定是 800 多萬！

第四節　韓桂芝 東北最大賣官女貪官

韓桂芝，生於 1943 年 2 月。1968 年起，在大興安嶺林區工作。1988 年，韓桂芝回到哈爾濱，先後任黑龍江省監察廳副廳長、省委組織部副部長、省委副書記、省政協主席等職務。2004 年 2 月，韓桂芝被中紀委來人帶走，3 月份被"雙規"。10 月，中紀委給予韓桂芝開除黨籍和開除公職處分。韓的賣官與受賄是驚人的，經過檢方初步核實確定是 800 多萬！

民間流傳著她涉嫌巨額受賄傳言，但是官方卻避而不談。一位瞭解內情的紀委官員透露，「馬德案是導致韓桂芝被免職比較直接的一個原因。」「目前發現，問題主要是出在組織部長和省委副書記任上，當副書記時她也是主管組織工作。」這位人士透露，紀委方面仍在加緊工作，向下查的可能性很大。

2004 年 3 月，中紀委將韓桂芝涉嫌經濟犯罪案移送北京作最後的「定性定量」處理。北京市檢察院接到這一任務後，派出市檢一分院的反貪強將，提前介入韓桂芝案的清查工作。4 月底，經過一個多月的封閉審查後，專案組將韓桂芝本人及相關證據材料移轉給檢方，由後者正式展開第一次審查起訴，初步認定韓桂芝涉嫌受賄 2000 餘萬元，遠遠高出此前媒體報道的 950 萬元。

綏化市原市委書記馬德自 1995 年以來大肆收受賄賂，買官賣官。馬德被雙規後供認，自己為當上綏化市市委書記一職，曾給韓桂芝送過一筆錢。據瞭解內情官員說法，韓桂芝當年曾不主張任用馬德，2002 年馬德被雙規後供認，曾給韓桂芝送過 80 萬元。韓桂芝以馬德的名字把錢存入銀行，但存摺卻送給了妹妹——哈爾濱某局常務副局長。目前，韓桂芝的妹妹、兩個兒子和兒媳均被雙規。

1 月 22 日（農曆大年三十），任光大銀行哈爾濱分行副行長的韓桂芝大兒子陳泓播被中紀委帶走。其後，存摺在韓桂芝妹妹家中搜出。其妹目前也被審查。「這次韓桂芝落馬，有關方面有很長時間的部署，其大兒子陳泓播『出事』是重要的一步。」一位和官方交往甚密的人士分析。陳泓播出事之後，韓桂芝不再到辦公室上班。

韓桂芝被中紀委"請"走後不久，雞西市委書記丁乃今、牡丹江市公安局局長韓健及其妻子交通廳海事局副局長盧某某、韓桂芝第一任秘書張學文均被"雙規"。

丁乃今和韓桂芝是否存在關係目前尚未得到確切說法。但消息人士告知，韓健"出事"的直接原因是給韓桂芝的兩個兒子各送了一部車。

"送車的時候，他已經是牡丹江市公安局局長，從這個角度講，這不算買官，但此前，韓健由黑龍江省公安廳省交警總隊車管處處長直接調任牡丹江公安局局長，的確升得很快。"

這位人士分析，"丁乃今、韓健和韓桂芝的案件都是中紀委同時在調查，估計有內在聯繫。韓健和韓桂芝相交甚密，傳說是她的乾兒子。"

今年 12 月 15 日，北京市第一中級人民法院依法對黑龍江省政協原主席韓桂芝受賄案作出一審判決，以受賄罪判處韓桂芝死刑，緩期兩年執行。北京市第一中級人民法院公開開庭審理查明，1993 年至 2003 年期間，被告人韓桂芝利用擔任中共黑龍江省委組織部副部長、部長、省委常委、省委副書記等職務便利，為馬德等人在職務晉升、職務調整等方面謀取利益，先後多次非法收受上述人員給予的款物共計人民幣 702 萬餘元。案發後，贓款、贓物已全部追繳。

〉她有另外一個稱呼——"女張二江"。張二江是什麼人？作為湖北省天門市原市委書記，張二江去年因受賄近 80 萬元被判刑，不過更令人震驚的是他曾與 107 個女人（包括妓女）發生過性關係……有消息說，她曾與 100 多個男人有染。〉

第五節　尹冬桂　媒體稱作"女張二江"

尹冬桂，女，1953 年生，河南唐河縣人，大學文化，1992 年 4 月至 2002 年 1 月期間，先後任湖北省棗陽市市委副書記，市政協主席，代市長，市長，2002 年 1 月，調任樊城區區委書記。同年 8 月 30 日被雙規。

2003 年 1 月 10 日，湖北省棗陽市原市長尹冬桂因涉嫌受賄，被湖北省人民檢察院立案偵查。

她有另外一個稱呼——"女張二江"。張二江是什麼人？作為湖北省天門市原市委書記，張二江去年因受賄近 80 萬元被判刑，不過更令人震驚的是他曾與 107 個女人（包括妓女）發生過性關係，因而被稱為"五毒書記"。為什麼會把尹冬桂和張二江聯繫起來，同在湖北為官、都是被控受賄，這些顯然不是主要原因，事實上，"女張二江"稱呼直指的正是尹冬桂的"生活作風問題"，有消息說，她曾與 100 多個男人有染。

2003 年 6 月 25 日，宜城法院公開審理尹冬桂受賄案。武漢各主要媒體都派來了記者，而尹曾任職的棗陽市、襄樊市等地趕來的市民也多達 300 人，以致宜城法院不得不作出決定，所有前來旁聽的人員必須憑當地居民身份證通過第一道關卡，再領取旁聽證進入法庭。公訴人指控，尹冬桂在擔任棗陽市委副書記、市長 4 年期間，涉嫌受賄 6.6 萬元、美金 2000 元，這其中包括：1999 年 11 月，尹冬桂到美國考察，市委組織部送其 2 萬元作為考察費用；1999 年 10 月，鄉鎮領導班子換屆，某鎮鎮長王某為能被提拔為鎮黨委書記，送其 1 萬元；2000 年 1 月和 2001 年春節，某鎮黨委書記謝某先後各送其 5000 元等等(案發後，已追回涉案全部贓款)。

不過，尹冬桂的辯護律師、湖北思揚律師事務所的何貴林對公訴人的指控予以了反駁，稱組織部送的 2 萬元屬於公務活動開支，王某送的 1 萬元後來尹退還了，至於謝某春節期間分兩次送來的 1 萬元，尹冬桂後來回贈了價值 9000 元的白玉馬，屬於人情往來。何貴林認為，能夠認定尹受賄的數額僅有 1.3 萬元，數額較小，且已全部退贓，建議對其作免予刑事處罰或作緩刑處理。尹冬桂自己則在庭上稱，在棗陽任職以來，她一共收到別人送來且無法退回的 20 多萬元錢物，均及時上繳到市紀委。法院審理查明，尹冬桂在擔任棗陽市市委副書記、代市長、市長期間，先後收受他人賄賂人民幣 43000 元、美元 2000 元。當年 9 月 9 日，法院一審判決尹冬桂有期徒刑 5 年。

2003 年 6 月 25 日，在法院未判決的情況下，武漢晨報發了題為《收受賄賂 8 萬元 人稱女張二江》和《與多位男性有染 霸佔司機長達 6 年 棗陽有個"女張二江"》兩篇報道，報道了尹冬桂的"生活作風問題"。報道很快被全國各地媒體轉載，並且多以

"女張二江"爲題,尹冬桂從此多了個新稱號。

2004 年 04 月 30 日,在監獄服刑的尹冬桂委託丈夫將武漢晨報告上法庭,向報社索賠精神損害撫慰金 41 萬元,另索賠經濟損失 8 萬元。4 月 24 日,這宗特殊的名譽侵權案有了一審判決:武漢晨報嚴重侵犯了尹冬桂的人格權利,判令該報賠償尹冬桂精神撫慰金 20 萬元。

一位參與審理該案的法官說,"張二江"是湖北乃至全國對男女關係問題的特殊代用語,含有貶義,武漢晨報報道的標題本身就涉及個人隱私,"個人隱私屬人格權利的一部分,不容侵犯,而報道的內容極少提及刑事案件的審判,更著重於尹冬桂的個人生活問題"。因此,這兩篇報道從標題到內容均嚴重侵犯了尹冬桂的人格權利,導致社會評價降低,名譽受損。

　　{ 周開建創造了兩個紹興市記錄……她收受賄略的形式更是花樣百出,"十八般兵器"樣樣都有,演繹了一出現代版的受賄樣板戲。 }

第六節　周開建 "十八般兵器" 受賄女貪官

2004 年 12 月 19 日,紹興市中級人民法院開庭宣判了上虞市人大常委會原副主任周開建受賄、挪用公款一案。法院一審判決周開建犯受賄罪,判處有期徒刑 13 年,剝奪政治權利 2 年,並處沒收財產人民幣 10 萬元;犯挪用公款罪,判處有期徒刑 10 年,剝奪政治權利 2 年。決定執行有期徒刑 18 年,剝奪政治權利 3 年,並處沒收財產人民幣 10 萬元。

周開建創造了兩個紹興市記錄——紹興市建國以來第一個被查處的副處級女貪官,涉案金額之高也創下了紹興市建國以來職務犯罪案的新紀錄。她收受賄賂的形式更是花樣百出,"十八般兵器"樣樣都有,演繹了一出現代版的受賄樣板戲。

周開建,先後擔任上虞市建設土地環境保護局副局長、上虞市土地管理局局長、上虞市國土資源局局長,在此期間,先後多次收受他人所送人民幣 39 萬元,個人實得 33 萬元。此外,周開建多次挪用公款 6450 萬元給相關公司用於經營活動。

1990 年 5 月,周開建調任上虞土地管理局副局長,分管土地工作,剛巧,她的熟人馬裏宏所在公司是上虞土地管理局下屬的公司,歸周開建分管。為巴結這名女上司,馬裏宏經常向她彙報工作,周開建也總是幫助馬裏宏解決工作上的困難。

有一年夏天,在馬裏宏的邀請下,已任上虞市建設土地環境保護局副局長的周開建,以外出考察為名,到海南瀟灑走上一回。回程的那天晚上,在賓館客房裏,馬裏宏把從公司"備用金"中取出來的 15000 元現金,裝進一個信封,送到周的房間,周予以笑納。

1998 年 8、9 月份,周開建的女兒即將畢業參加工作,想到現在的用人單位在錄用員工的標準上要求很高,有一張漂亮的臉蛋會增加幾份就業的機會,就決定給女兒做一個面部整容手術,並把此想法告訴了已在上海開發房地產的馬裏宏，在馬裏宏的牽線聯繫下，周開建陪女兒去上海動手術。在一次逛商場過程中，馬裏宏適時地拿出 5000 元現金給周，說是給其女兒做手術用的。1998 年 11 月份，建設土地環保局下屬房地產公司正式轉制，在周開建的關照下，馬裏宏順利取得了該公司的控股權。

1996、1997 年的春節，周開建的婆婆從東北到上虞來過年，生日正巧在春節期間，難得來一趟，生日總得辦得風光一點，此時的周開建就開始有意無意地向那些平時她關照過的人提起要給婆婆做壽的事，馬裏宏心知肚明，不失時機地以祝賀生日的名義送上了現金 20000 元。

2001 年 5 月，周的婆婆因直腸癌住進了上虞市人民醫院，周開建從上海請來了專家給婆婆動手術，2 萬多元手續費沒有著落，邊與中(化名)獲悉此事後，主動送上現金 20000 元，說是給她婆婆動手術用的。

2000 年，上虞市國土資源局新大樓主體工程完工。從事房地產生意的邊與中一見賺錢的機會來了，就再次向曾幫自己搞過地皮的周開建提出要承包大樓的裝修工程。大樓工程已由當地一家建築公司總承包了，面對邊與中的不情之請，周開建通過同大樓主體工程承建商多次協商，讓邊與中如願獲得了 1000 多萬元的大樓裝潢工程。

工程裝潢結束後，見邊與中沒有表示的意思。周開建在一次招待客人時，趁著酒勁，揚言要減少大樓裝潢款 500 萬元，讓人傳話給邊與中。"識時務"的邊與中連忙叫下屬到周開建辦公室，送上 12 萬元現金，給周開建等人搞福利。周拿了 2 萬元之後，其餘的現金叫具體分管大樓基建工程的辦公室主任宋仲富拿去分配，最後，周與時任副局長的許學峰、宋仲富(另案處理)分配了10萬元現金。"福利費"到手，原本只1400萬元裝潢工程款，結算時，周開建大筆一揮，多出了100萬元。並在裝潢款決算前全部付清了工程款。

利用局裏的資金，在房地產公司資金短缺的情況下施以援手，從中收取錢財，是周開建受賄手段中一種形態。

2001年，浙江省某裝飾公司的老總洪天旗(化名)，在開發房地產項目上資金周轉困難，向時任上虞市土管局局長的周開建提出拆借資金救急，周開建個人決定以單位名義將局裏的資金2000萬元分兩次挪用給洪天旗的相關公司使用，從中收受洪天旗所送人民幣2萬元。

1998年4月至2002年9月期間，周開建利用擔任上虞市土地管理局、上虞市國土資源局局長的職務之便，個人決定以單位名義先後4次挪用公款合計4450萬元給邊與中的相關公司使用，從中多次收受邊與中賄賂。

2003年10月，邊與中應周開建要求，從集團公司出借300萬元給周的兒子所開的公司用於經營活動，案發後至今未還。

● 近年來媒體曝光的女貪官們的"窮兇惡極"，絲毫巾幗不讓鬚眉。在她們身上，看不到女性的自然美，相反卻是變本加厲的最後瘋狂，她們搞腐敗的惡劣手段與囂張氣焰簡直讓人心驚膽戰。

第十一章

懸念：楊秀珠能否歸案？

回到本書最有懸念的一個問題：楊秀珠能否歸案？

很多媒體在報道楊秀珠荷蘭被抓的消息時，用了落網、被捕、抓獲、擒住等等多個詞語，但老百姓最關心的還是她什麼時候能夠回國受審。溫州民間有種說法很耐人尋味："楊秀珠沒有被抓回來（官職）小的死，楊被帶回國內（官職）大的死"。

在楊秀珠出逃後，中央、省、溫州市三級自上而下，對楊秀珠窩案進行徹查。兩年過去了，一大批楊系親信紛紛落網，並受到法律的制裁。一批涉案資產也被凍結、追繳。可以說，查處已經取得了階段性的成果。接下來即使還能深挖出一些隱藏更深的蛀蟲來，也已經很有限了。徹底查清楊秀珠的背後力量，才是今後紀檢檢察部門工作的重點。

但是楊秀珠遲遲不歸案，她背後的黑幕就難以揭開。幾乎可以肯定的是，在楊秀珠的背後，一定有人在支持她，縱容她胡作非爲。可以說，在楊秀珠的整部發跡史中，總有一股不正常的力量貫穿其中。當時連規劃局局長能否勝任都有爭議的楊秀珠，後來更不正常地升到副市長、建設廳副廳長的位子，這是楊秀珠和她背後的力量長期運作的結果。但在真相大白之前，這些只能是猜測，斷案需要的是證據和證人。所謂職越高，權越重，比楊秀珠權職更高更重的她的背後力量，如果涉貪涉黑，一定隱藏得比她還要深。誰來指證他們？身在荷蘭的楊秀珠當是最佳人選。

楊秀珠能不能歸案？什麼時候歸案？以何種方式歸案？目前，誰也回答不了這些問題，只能說還是一串懸念。老百姓迫切希望楊秀珠能早日歸案，這從《秀珠妹，你在哪里》《奶奶，你回來吧！》等民間文學中就能感受到。但楊秀珠的回國日期，無疑還要讓他們經歷漫長的等待。

由於楊秀珠持有美國護照，在荷蘭落網。中國跟美國、荷蘭間均無司法引渡條例。因此，從司法程序來說，楊秀珠能否歸案，比賴昌星都具挑戰性。

第一節　中紀委高層：外逃貪官必將歸案

2005 年 6 月，在不到 20 天時間內，原中央紀委副書記劉麗英和中共中央政治局常委、中央紀委書記吳官正相繼到溫州講課、考察。

楊秀珠在荷蘭被抓以後，所有該案的最新進展都沒有見諸報端，在這個非常敏感的時候，兩位中紀委的前任和現任最高層領導接踵赴溫州，尤其是中紀委書記吳官正，他對溫州的考察，引起了坊間的頗多猜測：他來溫州的目的是什麼？是要查楊秀珠案嗎？是對溫州吏治進行整頓，還是對溫州官員進行安撫？

從吳官正離溫後的媒體報道當中，我們可以管窺一豹：

吳官正強調，要認真開展以實踐"三個代表"重要思想為主要內容的保持共產黨員先進性教育活動，解決黨員幹部黨風政風方面存在的問題，不斷提高拒腐防變和抵禦風險的能力。改革是發展的根本動力，也是從源頭上預防腐敗的重要途徑，要樹立和落實科學發展觀，用發展的思路和改革的方法解決深層次問題。腐敗現象破壞民主法制和公平正義，人民群眾深惡痛絕。要適應構建社會主義和諧社會的要求，繼續保持遏制腐敗的勢頭，依紀依法懲處腐敗分子，糾正損害群眾利益的不正之風，促進黨和政府與人民群眾以及社會各方面關係的和諧。

他指出，要堅持標本兼治、綜合治理、懲防並舉、注重預防，認真抓好懲治和預防腐敗體系實施綱要的貫徹落實。正確處理懲治和預防、自律與他律的關係，對黨員幹部嚴格教育、嚴格管理、嚴格監督，充分發揮制度、監督和懲處的作用，更好地從源頭上預防和治理腐敗。

顯然，"標本兼治、綜合治理、懲防並舉、注重預防，認真抓好懲治和預防腐敗體系實施綱要的貫徹落實。"是吳官正浙滬之行的一個主要目的。在楊秀珠轟動性的出逃事件發生後，中紀委不會再容忍第二起"私奔"現象的發生。收繳私人護照、加強海關機場邊檢巡查力度，這些都是切實可行的預防措施。但這只是一方面，另一方面，"依紀依法懲處腐敗分子，糾正損害群眾利益的不正之風"，這樣才能"促進黨和政府與人民群眾以及社會各方面關係的和諧"。

在公開的報道中，吳官正沒有提到楊秀珠，也沒有談到楊秀珠案件。但原中紀委副書記劉麗英在溫州做報告時，卻多次提到了楊秀珠。

"遼寧、河北、黑龍江等省都曾有貪官出逃在外，浙江也有個楊秀珠。"劉麗英說，"這些腐敗分子，大肆收斂錢財後，以爲只要一走了之，就可以逃避法律的制裁，以爲逃到國外，就可以盡情享受。"

　　"我國在不斷加大反腐敗力度，不斷與有關國家建立反腐敗引渡等有關措施。貪官，逃到哪里，都會被追捕歸案，受到法律的嚴厲制裁。"劉麗英的話，斬釘截鐵。她以李友燦爲例說道，李友燦在俄羅斯哈巴羅夫斯克的五個月裏，惶惶不可終日，成天不敢出門，最終還是被追捕歸案。

　　從這位在紀檢戰線 24 載，多次提審過江青，也查辦過李真等一批巨貪，有著"現代女包公"美稱的原中紀委最高層領導嘴裏講出來的話，顯然更具判斷價值，她借給溫州紀檢幹部上防腐課之機，向楊秀珠窩案的相關人員傳達了一個信息，那就是：楊秀珠是一定要被抓回來的。

第二節　中國外逃貪官引渡之路何在

　　腐敗在全世界範圍內普遍存在，所有國家，不管大小和貧富，都存在著腐敗現象。腐敗既是經濟問題，也是政治和社會問題。腐敗侵蝕法治，損害著政府的合法性，同時也削弱了政府遏制腐敗的能力。腐敗還會造成投資減少，並爲有組織犯罪和恐怖主義提供了滋生的溫床。它嚴重威脅著一個國家的發展與穩定，是一種對社會產生廣泛腐蝕作用的"隱性惡疾"。

　　世界銀行統計數據顯示，在發達國家和不發達國家中，每年支付的賄金超過 1 萬億美元。腐敗對發展中國家尤具破壞性,是阻礙脫貧和經濟發展的重要因素。許多針對貧困國家和地區的援助和發展計劃都因當地猖獗的腐敗行爲而收效甚微。因此,打擊和消除腐敗行爲迫在眉睫。近年來,一些以反腐敗爲宗旨的國際組織紛紛湧現,其中以總部設在柏林的"透明國際"影響最爲廣泛。它是一個全球反腐敗非政府組織,創建於 1995 年。

爲有效預防和打擊腐敗問題在世界各國的不斷蔓延,聯合國於 2000 年成立了特設委員會,負責制定《聯合國反腐敗公約》。2003 年 10 月 31 日,《聯合國反腐敗公約》在第 58 屆聯大獲得審議通過,成爲聯合國歷史上通過的第一個用於指導國際反腐敗鬥爭的法律文件。同年 12 月,該公約在墨西哥梅裏達舉行的國際反腐敗高級別會議上開放供各國簽署。此後,在國際反貪汙組織"透明國際"的倡議下,聯合國決定將每年的 12 月 9 日確立爲國際反腐敗日,以紀念公約的簽署和喚起國際社會對腐敗問題的重視與關注。目前,已有 100 多個國家簽署、30 多個國家批准了《聯合國反腐敗公約》。根據規定,該公約將於今年 12 月 14 日正式生效。公約對預防腐敗、界定腐敗犯罪、反腐敗國際合作、非法資產追繳等問題進行了法律上的規範,生效後將對各國加強國內的反腐行動、提高反腐成效、促進反腐國際合作具有重要意義。

中國政府於 2003 年 12 月 10 日簽署了《聯合國反腐敗公約》。今年 10 月 27 日,十屆全國人大常委會第 18 次會議審議並批准了該公約。自此,中國正式成爲《聯合國反腐敗公約》的締約國。

《聯合國反腐敗公約》要打擊的跨國犯罪,是對這些締約國都有害的犯罪,這意味著締約國對這些犯罪有普遍管轄權。換言之，逃到國外的貪官將面臨兩種法律制裁：一種是被引渡回國，接受本國法律的懲罰；另一種是貪官逃到的國家同樣可以抓他們，沒收他們的非法財產。《聯合國反腐敗公約》的通過，無疑將極大震懾中國外逃貪官。也給了中國民眾一個很大的信心。雖然並不是說《聯合國反腐敗公約》今天生效，明天外逃貪官就要受到懲罰了。但可以肯定的是，有了《聯合國反腐敗公約》，外逃貪官們逍遙法外的日子快要到頭了。據此，不少中國媒體樂觀認爲，腐敗分子從此再無藏身之地，大批外逃貪官將被引渡回國受審，巨額財產則被悉數追回。

司法部司法協助外事司巡視員黃風曾參與過聯合國有關公約的起草。他在接受《瞭望東方週刊》採訪時表示，《聯合國反腐敗公約》在加強國際合作方面有很多突破，"但是，也不能對這個公約寄予過高期望"。

他說，公約作爲國與國之間的協議，約束力較小，強制性也不強，很多措施較軟，而且公約只是規定"可以作爲依據"，也就是說締約國既可以作爲依據，也可以不作爲依據。

國際刑法學協會中國分會副主席趙秉志向《瞭望東方週刊》介紹，中國加入《聯合國反腐敗公約》後，在如何使公約與國內各項法律協調，以及開展國際交流與合作、建立國際機制等方面開展了積極的工作。

然而，公約建立的各大機制在很大程度上要根據締約國的國內法來實施。在國內立法的完善方面，有關專家認爲，中國刑法的某些具體規定，可能與公約的要求存在一定差距。

專家們的意見主要集中在現行刑法有關貪汙賄賂犯罪以及洗

錢罪的規定上。最高人民法院研究室副主任胡雲騰認為，刑法中關於賄賂犯罪主體的範圍比公約要窄。公約規定的賄賂外國公職人員或者國際公共組織官員罪，在中國刑法中尚無規定，且中國刑法關於行賄與索賄罪的規定不適用於外國公職人員或國際組織官員。

刑法第 385 條規定："國家工作人員利用職務上的便利，索取他人財物的，或者非法收受他人財物，為他人謀取利益的，是受賄罪。"

胡雲騰認為，公約規定的賄賂罪與中國刑法規定的賄賂罪在構成要件上有所不同，公約規定的犯罪並不要求以謀取不正當利益為條件，而中國刑法中的"為他人謀取利益"是一個必要的構成要件。另外，在中國，受賄罪的對象僅限於"財物"，範圍遠遠窄於公約所確認的"不正當好處"。因此，胡雲騰建議，可以考慮將賄賂罪中的"為他人謀取利益"的要件取消，並適當擴大犯罪的對象。

最高人民檢察院檢察理論研究所所長張智輝提出，中國刑法僅將洗錢的上游犯罪限於毒品犯罪、恐怖活動犯罪、黑社會性質犯罪和走私犯罪 4 種，刑法所確定的洗錢罪的上游犯罪遠遠窄於公約所界定的範圍，並沒有把貪汙受賄包括進去。

由於種種原因，中國在追捕外逃貪官方面要面對很多不利因素。在很多時候，中國司法機關偵查到了貪官外逃的大致情況，但出逃者到底躲藏在哪里，現在狀況如何等，都很難搞清楚，因此，提請國際刑警組織協助緝拿難度非常大。此外，引渡外逃貪官也是一大難題。目前，只有 10 多個國家與我國簽訂了雙邊引渡條約，被外逃犯罪分子視爲最佳避難所的發達國家，多數與我國沒有引渡協議。一些西方國家打著"保護人權和司法獨立"的旗號，向一些犯罪分子提供所謂的"難民"身份、政治避難或居留權，使相當多的外逃罪犯逍遙法外。面對這種情況，公安部官員明確表示，在追捕外逃貪官方面，目前還存在一些困難，"而這些困難並不在我們這邊"。由此可見，中國抓捕外逃貪官困難重重，一個很重要的原因是缺少一部對相關國家有約束力的國際條約，最大的困難是一些國家不合作。

一些法律界專家表示，中國與其他國家，特別是西方國家在建立雙邊引渡機制、開展國際和區際刑事司法合作方面，遇到的最大困難來自死刑問題上的分歧。由於國際通行規定死刑犯、政治犯等不准引渡，其他犯罪嫌疑人，如經濟犯罪嫌疑人，在引渡後不准判處死刑，歐美國家奉行條約前制主義，而中國又沒有和這些國家締結雙邊的引渡條約，這樣就爲引渡工作帶來很大的困難。

目前，中國可以適用死刑的罪名有 68 個，其中大部分是被法律專家認爲"行爲所侵犯的客體價值低於生命權利的非暴力犯罪"，譬如走私罪、僞造貨幣罪、金融詐騙罪、盜掘古墓葬罪、組織他人賣淫罪等。

針對此種現象，《新京報》刊載《專家建議廢止經濟犯罪死刑》一文指出，針對層出不窮的腐敗案件，中國近些年對許多經濟案件增設了死刑，對此，多名法律專家認爲，在全面廢除死刑尚不具備條件的情況下，可考慮先廢止經濟犯罪的死刑，同時在具體量刑中堅持"少殺慎殺"原則。

主張廢止經濟犯死刑的建議一經報道後，"廢止經濟犯罪死刑就等於縱容腐敗"，立即成了反對方的主要論點。

對西方法律深有研究的中國政法大學經濟法教授、博士生導師符其林表示，死刑可以逐步先在經濟領域廢除。但是，廢除的時間，不是現在，也不是一年半載，而是今後較長的一段時期後。趙秉志教授則認為，中國的死刑制度存在過多、過濫的現狀，但是在目前的形勢下，不可能全面、徹底、並在短時間內廢除死刑。他建議，為了使中國的刑事法制建設更加文明，可以先逐步廢止非暴力犯罪的死刑，包括逐步廢止經濟犯罪的死刑，"這符合國際社會的發展趨勢，也符合中國的切身利益。"

中國在引渡貪官方面遇到的種種麻煩，實際上提出了一個尖銳的問題：如何在國際環境下審視中國的司法問題。在過去 20 多年裏，特別是 1996 年和 1997 年對刑事訴訟法和刑法進行修改以來，中國在刑事立法和司法領域逐步走出了過去濃厚的 "人治氛圍"，開始步入尊重和保障人權的國際化刑法潮流。

但是，應該看到，對比世界先進國家在刑事立法和司法領域的人權標準和各項積極舉措來說，中國在理念、原則、制度以及隊伍建設等方面還要做大量的努力。

另一個重要的挑戰是：中國需要儘快學會應對複雜的國際司法環境，特別是掌握與我們有著不同司法制度的發達國家打交道的本領。如何讓國際社會特別是西方法律界增加對中國司法制度的瞭解，也是一個迫切問題。

為了外逃貪官得到制裁，中國非常重視刑事案件的國際合作。對此，中國採取了司法協助、引渡、與國際刑警組織合作等一系列措施。

從 1987 年 9 月到 2004 年 12 月，中國與波蘭、蒙古、羅馬尼亞等 41 個國家簽訂了 44 個司法協助的協定或條約。正是根據這些協定，中國將外逃貪官押解回國，贓款也得以歸還。去年 4 月 16 日，中國警方在北京首都國際機場對被美國警方押送回國的犯罪嫌疑人、原中國銀行廣東省開平支行行長余振東執行逮捕。余振東在 1993 年至 2001 年期間利用職務之便，貪汙、挪用 4.85 億美元的巨額公款後潛逃美國。2001 年 11 月，中國警方根據《中美刑事司法協助協定》的規定，要求美方就此案向中方提供刑事司法協助，經中美兩國執法機關的密切合作，美方沒收了余振東轉移到美國的部分贓款並全部返還中國。自 2002 年底，余振東在舊金山被捕後，一直被美方拘留。此次他成為第一個被美國遣返的中國貪官。

中國於 2000 年 12 月 28 日通過了《引渡法》，從 1994 年 3 月起到 2004 年 10 月，中國先後同泰國、白俄羅斯、俄羅斯等 21 個國家簽訂了引渡條約。最高人民檢察院透露，近些年來，每年驚動高檢的職務犯罪出逃為 20 至 30 件，引渡回國者為 5 名左右。

至今為止，中國通過國際刑警組織發佈的 "紅色通緝令" 已達 800 多份，從 1993 年到 2005 年，通過國際刑警組織的配合，中國已先後將 230 多名外逃的嫌疑犯從 30 多個國家和地區緝捕回國。原溫州市副市長、浙江省建設廳副廳長楊秀珠涉嫌腐敗出逃，通過國際刑警組織發出 "紅色通緝令" 追捕，楊秀珠於今年 5 月，在荷蘭被國際刑警組織抓獲。

貪官外逃幾乎總是伴隨著大筆贓款的外流。我國司法部預防犯罪研究所發現，外逃貪官通過各種途徑，將贓款轉移到國外。最近，研究人員發現，極少數國有企業的海外分支機構竟成了國內腐敗分子的洗錢中心。有了這些"黑錢"，外逃貪官在國外過起了奢靡的日子。曾任河南省漯河市市委書記的程三昌，在原河南豫港公司董事長的位置上逃到新西蘭。河南省曾派專人赴新西蘭，勸其回國。但程三昌已經在那裏購置了豪華別墅和名貴汽車，根本聽不進勸告。其他許多貪官逃到國外後，也像程三昌一樣，頻繁更換名車，在賭場裏一擲千金。令人聞所未聞的是，某貪官的子女在美國讀書，連鬧鐘都懶得買，而是讓人從國內打越洋電話叫他們起床……

追捕外逃貪官難，追繳外逃貪官的贓款更難。由於中國的刑事訴訟制度不允許缺席判決，中國在請求其他國家沒收屬於中國的被貪汙的腐敗資產並要求返還時，在攜款外逃的犯罪嫌疑人被引渡回國接受審判之前，中國尚難以向被請求國提供作爲返還條件的生效判決。

應當說，沒有缺席判決制度，可能構成中國要求返還被轉移到其他國家的腐敗資產的最大障礙。

第三節　楊秀珠能否被引渡回國

楊秀珠雖然被荷蘭警方羈押，但荷蘭並不在與我國簽訂引渡條約國家之列。能否引渡楊秀珠，將主要取決於荷蘭方面的態度。

假如中荷之間有雙邊引渡條約，楊秀珠被引渡回國就會順利得多。按照引渡條約程序，我國通過外交途徑向荷蘭提出引渡請求，提供犯罪證據，荷蘭方面參照本國的相關法律規定，審查通過後，把楊秀珠遞解給我們國家，即完成引渡過程。

但在沒有雙邊引渡條約的前提下，要想把楊秀珠引渡回來就比較麻煩。只能按照荷蘭國內司法程序決定是否同意我國的請求。這種情況下的引渡請求，通常是通過外交途徑進行協商。一般情況下，國際慣例最常採用的方式是驅逐出境，也叫遣返。

在沒有雙邊條約的前提下，通過外交途徑談判方式，時間上沒有辦法確定。國際上並沒有通行的時間表，可能會拖到很久，也可能會很快解決。

至於備受矚目的“紅色通緝令”，也不能起到引渡楊秀珠的必然法律效果。因為“紅色通緝令”僅相當於一種請求，表示國際刑警組織希望某人被拘捕或引渡，不具備強制效力。荷蘭警方通過該通緝令獲取臨時逮捕楊秀珠的授權。臨時逮捕之後，是否啟動引渡程序，完全由荷蘭政府決定，國際刑警組織並無直接引渡逃犯的權力。

在談到引渡楊秀珠的時候，首先應該瞭解引渡、國際刑警組織、紅色通緝令等概念。

引渡

引渡是一項重要的國際法制度，通常是指一個國家把在該國境內被他國追捕、通緝或判刑的人，根據有關國家的請求移交給請求國審判或處罰的國際司法協助行為。引渡的歷史可以追溯到古代，公元前1280年，古埃及的拉麥賽二世和赫迪族國王哈杜西裏三世簽訂和平協定，規定相互引渡逃到對方的罪犯。但至18世紀末以前，引渡的對象主要是叛亂者、逃兵和異教徒，並且是否引渡完全由君主自由決定。當時的引渡只不過是各國統治者維護專制統治和進行政治交易的一種工具而已。

隨著歐洲資產階級革命的勝利以及罪刑法定和無罪推定等刑法原則的確立，引渡的對象、程序和性質才發生了根本變化。現代意義上的引渡這項國際法制度，源於1793年的法國憲法，1833年10月1日，比利時頒佈了世界上第一部引渡法即《引渡法大綱》，英國也於1870年頒佈引渡法，明確規定了嚴格的引渡程序，標誌著現代引渡制度的誕生。

在國際實踐中，引渡一般是以國家間的引渡條約為基礎的。引渡條約通常為雙邊的，這種雙邊條約是各國間相互承擔引渡義務的主要根據。多邊的則有《美洲國家間引渡公約》（1993），《歐洲引渡公約》（1952）和一些規定有引渡條款的國際專約，如《防止及懲辦滅種罪公約》（1948）、《關於制止非法劫持航空器條約》（1971）、《反對劫持人質國際公約》（1979）等。但根據引渡條款，都不是強制引渡，而是要麼引渡，要麼起訴。

如今，有關引渡的國際、國內法律已相當成熟。一般認為，引渡的對象只能是刑事罪犯，其基本條件是"雙重歸罪"（即被指控的行為在兩國均構成犯罪），引渡的直接後果是使被引渡者接受刑事處罰。

我國在司法引渡方面起步較晚，在1993年之前，我國沒有與任何一個國家簽訂過引渡條約，雖曾與鄰國和友好國家簽訂過一些刑事司法協助條約，但都沒有包括引渡的內容。當時根據我國有關法律和政策的規定，對依照我國法律規定犯有罪行的外國人，外國要求引渡的，原則上按照我國參加的國際公約或雙邊協定辦理。對不具備上述條件而外國要求引渡的人，則由我國有關部門根據具體情況決定是否引渡。由於沒有引渡條約，我國在司法實踐中對外逃的罪犯和犯罪的外國人多通過與有關國家間的友好合作，採取遣返方式達到相互引渡罪犯的目的，即不通過外交途徑，而是由兩國警方合作，將罪犯驅逐出境後移交對方。

有專家分析說，20 世紀 80 年代末期到 90 年代初，一大批在經濟轉軌期間利用手中職務犯罪的人員外逃，才引起有關部門對打擊跨國犯罪的重視。1994 年，中國與泰國簽訂了第一個有關引渡的條約，之後引渡問題的雙邊談判發展緩慢，迄今為止只有 40 來個國家與中國簽署了雙邊協議，且主要集中在亞洲和拉美等國，而美國、加拿大以及西歐等貪官外逃最多的國家，都沒有引渡協議。

目前，在國際社會裏大體上存在著三種引渡方式。

第一種是國家與國家之間簽訂引渡條約，相互承擔引渡嫌犯的條約義務。這種形式最為普遍。如 1994 年中國與泰國簽訂了引渡條約。這也是中國與他國簽訂的第一個引渡條約。有時，即使國家之間沒有引渡條約，引渡也可以通過雙方簽訂的司法協助條約來進行。但具體程序還需有關國家共同商定。如中美通過司法協助條約，將中國銀行廣東開平銀行原行長余振東遣返給中方就是一個例子。

第二種是通過有關的國際公約。如果有關國家都是某一國際公約的締約國，而該公約載有引渡的條款，則締約國之間承擔引渡嫌犯的條約義務。如1970年的《海牙制止非法劫持航空器的公約》規定將劫機犯予以引渡或加以懲罰。

第三種是通過某一國際組織的協助而將嫌犯引渡回國。如果有關國家都是國際刑警組織的成員國，則它們有義務在該組織規定的範圍內就引渡嫌犯進行合作。

如果有關國家之間沒有引渡條約，也無法援用有關的國際條約或得到有關國際組織的協助，那麼在該兩國互相引渡嫌犯方面就會存在一些問題。現有的變通辦法是適用"對等原則"，即一國如在引渡方面曾給予另一國幫助的話，那麼，該國在請求另一國給予幫助時，另一國就應根據"對等原則"給予相應的幫助。

從國際法上講，假如有了雙邊引渡條約，那麼將在國外被抓獲的外逃貪官引渡回國就會順利許多。

國際刑警組織

國際刑警組織 (International Criminal Police Organization) 成立於1923年，最初名為國際刑警委員會，總部設在奧地利首都維也納。二戰期間，該組織遷到德國首都柏林，一度受納粹組織控制。二戰後，該組織恢復正常運轉，總部遷到法國巴黎。1956年，該組織更名為國際刑事警察組織，簡稱國際刑警組織。1989年，該組織總部遷到法國里昂，目前有183個成員國。

國際刑警組織總部建有一個存有150餘萬名國際刑事罪犯材

料的資料檔案庫和一座用以鑒定貨幣及其它有價證券真偽的實驗室。國際刑警組織每年召開一次全體大會，並經常舉行各種國際性或地區性研討會。該組織日常與各國國家中心局保持密切關係，組織國際追捕。它傳送的國際通知分別以紅、綠、藍、黑四色標示輕重緩急和內容主題，"紅色通緝令"是該組織在打擊國際犯罪活動中使用的一種緊急快速通緝令。

國際刑警組織的宗旨是保證和促進各成員國刑事警察部門在預防和打擊刑事犯罪方面的合作。它的主要任務是彙集、審核國際犯罪資料，研究犯罪對策；負責同成員國之間的情報交換；搜集各種刑事犯罪案件及犯罪指紋、照片、檔案；通報重要案犯線索、通緝追捕重要罪犯和引渡重要犯罪分子；編寫有關刑事犯罪方面的資料等。

中國於 1984 年加入國際刑警組織，同年組建國際刑警組織中國國家中心局。自中國加入國際刑警組織以來，與國際刑警組織的合作一直非常順利，中國國家中心局通過國際刑警組織發佈的"紅色通緝令"已達 800 多份；從 1993 年至今，通過國際刑警組織的配合，中國已經先後從 30 多個國家和地區，將 230 多名外逃案犯緝捕回國。

紅色通緝令

紅色通緝令是國際刑警組織成員要求他國協助偵查犯罪時發放的五種國際通報之一，因通報上方的國際刑警徽為紅色而得名，屬最高級別的緊急快速通緝令。

國際刑警組織發出的情況通報，通常會在上方標有紅、藍、綠、黑、黃、橙6種底色的方塊，方塊裏還印有國際刑警的警徽。藍色用於查詢某人的犯罪情況，綠色用於通報某一危險人物情況，黑色用於通報某一死亡人員情況，黃色用於通報失蹤人員，橙色用於通報恐怖活動。紅色通報就是赫赫有名的紅色通緝令，是針對那些有關國家的法律部門已發出逮捕令，要求國際引渡，應立即繩之以法的在逃犯，屬最高級別的緊急快速通緝令。

當一個國家對外逃罪犯發出逮捕令後，可立即將罪犯的面部特徵、人身情況以及所犯罪行報告給國際刑警組織總部，由總部向各成員國發出紅色通報，即紅色通緝令。紅色通緝令由當事國國際刑警中心局局長和國際刑警組織總秘書處秘書長共同簽發，被公認為是一種可以進行臨時拘留的國際證書，各國國家中心局可據此通報進行立即逮捕。無論哪個成員國接到紅色通報證，應立即佈置本國警力予以查證，如發現被通緝人員的下落，就迅速組織逮捕行動，對其實施拘捕。

紅色通緝令的有效期是5年。期滿之後沒有抓到犯罪嫌疑人，可以再續5年，直到抓住為止。這樣，通緝同一犯罪嫌疑人的紅色通緝令可能要重複發放好幾次。從1984年中國加入國際刑警組織至今，每年發出的紅色通緝令大約在30—40份之間，20餘年的總數大約在800份左右。目前，中國發出的紅色通緝令，絕大多數的通緝對象都是經濟罪犯與職務罪犯。

紅色通緝令不是強制令

既然已由國際刑警組織出具"紅色通緝令"追捕，而且荷蘭警方也已經抓住了楊秀珠，為什麼不能依據這個要求荷蘭方面對楊秀珠予以引渡？這實際上牽涉到對國際刑警組織的性質，以及對"紅色通緝令"效力的理解。國際刑警組織並非凌駕於各國警察部門之上的"超級警察"，相反，它是以"協調"為主要職責的政府間機構，其實際運作，主要依靠設於各成員國的中心局。國際刑警組織本身並無搜查、逮捕之權。

由國際刑警組織發出的通緝令對其成員國並沒有強制緝拿要求，只是要求各國協助緝查，查與不查的決定權在各國自身。在多數國家，國際刑警組織的通緝令只起一種通知的作用，是否逮捕罪犯通常由被請求國審查決定。在接到紅色通緝令後，如果這個國家認同紅色通緝令為臨時拘留國際證書，才會對被通緝人實施臨時拘捕；如果不予認同，那麼，申請發出紅色通緝令的國家就不得不在確定嫌犯所在的準確地點後，再向該國申請臨時拘留證。

荷蘭方面的態度是關鍵

楊秀珠能否回國受審，關鍵還在於荷蘭方面的態度。

對於楊秀珠荷蘭落網，準確的說法，應該是荷蘭警方在國際刑警組織荷蘭中心局的協調下，依荷蘭國內有關法律法對她採取的臨時拘捕。

楊秀珠出逃時，使用了假造的身份，還有傳言說她整了容，儘管如此，一旦得知她的準確下落，各國執法部門會採取相片比對、指紋與 DNA 等生物比對技術，確認改變身份之後的楊秀珠正是她本人。在這種情況下，荷蘭警方最終將她緝捕。

抓獲楊秀珠其實只是第一步，她能不能被引渡回國接受審判，她的背後力量能不能得到徹查，她的腐敗資產能不能被追繳……這一系列的問題都有待解決。引渡、取證、審判，仍需我國司法機關付出艱苦努力。尤其是引渡，儘管荷蘭政府與我國香港地區之間有刑事協助協定，但與我國中央政府之間，既無引渡條約，亦無協助協定。楊秀珠能否被成功引渡，很大程度上依賴中國外交、司法部門與對方反復談判、磋商的過程。在沒有雙邊條約的前提下，通過外交談判方式引渡，時間上沒有辦法確定，可能會拖很久，也可能很快解決。

特大金融詐騙犯錢宏 1993 年逃往境外後，中國警方迅速通過國際刑警組織發出紅色通緝令對他進行追捕。1994 年和 1997 年，錢宏兩度被有關國家抓獲，儘管他的逃犯身份被確認，但對方不配合引渡。直至 2001 年，該犯才被緝捕回國，從初次抓獲到回國受審，長達 7 年時間。此外，特大走私犯賴昌星儘管早在 2000 年已被加拿大警方控制，但至今還賴在加拿大，幾年都沒有引渡成功就是典型例證。

從目前情況看，我們對引渡楊秀珠不能太過於樂觀。在國際引渡中，通行的“死刑不引渡”原則、“政治犯不引渡”原則和“雙重歸罪”原則等，在與荷蘭方面的談判過程中，都不可避免要碰到，再加上中外法律差異，尤其是中外刑法上的差異，比如，許多西方國家通行的法律規定是“非暴力犯罪不適用死刑”，這與我國的司法制度是衝突的，這種衝突成爲引渡外逃貪官的主要障礙。會給引渡工作帶來較大困難，需要雙方溝通解決。

在多年的完善過程中，引渡這項司法制度逐漸形成一套爲各國所普遍接受的原則及程序。其關鍵的原則之一，是"死刑不引渡"原則。按照這條原則，當被請求國有理由認爲被引渡人在引渡後可能被處以死刑時，就可以拒絕引渡的請求。如果被請求國已經廢除了死刑，而請求國要判處被引渡人死刑，被請求國就不會同意引渡。有些國家即便沒有廢除死刑，他們只要認定請求國要判被引渡人死刑，通常情況下也不會引渡，以顯示他們對"人權"的保護。一般只有在請求國作出不對被引渡人適用死刑的承諾，被請求國才會同意引渡。近年來，中國在與一些國家簽署引渡條約，或向有關國家請求引渡某些貪汙、賄賂、走私等重大犯罪案件的逃犯時，就曾多次遭受"死刑不引渡"條款的限制。

在國際社會，死刑犯不引渡是一條傳統的原則。哪些條件可以引渡，哪些條件不可以引渡，更多取決於本國法律做的具體的規定，各國之間法律存在的差異，也會造成引渡的障礙。

楊秀珠貪汙腐敗涉案金額巨大，若在中國被捕，按正常司法程序，很可能被處以死刑。據瞭解，荷蘭早在多年前就已廢止死刑，很難不經談判就同意將在當地抓獲的嫌犯交給請求國。1990年，駐荷蘭美軍士官生肖特殺妻。荷蘭最高法院曾裁定：只有在美國方面提供不適用死刑的書面保證之後，荷蘭法院才同意引渡肖特。如何規避"死刑不引渡"規則，把楊秀珠引渡回國，應是目前中國最需要解決的問題。

此外，"政治犯不引渡"原則也是引渡中的重要原則。政治犯、宗教犯罪和違反軍法的犯罪如逃兵一般都不引渡。但在什麼是政治犯這個根本定義上，不同國家有不同的看法，由於政治制度、意識形態的不同，一些西方國家打著"保護人權和司法獨立"的旗號，向某些犯罪分子提供所謂的難民身份、政治避難或居留權，以此為藉口拒絕引渡，致使外逃犯罪分子至今逍遙法外。我國許多外逃貪官都曾是國家公職人員，在紅色通緝令布下的天網中，他們往往會在外逃國尋求政治庇護，把政治避難作為救命稻草，使我國在打擊外逃貪官方面受到一定的限制。如果楊秀珠提出政治避難申請，就要經荷蘭方面裁決，是否允許其政治避難。這就需要我方與荷蘭方面進行溝通，提供證據，證明其經濟犯罪的事實。

第三，是"雙重歸罪"原則，也稱"同一原則"。即構成引渡的理由必須是引渡請求國和被請求國雙方的法律都認為是犯罪的行為，而且這些罪行必須能達到判處若干年有期徒刑以上的程度。各國法律對犯罪行為的認定存在差異，兩個國家對同一罪行可能得出不同的結論，被請求國有可能以有關罪行在該國不構成犯罪為由拒絕引渡。比如某些國家認為，職務侵佔行為不構成刑事犯罪。再比如，根據被請求國的法律，由於時效等原因不能判刑的，或被請求國已對該罪犯的犯罪作出判決或決定不起訴的，則不予引渡。

第四，引渡應適用"罪行特定原則"，即嫌犯在被引渡回國後只能以作為引渡理由的罪行對其加以審判或處罰，不能就引渡理由之外的其它罪行進行審判或處罰，也不能將嫌犯再引渡給第三國。

在引渡程序上，則存在雙重審查制，即請求國在提出引渡請求時以及在被請求國同意給予協作時，這一引渡請求首先都須經過被請求國司法部門的審查，再由其行政當局審查，綜合考慮各種有關因素，如國家主權，條約義務，對等原則等，由被請求國作出最終決定。一個國家在收到另一國家的引渡請求時，它可以決定將有關嫌犯引渡給該請求國，或拒絕該國的引渡請求，這是其國家主權範圍內自由決定的事情。除非被請求國需承擔有關條約或公約的義務，它沒有義務必須把某嫌犯引渡給其他國家。該國如果決定給予引渡時，也可以加上若干合理的條件。

"引渡"不僅是一個法律問題，而且是一個外交關係問題、政治問題。"引渡"問題一般通過兩國外交部門之間的交涉解決，由兩國之間的司法部門直接接觸解決的情況比較少。罪犯逃往國的外交部接到逃出國外交部的申請後，交給司法部門判定是否符合本國規定的引渡條件，如果符合，也要由外交部最終確定是否實施引渡。

如果我國外交、司法部門在以下三個方面付諸努力，押解楊秀珠回國歸案，也並非遙遙無期。

一是適時轉變觀念，調整方法。在堅持司法管轄權的前提下，我國也可不受窠臼限制，適時作出有條件的承諾，避免談判僵化在"死刑不引渡"問題上。同時，儘量爭取類似於驅逐出境的變通途徑，使逃犯能被直接移交我國，省卻繁瑣的引渡手續。

二是注重利用國際公約。荷蘭也是《聯合國反腐敗公約》締約國之一，在合作打擊各類腐敗犯罪上，與中國承擔了同樣的國際義務。公約要求，各國應將各類腐敗行為列為可以引渡的犯罪。

在缺乏引渡條約的情況下，公約本身也可作爲引渡的法律依據。與十幾年前的錢宏案相比，國際公約顯然能在楊秀珠案中發揮更大的作用。

三是請求國際刑警組織加大協調力度。在引渡方面，國際刑警組織並非全無作爲，按照有關規定，國際刑警組織的職責之一，就是通過居間聯絡、協調、斡旋的方式，促成成員國間的引渡安排。在當事國同意的前提下，"紅色通緝令"也可成爲引渡的臨時法律依據。

第四節　楊秀珠的腐敗資產能否被追回來

到目前爲止，已查清的楊秀珠貪汙受賄涉案金額達到 2.532 億元，但這只是其國內部分，在案發之前，楊秀珠的絕大部分腐敗資產都已轉移到國外，這些資產，都是其非法侵佔的民脂民膏，有人估計，楊秀珠帶入美國的錢財可能超過一億元。如何追查其境外腐敗資產，也是司法機關面臨的一個重任。

老百姓痛恨貪官，主要是痛恨他們以權謀私。在溫州民間，有一種觀點，認爲楊秀珠反正已經自我暴露了，她的貪官也當到頭了，能不能回國受審那是司法機關的事情，老百姓關心的是她在境外的腐敗資產能不能被追回來。還有人認爲，只要把楊秀珠的境外腐敗資產追回來，斷了其財路，楊秀珠沒了經濟來源，再想賴在國外就難了，到那時，楊秀珠回國受審就是水到渠成的事情了。

　　但這只是老百姓的一廂情願，對逃到國外的貪官，我國現在還沒有行之有效的追回贓款的途徑。追繳楊秀珠的境外腐敗資產，可能比引渡楊秀珠本人還要困難。這首先是由於國內相關的法律不完備，存在漏洞。我國檢察機關在打擊外逃官員和追繳腐敗資金方面所遇到最大的困難，就是法律制度本身的差異。中國的法律領域一直缺乏國際視野，觀念封閉、制訂法律時，有關條款不完備。1997年修訂《刑法》時，在第191條設立了洗錢罪，其"上游犯罪"的界定主要指毒品犯罪、黑社會性質的組織犯罪、恐怖活動犯罪和走私犯罪。沒有把由於腐敗官員貪汙受賄、侵佔、挪用公款得到的不義之財包括在其中，讓很多犯罪分子鑽了法律的空子。涉及跨國犯罪的就更少了。也就是說，到目前為止，中國《刑法》在對政府官員職務犯罪方面追繳不義之財方面還沒有相對的法律條款。

　　其次，由於我國傳統刑法對腐敗犯罪只能提起刑事訴訟，犯罪行為所導致的損害也只能通過諸如罰金、沒收等刑事制裁方式予以追回，而抓不回腐敗犯罪嫌疑人，不能對其提起刑事訴訟，也就意味著被犯罪嫌疑人帶到國外的腐敗資產難以追回。

　　另一方面，中國在國際法體系上的相對滯後，也給追查外逃貪官資產增加了難度。《引渡法》直到2000年12月28才正式頒佈施行。到目前為止，我國雖已將《反洗錢法》列入了十屆人大常委會的立法規劃，並確立為一類項目，但目前還是停留在醞釀階段。中國也沒有加入國際反洗錢組織。由於沒有簽署相應國際公約，加入相應國際組織，當我國在跨境追查外逃腐敗資本的時候，缺乏法律依據和國際協助。

外逃貪官和外逃資本數量的急劇攀升，促使我國加強了反腐敗和跨境追逃的國際合作。2003 年 8 月 27 日，全國人大批准了由 147 個國家共同簽署的《聯合國打擊跨國有組織犯罪公約》。同年 12 月 10 日，中國政府簽署了《聯合國反腐敗公約》。這兩個公約的生效，恰好可以彌補國內法在這方面的缺失，讓執法人員在打擊、懲治腐敗犯罪時有法可依。尤其是《聯合國反腐敗公約》，是針對腐敗犯罪分子制定的國際公約。該《公約》確立了被轉移他國的腐敗資產予以返還的原則，承認腐敗犯罪存在被害人，並賦予被害人單獨提起民事賠償訴訟的權利。而且，在腐敗犯罪人死亡、潛逃或者缺席而無法對其提起公訴的情況下，被害人根據《公約》享有可以不經過刑事定罪而獲得此類財產的權利。這一公約的簽署，為改變我國不能對外逃腐敗分子進行有效司法幹預的現狀提供了有利契機。

但是，由於具體司法制度不銜接，《公約》"不經過刑事定罪而追回腐敗資產"的機制在我國基本無法落實。因此，要改變這種被動局面，當務之急是要進行司法制度改革，在承認腐敗犯罪存在被害人的前提下，建立由檢察院提起的針對腐敗犯罪的民事賠償訴訟。以期徹底追繳外逃腐敗資產。

在我國建立針對腐敗犯罪的單獨民事訴訟程序，不僅可以避免與西方國家法律制度的衝突，而且增加了打擊腐敗的力度——對那些潛逃國外的腐敗犯罪嫌疑人，即使由於各種政治及法律上的原因不能將之引渡回國，進而不能提起刑事訴訟，仍然可以提出獨立的民事賠償之訴，追回被轉移的國有資產。事實上如果能做到這一點，對於外逃的腐敗分子而言無異於被釜底抽薪，沒有了立足之"本"。

　　同時，我們也要加緊與歐美發達國家進行雙邊引渡談判，簽署雙邊引渡條約，通過法律途徑將腐敗分子緝拿歸案，徹底堵住腐敗分子攜款外逃的後路。

楊秀珠會被美國政府追查嗎

　　楊秀珠利用貪污受賄所得，在境外大肆購買房產等不動產。有人估計，她在境外的腐敗資產至少超過 1 個億。其中，僅在美國紐約等地被證實屬於楊秀珠名下的房產就不下 5 處。

　　有通曉美國法律的專業人士分析說，楊秀珠是使用化名轉道新加坡入境美國，這一點已經觸犯了美國移民法，屬於偽造身份和移民欺詐，應該被遞解出境。即使楊秀珠沒有使用化名，她來美國是以何種理由，如何取得簽證的，也是值得聯邦政府調查的。

　　另外，楊秀珠在中國貪汙受賄的犯罪行為雖與美國無幹，但她利用這些腐敗資產，通過在美國的親戚作為其代理人設立空殼公司，使用非法款項購買房產，再轉到她本人名下，涉嫌洗錢，同樣值得聯邦政府調查。如果美國聯邦政府對楊進行調查，其最終被驅逐出境的可能性很大。楊秀珠從美國跑到荷蘭並最終落網，不排除是美國政府已經對她進行調查，她在美國呆不下去了才再次逃亡的可能性。

　　也有一種觀點認為，美國政府不大可能會追查楊秀珠，其最重要的依據是中美之間沒有引渡條約，除非楊秀珠和其親屬在美國涉嫌新的犯罪，才可能翻出老帳。中美確實尚未簽訂引渡條約，但兩國在 2000 年曾簽署《中美關於刑事司法協助的協定》，規定美國有義務向中國提供有關刑事犯罪活動的證據。近年來，兩國更在打擊犯罪方面開展廣泛合作。被稱爲中美司法協助第一案的余振東案，就是一個例子。在簽署協定後，中國司法部門在打擊跨國犯罪方面給予了美國積極合作，美國沒有理由不投桃報李。

美國會不會將楊秀珠的腐敗資產返還給中國？一些資深法學專家認爲，外逃貪官一般都是通過各種渠道，將贓款洗成合法收入，搖身一變成爲當地的投資性移民。要將這些在當地已經"合法"的資金認定爲不合法，取證非常艱難，過程非常複雜。裁判權掌握在美國方面，它可以以種種理由認定楊秀珠的資產不是贓款，從這點來說，追查楊秀珠的腐敗資產，將是個漫長而艱巨的過程。但一個不容忽視的情況是，中國和美國都已簽署《聯合國反腐敗公約》，這一公約旨在保護第三世界國家，讓外逃貪官的財產得到返還。儘管中美雙方在一些司法解釋上存在不同，美國也不能無視反腐公約。

幾十年來，許多國家的貪官在美國購置房產、汽車和各種奢侈品，美國成了他們逃避法律懲罰的天堂，但"9·11"事件以後，情況發生了變化。現在美國官員說，美國不歡迎外國貪官的錢，"因爲這些資金對美國經濟的穩定沒有好處"。爲此，美國國土安全部、司法部和國務院聯合成立了"移民和海關執法局"。第一次以法律的形式規定可以沒收外國貪官在美國境內的財產。

美國、加拿大和澳大利亞等西方發達國家，之所以成爲外逃貪官理想的避難國家，是因爲這些國家移民政策相對寬鬆，而且中國沒有和這些國家簽署引渡協議。貪官到達這些移民國家後，可以通過投資移民或投資項目，以及一些政治上的避難要求，比較容易獲得合法身份。他們可以帶著自己的腐敗資產，買房置產，與家人過著衣食無憂的中產階級以上的生活。

據瞭解，目前外逃貪官喜歡聚集的國家，已經有華人專門開公司爲貪官提供“一條龍”服務。他們利用當地法律中的漏洞，同所在國的律師進行合作，爲貪官們辦理從購買房產，到洗錢，再到取得合法身份等全套服務。

中國的腐敗資金流入美國，固然會給美方帶來短期的經濟利益，但就長遠影響來看，它將如同腐蝕劑一樣，危及美國的立國之本。如果美國政府對中國貪官的醜惡行徑放任自流，將直接傷害中國的民主進程並導致中國民眾對西方產生負面看法，最終對美國自身的國際形象造成相當危害。

長期以來，美國沒有有力打擊外國黑金的流入，一方面有利益的因素，更重要的原因還是美國政治制度的制約——三權分立的權力分割使得立案、調查和審判都無法以某種“雷厲風行”的方式進展。對此，美國政府也逐漸意識到，外國（尤其是中國）的貪官汙吏們的“髒錢”對美國來說弊大於利。一名介入調查貪官洗錢案件的美國官員聲稱：“如果我們能夠幫助一個國家保持穩定的話，那麼我們當然願意幹。我們最不願意讓腐敗的政府官員影響一個國家的穩定，因爲他們製造的金融和社會危機直接損害了美國的國家利益。”無論從道義還是實際利益的角度來看，美國都有必要檢討此前十餘年間對中國貪官的“綏靖政策”，進而對其進行深入調查和嚴厲打擊。當中國國內的反腐由於政治體制的原因陷入困頓之時，國際反腐則有可能對中國貪官造成"釜底抽薪"之勢。

據《紐約時報》報道，美國政府官員已經制定了一項龐大的計劃，沒收涉嫌貪汙腐敗的外國高官經由洗錢渠道進入美國的財產，其中被判入獄的尼加拉瓜前總統成為這項新計劃的第一個目標。目前，由美國多個政府機構聯合成立的特別調查小組正在對六個拉美國家的九名貪官的洗錢指控進行調查。

《紐約時報》等美國媒體透露，由美國國土安全部的移民歸化局、聯邦調查局和邁阿密美國司法局等聯手成立了一個神秘的ICE 聯合調查小組。這個聯合小組的任務就是迅速摸清美國境內外國貪官投資金融機構、不動產和商業的具體情況，一經核實，立即將其沒收。

美國政府的這一最新行動說明，美國正在採取更加主動的新戰略來追究美國境內那些源於外國的"髒錢"。美國政府機構的這一權力是"9‧11"恐怖襲擊事件發生後經壓倒多數通過的《愛國者法案》授予的。

2003 年 8 月 12 日，尼加拉瓜前總統阿勒曼被警察從其私人農場押赴監獄，等著接受欺騙、貪汙和洗錢指控的審判。阿勒曼被控罪狀之一就是將一億美元的國家資金悄然轉移到大選上，並接受至少四百萬美元的賄賂。有消息說，阿勒曼總統已經將絕大多數貪汙受賄的財產轉移到美國，並通過黑道洗錢後進入美國的不動產和金融界作投資。

儘管天文數額般的"美國投資"都劃到阿勒曼總統美國親朋好友的名下，但剛剛成立的邁阿密特別行動小組還是立即沒收了佛羅裏達銀行賬戶上的五百萬美元以及多處不動產。特別調查小組有確鑿的證據證明，這筆巨額錢財和多處不動產都是阿勒曼總統本人、他的家人和朋友洗錢後擁有的資產。對於在美國的巨額財產被沒收，阿勒曼的妻子兒女非常不服氣，聲稱美國政府沒有權力沒收他們的財產。不過，他們根本也拿不出證據證明，自己是憑什麼掙到如此巨額的錢財的。

美國政府官員明確表示，他們準備將執法的目標擴展到全球在美國有不義之財的貪官，並且在美國的金融界設立有專門的調查機構。美國執法機構拿外國貪官汙吏在美國財產開刀是破天荒的第一次，"反洗錢"網站負責人因特裏奧加表示，調查美國人與外國腐敗官員的關係，並且對外國腐敗官員流入美國的財產動真格的是"一大進步"。他指出："我們應該像打擊毒品走私、恐怖主義和武器走私那樣打擊外國貪官污吏們在美國的不義財產。"

這是一個良好的開端，美國人終於發現在自己的身邊存在著這樣的一顆毒瘤。不難設想，有關部門很快就要開始對中國貪官們展開雷霆萬鈞的調查——來自中國的外逃資本，其數額遠非其他小國所能比擬的。粉碎中國貪官的"美國夢"，既是美國內政的一部分，同時也是美國人權外交政策的一個重要環節。如此，那些在美國"自由的土地"上，一邊揮霍著不義之財一邊讚美著美國自由人權的中國貪官及其家屬們，即將像在國內一樣睡不好覺了。

後　記

想寫這本書，是因為楊秀珠這個人。

2003 年秋的一天深夜，筆者與幾個朋友在一個小酒館裏頭小酌。酒過三巡後，閒談的興致正高，什麼軼聞八卦，紛紛道來。話題如天馬行空，各種奇思妙想如泉湧不竭。不知是誰開頭講到楊秀珠，於是忽然有 X 君冷不丁提了一句：我們這幾個人鼓搗本講楊秀珠的書，如何？

滿座喧嘩聲一下子頓住了，緊接著是一片叫好。

其時正是楊秀珠出逃美國不久，各種有關她去向的猜測在溫州乃至全國各地民間到處傳播，讓人莫衷一是。各種傳言在妖魔化楊秀珠的同時，也在妖魔化著楊秀珠曾任職的各級政府和其上級主管領導。而作為官方的各級政府，對此卻保持緘默。民間渴望獲知有關楊秀珠的任何點滴信息，但沒有一個權威的消息發佈部門，此時如果推出這樣一本寫楊秀珠的書，無疑是一個極大的熱點，一經出版就會獲得成功。

哥們都是明白人，有金點子當然捧場。於是當天所有的話題都轉到了這本傳說中的書上。借著酒興，有關出書的整個計劃在你一言我一語的拼湊下逐漸成型，班子成員也即時到位：C 君熟諳溫州政經界掌故，與多名政經界要人關係較好，由他主筆，定能搞到有關楊秀珠的各種內幕；Z 君精通攝影，手頭存有大量珍貴的楊秀珠資料照片，所需照片交給他就沒問題了；X 君曾做過廣告策劃，本書的包裝設計都可以由他操刀。

因爲楊秀珠，臨時成立的"草台班子"成員們都多喝了三五瓶。

東方已微微泛白，酒也喝得暢快了，嘴癮也過了，哥幾個結過賬，各自回家睡覺。至於擬議中的《楊秀珠》，也就此擱置，從此不再議。因爲我們都知道，在當時的情況下，即便把這本書的書稿鼓搗出來了，又有哪家出版社敢出呢？

中國共產黨和中國政府對懲治貪官污吏的態度是堅決的，決不會對楊秀珠這樣的外逃巨貪聽之任之，但長期以來，嚴格的宣傳紀律，使得媒體和出版部門對負面報道慎之又慎，能不報道儘量不報道，唯恐觸雷。這，就是今天中國的現實情況。因此，擬議中的楊秀珠，自然也就只能是酒桌上的談資。

此後，酒照樣喝，楊秀珠照樣講，對楊秀珠的一舉一動，我依然關注。直到我的朋友 S 君和 Z 君（另一個 Z）找到我，他們與我此前的想法不謀而合！

我原原本本敍述了酒桌會議上的擔憂，但他們鼓勵我先寫出來再說。他們說："境內不能出版，我們可以找境外。"

S 君和 Z 君同時直言相告，做這樣一件事情，是有風險的。姑且不論楊秀珠案情最終能否水落石出，光是楊秀珠背後的那層黑幕，就足以把這件事情扼殺在搖籃裏。因此，整個采寫經過必須要在完全保密的情況下進行。即使寫出來，能不能出版也是個未知數。而且，爲避免不必要的麻煩，即使最終能夠出版，作爲策劃者和作者，可能連署名都不能署，只能做個幕後"隱身人"。

我毫不猶豫地答應了。只因為他們的一句話：這件事情，只有我們能做，也只有我們能做到。

S君、Z君和我，都有過媒體的從業經歷。驅使我們去做這件吃力不討好的事情的最主要原因是：我們心中有一種發自內心深處的衝動，我們渴望探究新聞事件變化的真實，並且要把它真實地呈現出來。

既然要做，就要把它做好。接下來就是艱苦的收集材料，尋找當事者。在沒有表明採訪意圖的時候，很多被訪者都能講出很多有關楊秀珠的故事、逸事，但一聽到說他們所述的內容將要被寫出來，馬上聲明：我也是聽來的，不能作準，我前面講的都是隨口說說的云云……幾乎每一個敘述者在講述完他（她）知道的楊秀珠後，都不忘加上一句：不要提我的名字。

我可以理解他們，同時，我也很感謝他們。

在敘述者的講述中，無一例外傳達著一種樸素的民間憤怒情緒。不止一個敘述者憤怒聲討：楊秀珠這樣的蛀蟲，民間對她早有公論，這麼多的老領導、老幹部告她告了四五年，為什麼她還能步步升遷？到底是誰在背後縱容她？

正是被這種民間正義的情緒感染，才堅定了我寫下去的信心。儘管寫作過程是痛苦的，但這種痛苦也是一種財富。

關於寫作的過程，我不想細說。我可以說的一點是，本書中的內容是我們所能做到最儘量的真實和詳細。本書的部分內容，參考了其他媒體發表的文章，參考文章在附錄中列出，在此也向各位作者表示感謝。

感謝 S 君和 Z 君，沒有他們的鼓勵和支持，這本書是不可能出版的。感謝明鏡出版社，能把這本書稿付梓。

洪 雷

2006 年 1 月 26 日夜

（另外，上述諸人，都是我的朋友，為避免不必要的麻煩，在此暫時用字母代替。）

附錄：

報道楊秀珠案的關鍵文章

1、《浙江女廳長攜親人倉皇出境 警方揭開失蹤之謎》(2003
   年5月23日《法制日報》，作者：陳東升)

2、《溫州巨貪紐約買大樓》(2003年6月《多維時報》，作者
   林森、梁之綸、黃東、周斯文、張強、方小瑩) 在全球率
   先披露楊秀珠在紐約的腐敗房產，文章被海內外多家媒體
   轉載

3、《從服務員到副廳長 楊秀珠的升遷之路》(2003年6月9
   日《外灘畫報》) 南方網轉載題目：問題可能不比成克傑
   小 浙江女廳長出逃始末

4、《出逃廳長的前世今生》(2003年6月《外灘畫報》，作者：
   見驚雷)

5、《"浙江巨貪"楊秀珠出逃美國以後》(2003年6月《鳳凰週
   刊》)

6、《楊秀珠的權力之路》等三篇文章（2003 年 7 月《三聯生活週刊》）

7、《出逃高官的底牌》（2003 年 7 月《南風窗》，作者：王孔瑞），多家網站引用時標題改爲：原浙江建設廳副廳長楊秀珠出逃內幕，幾乎同時，在《溫州生活》雜誌上修訂發表，標題爲：掀開楊秀珠的底牌

8、《浙江省原建設廳副廳長楊秀珠出逃調查》（2003 年 7 月《財經》，作者：樓夷等），多家網站設立新聞專題

9、《我檢察機關通過國際刑警組織發佈"紅色通緝令"全球緝拿貪官楊秀珠》（2004 年 2 月 13 日溫州日報，作者袁豔）

10、《外逃女貪官楊秀珠在荷蘭被國際刑警組織抓獲》（2005 年 5 月 31 日《中國青年報》，作者：何春中）

11、《中國第一女巨貪海外逃亡始末》（2005 年 6 月《東方之星》）

《中國局勢》系列(42)

書　　名：中國貪官在海外——楊秀珠秘史

作　　者：洪　雷

發 行 人：何　頻

責任編輯：李小銘

封面設計：一　劃

校　　對：林小貴

出　　版：明鏡出版社

全球資訊網：www.mirrorbooks.com

電子郵件：mirrorpublishing@yahoo.com

通訊地址：P. O. Box 366, Carle Place, NY11514-0366, U. S. A.

　　　　　電話：(516)338-6976　傳真：(516)338-6982

國際統一書號：ISBN 1-932138-36-6

定　　價：HK$ 98

版　　次：2006年4月第一版